中国经济学博士后论坛

U0116178

全球化下的中国经济学
金融服务与实体经济

2012

GLOBALIZATION AND ECONOMICS IN
CHINA 2012: SUPPORTING REAL
ECONOMY WITH FINANCE

中 国 社 会 科 学 院
全国博士后管理委员会
中国博士后科学基金会

经济管理出版社
ECONOMY & MANAGEMENT PUBLISHING HOUSE

图书在版编目（CIP）数据

全球化下的中国经济学（2012）：金融服务与实体经济/中国社会科学院，全国博士后管理委员会，中国博士后科学基金会.—北京：经济管理出版社，2012.11
ISBN 978-7-5096-2193-6

Ⅰ.①全…　Ⅱ.①中…　②全…　③中…　Ⅲ.①经济学—中国—文集　②金融事业—经济发展—中国—文集　Ⅳ.①F120.2-53　②F832-53

中国版本图书馆 CIP 数据核字（2012）第 273114 号

组稿编辑：何　怡
责任编辑：宋　娜
责任印制：黄　铄
责任校对：陈　颖

出版发行：经济管理出版社
（北京市海淀区北蜂窝 8 号中雅大厦 A 座 11 层　100038）
网　　　址：www. E-mp. com. cn
电　　　话：(010) 51915602
印　　　刷：北京广益印刷有限公司
经　　　销：新华书店
开　　　本：720mm×1000mm/16
印　　　张：17.25
字　　　数：320 千字
版　　　次：2012 年 12 月第 1 版　2012 年 12 月第 1 次印刷
书　　　号：ISBN 978-7-5096-2193-6
定　　　价：56.00 元

版权所有　翻印必究·
凡购本社图书，如有印装错误，由本社读者服务部负责调换。
联系地址：北京阜外月坛北小街 2 号
电话：(010) 68022974　　邮编：100836

编委会

主 任

李 扬　中国社会科学院副院长、学部委员
　　　中国社会科学院博士后管理委员会主任
　　　全国博士后管理委员会委员
　　　中国博士后科学基金会副理事长

副主任

孙建立　人力资源和社会保障部专业技术人员
　　　　管理司司长
　　　　全国博士后管理委员会委员
　　　　全国博士后管理委员会办公室主任
夏文峰　人力资源和社会保障部留学人员和专家
　　　　服务中心主任
　　　　中国博士后科学基金会副理事长兼秘书长
张冠梓　中国社会科学院人事教育局局长
王松奇　中国社会科学院金融研究所党委书记
王国刚　中国社会科学院金融研究所所长
胡 滨　中国社会科学院博士后管理委员会秘书长

成 员

赵培德　李晓琳　袁 媛　孙大伟　彭兴韵　杨 涛
程 炼　徐义国　王 双

前　言

　　2005 年，为了庆祝中国博士后制度创立 20 周年，由全国博士后管理委员会倡导，中国社会科学院与中国博士后科学基金会创设了"全国博士后经济学论坛"，由中国社会科学院金融研究所及中国社会科学院人事教育局、中国社会科学院博士后流动站等单位负责具体承办工作，至今已成功举办了 6 届。为进一步支持博士后科研及管理工作，以统筹资源、提升效率，中国社会科学院设立了博士后管理委员会，并决定将全国性博士后经济学论坛机制化。

　　作为第七届全国经济学博士后论坛的一项重要成果，以"全球化下的中国经济学（2012）：金融服务与实体经济"为论坛及征文主题，面向全国博士后科研流动站及工作站广泛征集优秀工作论文并结集出版。在此，我们谨向那些热心投稿和组织投稿的博士后研究人员、博士后流动站和工作站的工作人员表示衷心的感谢！

　　限于篇幅，本文集在提交的论文基础上经评审收录了 19 篇。在审读过程中，考虑到覆盖面和统筹平衡文集的字数、篇幅等因素，同时出于编辑格式和体例统一的要求，评审专家委员会在保持原文的理论核心和逻辑脉络不受影响的前提下，对提交的部分论文作了不同程度的删改。由于时间紧迫且缺乏人手，编辑工作难免出现各种疏漏，欢迎学界同仁指正。

编委会

2012 年 11 月

目　录

第一篇

货币政策与金融监管

中国货币政策操作程序演化和货币市场利率波动的传递性[*]

一、引 言

在货币政策操作理论中，货币政策操作程序（Monetary Policy Operating Procedures，MPOP）是指中央银行运用政策工具调控操作目标过程中所遵循的一系列规则、传统和惯例（Borio，1997）。再进一步从操作实践来看，中央银行的货币政策操作是依托于准备金市场，运用货币政策工具调节银行体系准备金，并对各种影响准备金供求关系的冲击因素作出反应，进而实现操作目标而展开的。操作程序具体又包括对政策工具、操作目标及政策工具对各种冲击作出反应规则的规定。而且，还可以根据操作目标性质的不同，将操作程序划分为准备金总量和利率操作程序，并由此决定了数量型和价格型的货币政策调控模式，因此，操作程序是货币政策调控模式的核心内容。那么，如何完善我国当前的货币政策操作程序，从而推动货币政策调控模式从数量型向价格型转变，则成为学术界探讨的焦点问题。

事实上，近年来，随着我国利率形成机制市场化进程的推进，中国人民银行（以下简称人民银行）在完善货币政策操作程序的过程中逐步引入了利率因素，尤其是在 2006 年第三季度对操作程序进行了重要转变。这里主要是指，人民银行通过对作为公开市场操作主要工具的央行票据发行利率、招标方式和发行规模做出调整，进而实施了央票工具调控目标的转变，即从冲销外汇占款，实现银行体系准备金总量的回笼，逐步转变为增强发行利率弹性，熨平货

---

* 本文得到了国家自然科学基金青年项目"我国的通货膨胀预期与通货膨胀动态机研究"（71103082/G0301）、国家社会科学基金青年项目"竞争性货币体系的微观机理与宏观绩效研究"（12CJL010）、教育部人文社会科学研究青年项目"银行非自愿超额准备金波动与货币政策微调性操作"（09YJC790098）的资助。

币市场利率波动，从而发挥市场利率调节资金供求关系的作用。[①] 那么，值得思考的是，我国的货币政策操作程序发生了什么样的演化？而且，在目前的操作程序下，人民银行能否有效地熨平货币市场利率波动，从而准确地传递货币政策意图？对这类问题的解答，不仅可以深化学术界对我国货币政策操作程序演化状态的理论考察，从而对操作程序的有效性作出评价，而且为进一步完善操作程序，提高中央银行调控货币市场利率的精细化水平，进而推动货币政策调控模式的转变提供决策参考。

从现有文献看，学术界对货币政策操作程序与货币市场利率波动关系的考察，主要是以 20 世纪 80 年代以来西方工业化国家中央银行所实施的利率操作程序为背景，通过探讨各国中央银行对利率操作程序实施的改革，及其对货币市场利率波动传递性的影响而展开。在这些国家中，由于利率形成机制完全接近市场化，那么，中央银行在利率操作程序下所实施的货币政策操作，就主要是运用货币政策工具调控以政策利率[②]（Policy Rate）为代表的操作目标而展开的，并且试图进一步引导货币市场利率，进而作用于银行利率定价行为和公众消费、投资行为。在这种情况下，如果货币市场利率出现过度波动，就会给市场参与者对货币政策意图形成误导，而且，如果市场利率的波动性还通过收益率曲线从短期向长期传递，就进一步对银行利率定价行为产生影响，最终引起公众消费、投资的波动。因此，利率操作程序能否有效熨平货币市场利率波动，关键在于中央银行能否运用政策利率引导市场利率，使得各个期限的市场利率与政策利率偏差最小化，从而降低市场利率波动的传递性（Ayuso 和 Repullo，2000；Bartolini 等，2000；Davies，1998），那么，通过对货币市场利率波动传递性的检验，也就成为学术界评价利率操作程序有效性的标准（Kasman，1992；Wetherilt，2002）。事实上，降低货币市场利率波动的传递性，随之成为各国中央银行对操作程序实施改革的方向。

与西方工业化国家不同，从 1996 年人民银行启动利率市场化改革以来，我国利率形成机制经历了从单一的行政管制向双轨制的过渡。那么，在这种利率形成机制约束的情况下，我国货币政策操作程序发生了什么样的演化，并且，当前的操作程序能否有效降低货币市场利率波动的传递性？本文的研究目的试图对上述问题作出解答。

---

① 参见 2006 年第二、三、四季度和 2007 年第一季度的《中国货币政策执行报告》中"第二部分货币政策操作"的相关论述。

② 政策利率是指在货币政策传导过程中最能够反映出货币政策意图的利率，既可以是中央银行公开市场操作利率（如欧洲和英国央行的回购发行利率），也可以是银行间隔夜拆借利率（如美联储的联邦基金利率）。

本文的贡献体现在两个方面。第一，与学术界认为我国货币政策操作程序仍然是准备金总量程序的传统观点不同，笔者通过对 2006 年第三季度人民银行实施央票工具调控目标转变这一政策事件的观察，发现随着利率形成机制从单一行政管制向双轨制过渡，货币政策操作程序已初步实现了从准备金总量程序向利率程序演化。第二，基于我国货币政策操作实践，设计实证框架，检验了当前利率双轨制约束的操作程序下货币市场利率波动的传递性。首先，运用协整与误差纠正模型、成分条件自回归异方差模型（CGARCH）考察货币市场利率波动模式并测度利率波动率。其次，基于引入外生变量的成分条件自回归异方差模型，以及基于向量自回归模型（VAR）的脉冲响应函数（IRF），试图分别从静态和动态机制检验利率波动的传递性。研究表明，这一操作程序能够有效降低利率波动的传递性。

本文的结构安排如下:第二部分对相关文献进行评述，第三部分对我国货币政策操作程序的演化进行分析，第四部分设定计量模型对货币市场利率波动的传递性展开实证研究，最后是结论与政策建议。

二、文献评述

目前学术界主要是以西方工业化国家货币政策操作程序为研究对象，对操作程序的演化趋势及其降低货币市场利率波动传递性的作用机制、经验证据展开了较为深入的讨论。

从货币政策操作程序的演化趋势看，自 20 世纪 70 年代中期以来，随着各国利率市场化程度的提高，货币政策操作程序都经历了从准备金总量程序向利率程序的转变。

20 世纪 70 年代中期至 80 年代初期，各国中央银行普遍采用了准备金总量操作程序，[①] 这主要是因为，准备金总量与产出、价格之间存在较为稳定的关系，那么，中央银行通过控制准备金总量，就能够实现宏观经济目标。然而，自 20 世纪 80 年代初期以来，随着金融市场自由化和金融产品创新的出现，上述变量的稳定关系开始弱化，这也意味着，即使中央银行能够通过操作程序精确控制准备金总量，但是仍然难以实现宏观经济目标。与此同时，随着利率形成机制逐渐接近市场化，利率在全社会资金配置中的基础地位不断加强，而且，

---

① 例如，美国、德国、加拿大、瑞士于 1975 年，英国于 1976 年，法国于 1977 年分别采用了这一操作程序。参见 Kasman（1992）。

当金融市场冲击大于商品市场冲击时，利率操作程序能够比准备金总量操作程序更易实现宏观经济目标（Poole，1970），这就共同促使了各国中央银行的操作程序向利率程序演化（Kasman，1992）。①

　　随着利率操作程序被各国中央银行所普遍采用，学术界的相关研究又主要是集中在探讨操作程序能否降低货币市场利率波动传递性上。就其作用机制而言，则是通过考察市场参与者的预期形成机制而展开的（Kasman，1992；Ayuso、Haldane 和 Restoy，1997；Wetherilt，2002）。具体而言，从操作层面看，利率操作程序下的货币政策操作，是中央银行运用货币政策工具调控以政策利率为代表的操作目标而展开的。那么，一个有效率的操作程序，会通过明确公布政策利率目标值，并对政策工具、政策工具对各种冲击作出反应规则的规定，试图限制较为短期的货币市场利率围绕政策利率目标值的波动范围，并且还对即期短期利率和其他未来远期交易的短期利率与政策利率偏差最小做出可信承诺。在这种情况下，如果市场参与者对这一政策立场形成稳定的预期，再根据利率期限结构的预期假说（Expectation Hypothesis，EH），收益率曲线上各个较长期限的利率均为预期短期利率的加权平均值，就不难推论，这些利率也将与政策利率偏差最小。如果进一步从利率波动的传递性来看，也就相应表现为利率波动性难以通过收益率曲线从短期向长期传递。可见，利率操作程序能否降低货币市场利率波动的传递性，关键在于能否稳定市场参与者的预期，进而有效引导市场利率。事实上，这也成为各国中央银行对操作程序实施改革的理论依据。

　　再就其经验证据而言，学术界主要是以 20 世纪 80 年代以来各国中央银行完善利率操作程序的政策事件为背景而展开的。

　　Kasman（1992），Ayuso、Haldane 和 Restoy（1997）以 20 世纪 80 年代中后期至 90 年初期各国中央银行下调或取消法定存款准备金率的政策事件展开研究。

　　中央银行在运用货币政策工具实现政策利率目标值的过程中，较高的法定存款准备金率能够从准备金需求角度起到防范未预期冲击的缓冲器作用（Buffer Stock of Liquidity），进而有助于限制货币市场利率围绕政策利率目标值的波动范围。但是，同时又因其无法转换为生息资产而削弱了银行的盈利性。这样，自 20 世纪 80 年代中后期以来，各国中央银行相继下调或取消法定存款准备金率以减轻银行负担，但是同时也导致了货币市场利率大幅波动，在此情

────────────

　　① 在准备金总量程序下，中央银行忽视了对利率目标调控而导致货币市场利率的大幅波动，并通过收益率曲线使得长期利率波动性上升，也是促使操作程序演化的重要原因（Kneeshaw 和 Van den Bergh，1989；Goodhart，1989）。

况下，中央银行也就开始试图通过调整货币政策操作程序以限制利率波动。Kasman（1992）以德国和瑞士为研究对象发现，这些国家的中央银行通过设计Lombard 信贷便利，将其利率设定为高于政策利率目标值的 1%~2%，从而构成货币市场利率波动的上限，也就限定了利率波动范围。实证分析也发现，银行间拆借利率的波动性难以从隔夜向 3 个月以上期限传递。此外，Ayuso、Haldane 和 Restoy（1997）以德国为研究对象发现，该国中央银行通过公开承诺银行间隔夜拆借利率与政策利率目标值相一致，其结果也使得银行间拆借利率的波动性难以从隔夜向 1 个月以上期限传递。

Wetherilt（2002）、Laws 和 Thompson（2005）则考察了 20 世纪 90 年代中后期至 21 世纪初期英国中央银行改革经常性信贷便利工具的政策事件。

在 1998 年 6 月之前，英格兰银行的信贷便利工具只向少数具有资质的银行提供，并且还存在配额限制，这样，就会导致出现因中央银行注入资金不足，而使货币市场利率大幅波动的情形。由此，英格兰银行先后在 1998 年 6 月和 2001 年 6 月引入隔夜贷款便利和存款便利，并且将利率设定为高（低）于政策利率目标值的 1%，从而构成利率走廊，也就限制了银行间隔夜拆借利率的波动范围。实证分析也表明，银行间拆借利率的波动性难以从隔夜向其他任何期限传递。

Durré 和 Nardelliz（2007）还分析了 2000 年以来欧洲中央银行调整主要再融资操作（Main Refinancing Operation，MRO）债券逆回购招标方式的政策事件。

自从欧元区成立以来，欧洲央行一直以债券逆回购交易为特征的主要再融资操作作为主要公开市场操作方式，并且是以数量招标展开逆回购交易中的资金拍卖。但是，在这种招标方式下，由于招标利率事先确定，并且往往低于货币市场利率，从而导致了市场参与者经常过度投标。在此情况下，从 2000 年 7 月开始，欧洲央行将招标方式改为利率招标，并设定了最低投标利率，如果市场参与者的实际投标利率低于该利率，则中止资金的拍卖。事实上，这种招标方式的调整导致了当市场参与者预期中央银行未来下调利率时不愿意参与公开市场操作，进而造成投标不足，而中央银行也就无法注入资金，结果导致货币市场利率大幅波动。由此，从 2004 年 3 月起，欧洲央行对公开市场操作和准备金政策进行了调整，其主要包括：将每周逆回购交易的到期期限从 2 周减至 1 周，试图避免因操作期限叠加而导致市场利率波动；在准备金维持期末期，提高微调性操作（Fine Tuning Operation，FTO）频率，实现银行体系准备金的供求平衡。此外，还将准备金维持期开始之日调整至与货币政策理事会确定政策利率目标值之日相一致，从而限制因市场参与者对政策利率预期变化而改变投标行为。实证分析表明，上述改革使得银行间拆借利率的波动性难以从隔夜向 3 个月以上期限传递。

那么，从 1996 年人民银行启动利率市场化改革以来，我国利率形成机制经历了从单一的行政管制向双轨制的过渡。值得思考的是，在这种利率形成机制约束的情况下，我国货币政策操作程序发生了什么样的演化，并且当前的操作程序又能否稳定市场参与者的预期，有效降低货币市场利率波动的传递性？

事实上，从 1998 年我国银行业信贷规模控制取消之后，人民银行开始依托于作为准备金市场的银行间同业拆借市场和债券回购市场，运用货币政策工具调控操作目标而展开政策操作（张勇，2006）。然而，由于利率形成机制仍然是单轨制，这也就是说，尚处于初期阶段的银行间同业拆借市场和债券回购市场资金交易规模、品种和利率期限结构仍不完善，从而使得这一政策操作难以通过调控政策利率目标值，并引导货币市场利率而实施，而中央银行则完全通过对存贷款基准利率实施单一行政管制，进而直接干预银行利率定价行为。这样，学术界也就基本认为，人民银行在准备金市场上调控的操作目标是准备金总量目标（易纲，2001；戴根有，2002、2003；谢平，2004），而货币政策操作程序也就表现为准备金总量程序（张勇、范从来，2004；王晓芳、王维华，2008；于波、朱恩涛，2010）。那么，随着利率市场化程度的提高，尤其是人民银行在 2003 年 4 月引入央行票据并逐渐作为主要公开市场操作工具来运用，并且其发行利率开始起到反映货币政策意图的作用（张晓慧，2011；郑振龙、莫天瑜，2011）。同时，在 2007 年 1 月 4 日进一步推出了上海银行间同业拆放利率（SHIBOR），并已培育成为金融市场重要的指标性利率和银行内外部定价基准。此外，还在 2004 年 10 月进一步放松了存贷利率浮动区间的管制。在这种情况下，人民银行就有可能运用货币政策工具调控以政策利率为代表的操作目标，并且进一步引导货币市场利率，再作用于银行利率定价行为。这也就意味着，利率形成机制开始向双轨制转变。不难推论，随着利率形成机制的转变，货币政策操作程序有可能会引入利率因素并发生某种形式的演化，从而对货币市场利率波动的传递性产生影响。

目前，学术界对上述问题的讨论尚不多见。笔者试图通过对 2006 年第三季度人民银行实施央票工具调控目标转变这一政策事件的观察，展开货币政策操作程序的演化分析，同时还基于我国货币政策操作实践，通过设计实证框架，对当前利率双轨制约束的操作程序下货币市场利率波动的传递性进行研究。据笔者查阅的文献所知，本文是第一篇考察我国货币政策操作程序演化与货币市场利率波动传递性关系的文章。

三、中国货币政策操作程序的演化分析

笔者通过对 2006 年第三季度以来人民银行对央行票据发行利率、招标方式和发行规模做出调整，进而实施央票工具调控目标转变这一政策事件的分析，试图说明货币政策操作程序初步实现了从准备金总量程序向利率程序的演化，并提出在利率双轨制约束的操作程序下，人民银行有可能会稳定市场参与者的预期，进而降低市场利率波动传递性的假说。

从功能属性看，央行票据有发行量和发行价格两种功能。这也就说明，人民银行有可能运用这一工具调控准备金总量和利率两种目标。事实上，从 2003 年 4 月央行票据引入以来，其目的主要是为了弥补中央银行持有债券不足而无法有效冲销外汇占款而运用的。由此可知，人民银行运用央票主要是用于实现银行体系准备金总量回笼目标。① 然而，从 2006 年初以来，随着外汇占款持续增加、新股发行恢复以及市场参与者的预防性准备金需求上升等因素的综合作用，货币市场利率波动不断加大。在此情况下，人民银行加强了央行票据的利率引导目标，从 8 月 21 日起将发行利率的调整与存贷款基准利率的调整相配合，并且从 8 月 17 日起将招标方式从数量招标改为价格招标，试图通过央票发行利率稳定市场预期，进而熨平货币市场利率波动。② 与此同时，人民银行逐渐弱化了央行票据的准备金总量回笼目标，并调减发行规模。那么，与这一政策相配合，人民银行从 7 月 15 日起开始连续小幅调整法定存款准备金率，从而替代央票实施银行准备金的回笼。不难看出，人民银行通过对央票工具调控目标的转变，初步实现了货币政策操作程序从准备金总量程序向利率程序的演化。在以下部分中，笔者试图做出具体分析。

（一）人民银行通过对央行票据发行利率、招标方式的调整，使其利率引导目标增强

首先，就央票发行利率而言，从 2006 年 8 月 21 日起存贷款基准利率上调以来，人民银行开始试图将央票发行利率调整的时机、力度与之相配合，增强

---

① 2003 年第二季度的《中国货币政策执行报告》指出，"人民银行发行央行票据的目的是收回由于购买外汇储备而增加的流动性"。

② 从 2006 年第四季度起，《中国货币政策执行报告》均指出，应"增强公开市场操作利率弹性，合理引导市场预期，促进货币市场利率平稳运行"。

央票发行利率与存贷款基准利率的相关性，从而发挥央票发行利率作为政策利率的作用。

在利率双轨制下，人民银行通过对存贷款基准利率浮动区间的管制，直接干预银行利率定价行为，从而使得存贷款基准利率事实上起到了反映货币政策意图的政策利率的作用，并对货币市场利率有着决定性的影响（何东、王红林，2011）。在此情况下，如果人民银行提高了央票发行利率与存贷款基准利率的相关性，就可能会增强央票发行利率作为政策利率引导市场利率的力度。

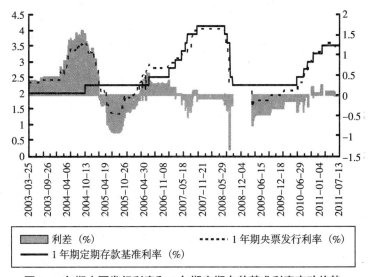

图1　1年期央票发行利率和1年期定期存款基准利率变动趋势

图1显示了2003年3月25日至2011年7月13日1年期央票发行利率、1年期定期存款基准利率及其利差的波动趋势，数据来源于中国债券信息网。不难发现，在2006年8月21日前后两个时段，这两种利率的相关性存在显著差别。

在前一时段，央票发行利率进行了104次调整，而存款基准利率仅进行第1次调整，这就说明，两种利率调整时机并不同步。此外，利率调整的幅度也不一致，这表现为利差波动剧烈，标准差达到0.7089%。然而，在后一时段，央票发行利率与存款基准利率基本上共同进行了16次调整，并且两种利率调整间隔不超过1周，且8次均为隔夜。这也就说明，利率调整时机趋向同步，并且利率调整的幅度也趋向一致，这表现为利差波动幅度收窄，标准差降至0.2441%。如果再比较两个时段的利率相关系数，不难发现，前一时段仅为−0.4376，而在后一时段提高至0.9498。可见，利率的相关性得到了显著提高。

笔者还对上述两个时段分别进行了格兰杰因果关系检验。结果表明，在前一时段，两种利率不互为因果关系（1 年期央票发行利率不是 1 年期定期存款基准利率的 Granger 原因：F 值 = 0.58680，P 值 = 0.7101；1 年期定期存款基准利率不是 1 年期央票发行利率的 Granger 原因：F 值 = 1.54387，P 值 = 0.1737）。然而，在后一时段，则互为因果关系（1 年期央票发行利率不是 1 年期定期存款基准利率的 Granger 原因：F 值 = 6.29984，P 值 = 9.E-06；1 年期定期存款基准利率不是 1 年期央票发行利率的 Granger 原因：F 值 = 4.60025，P 值 = 0.0004）。这也可以看出，利率的相关性确实得到显著提高。

其次，就央票招标方式而言，人民银行从 2006 年 8 月 17 日起将招标方式从数量招标改为价格招标，试图发挥央票发行利率作为政策利率的作用。

在前一时段，人民银行往往采用数量招标方式发行央行票据。数量招标是指在事先确定发行利率的基础上，让市场参与者对发行数量进行投标，从而让发行量发生变动的招标方式。不难推论，由于发行利率是由中央银行单方面决定而并非反映市场参与者的意图，因此可能会低于或高于货币市场利率，从而导致流标或过度投标的发生，而人民银行也就无法有效通过央票回笼资金，并导致市场利率大幅波动。[①] 事实上，通过观察图 1 不难看出，这一时段人民银行也未注重发挥央行票据的利率引导目标，使得发行利率波动剧烈，而呈现锯齿状波动。

在后一时段，人民银行将招标方式调整为价格招标。价格招标是指在事先确定发行数量的基础上，让市场参与者对发行利率进行投标，从而让发行利率发生变动的招标方式。可以推论，由于央票的发行过程体现了市场参与者的意图，从而避免了流标或过度投标的发生，而人民银行也就能够有效地通过央票回笼资金，从而熨平市场利率的波动。此外，人民银行开始注重发挥央行票据的利率引导目标，将其作为政策利率来稳定市场预期，进而传递货币政策意图。这体现为，在实际价格招标过程中，人民银行会在市场波动较大时缩小报价区间，并且在发行前一天对市场参与者进行指导，从而让市场参与者的报价基本上符合货币政策的意图，其结果也就会使得央票发行利率的波动趋于平滑。

（二）人民银行通过对央行票据发行规模的调减，使其准备金总量回笼目标弱化

随着央票的利率引导目标增强，人民银行逐渐弱化了央票调控准备金总量

---

① 2003 年 11 月 11 日至 2003 年 12 月底，人民银行以数量招标方式发行了第 49~63 期央行票据，其中有四期债券流标。

回笼目标，并调减发行规模，从而相应降低冲销外汇占款的力度。与此同时，人民银行将存款准备金工具作为常规性政策工具加以使用，并从2006年7月15日起连续小幅调整法定存款准备金率，从而替代央票实施冲销外汇占款和准备金的回笼。[①] 对此，笔者试图通过计算央票冲销系数和考虑存款准备金工具的央票冲销系数展开分析。其中，央票冲销系数的计算公式为：央票发行净货币回笼量与外汇占款新增量之比，考虑存款准备金工具的央票冲销系数的计算公式为：存款准备金工具与央票发行的净货币回笼量之和与外汇占款新增量之比，数据来源于中诚信金融数据库。

图2显示了2003年第三季度至2011年第四季度两种冲销系数及其平均值的波动趋势。其中，平均值是按照2006年第三季度前后两个时段分别计算而得到的。

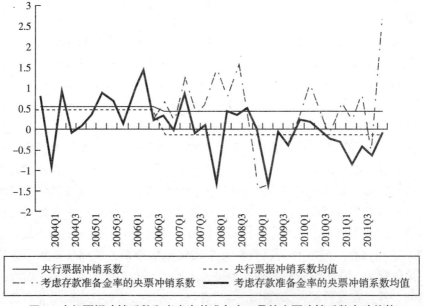

图2　央行票据冲销系数和考虑存款准备金工具的央票冲销系数变动趋势

不难发现，在前一时段，央票冲销系数维持高位波动，平均值达到0.4493，这就说明，将近一半的外汇占款新增量被央票发行所冲销。然而，在后一时段，央票冲销系数显著降低，平均值仅为-0.1269，这也就意味着，央行票据几乎没有起到任何冲销外汇占款的作用。与此同时，考虑存款准备金工

[①] 有学者认为，人民银行将存款准备金工具替代央票工具冲销外汇占款，主要是基于存款准备金利息成本低于央票发行成本的考虑，参见刘海东、景晓达（2010）。

具的央票冲销系数在整个时段都处于较高水平，前后两个时段的平均值达到 0.5502 和 0.4234。尤其是在后一时段，该系数明显高于央票冲销系数，可见，这一时期存款准备金工具完全起到替代央票冲销外汇占款的作用。[①]

综上分析，自从 2006 年第三季度以来人民银行对央行票据发行利率、招标方式和发行规模做出调整，进而实施央票工具调控目标从准备金总量回笼向利率引导的转变，这就可能意味着，我国货币政策操作程序也初步实现了从准备金总量程序向利率程序的演化。而且，央票发行利率与存贷款基准利率高度相关，这就说明，在利率双轨制的约束下，人民银行依托于准备金市场，通过运用货币政策工具调控央票发行利率引导货币市场利率，再间接作用于银行利率定价行为，与通过对存贷款基准利率的管制，直接干预银行利率定价行为，这两种利率渠道所反映的政策意图是一致的。因此，目前的利率双轨制可能强化了央票发行利率作为政策利率稳定市场参与者的预期，进而引导市场利率的力度。由此，笔者提出假说：在当前利率双轨制约束的操作程序下，尽管没有像西方工业化国家中央银行明确公布政策利率目标值，以及限制较为短期的货币市场利率围绕政策利率目标值的波动范围并对其偏差最小做出承诺，人民银行仍然能够稳定市场预期，引导货币市场利率，有效降低市场利率波动的传递性。

四、货币市场利率波动传递性的实证分析

笔者试图对 2006 年第三季度以来我国货币市场利率波动模式进行刻画，并在测度利率波动率的基础上，实证分析利率波动的传递性，从而对上述假说进行检验。

在实证框架的设计上，由假说可知，人民银行能够将央票发行利率作为政策利率引导货币市场利率，那么就意味着政策利率与各个期限市场利率之间存在长期稳定的均衡关系。由此，分别建立政策利率与各个期限利率的协整与误差纠正模型，进而刻画利率之间的长期均衡关系和短期动态调整机制。在此基础上，进一步将误差纠正模型作为均值方程，建立各个期限利率的成分条件自回归异方差模型，从而提出利率波动模式，并估计条件方差值以测度利率波动率。在取得利率波动率后，再将隔夜利率波动率作为外生变量引入到其他期限利率的 CGARCH 模型中，通过考察隔夜利率波动率对其他期限利率波动率的

[①] 张晓慧（2011）在分析 2006 年以来国际收支顺差条件下货币政策工具的选择时也指出，存款准备金工具的冲销作用超过了公开市场操作。

影响系数，以及建立包含所有期限利率波动率的向量自回归模型，比较隔夜利率波动率对其他期限利率波动率的脉冲响应函数，进而分别从静态和动态机制分析利率波动的传递性。

值得说明的是，采用 CGARCH 模型刻画货币市场利率波动模式，主要是基于以下原因。由于货币市场利率会受到政策利率的影响，从而使得其波动的持久性（Volatility Persistence）可能发生突变。事实上，波动持久性是波动聚集现象（Volatility Clustering）的一个重要特征，它刻画了外部冲击对市场利率影响的持续性，或者说市场利率对外部冲击反应的记忆特征。然而，传统的 ARCH 类模型虽然能够捕捉波动聚集现象，但是并没有区分波动的长期和暂时成分，而一般又认为，只有波动的长期成分才能刻画波动的持久性。那么，由 Ding 和 Granger（1996）、Engle 和 Lee（1999）提出的 CGARCH 模型，则通过假定条件方差均值具有时变特征，从而将波动分为长期成分和暂时成分。其中，长期成分由条件方差均值刻画，进而反映波动持久性的动态变化过程。

（一）SHIBOR 波动模式分析

1. 变量说明与描述性统计分析

笔者分别采用 1 年期央票发行利率和包含隔夜、1 周、2 周、1 个月、3 个月、6 个月、9 个月和 1 年共 8 种期限品种的上海银行间同业拆放利率，刻画政策利率与货币市场利率。变量选取的原则如下：首先，央行票据共有 3 个月、6 个月和 1 年三种期限品种，其中，1 年期央票的连续性和稳定性最好，并且与 1 年期定期存款基准利率相关性最强，因此能够较好地反映货币政策意图。其次，SHIBOR 不仅已经成为金融市场和银行内外部定价的基准利率，而且其生成机制是基于报价驱动，这就保证了较长期限 SHIBOR 数据的可获得性。① 上述变量的数据均来源于中国债券信息网，样本区间为 2007 年 1 月 4 日至 2011 年 12 月 27 日，共计 11214 个观察值。

笔者还进行了描述性统计分析，如表 1 所示。不难发现，1 年期央票发行利率的平均值、中值、最大和最小值均处于各个期限 SHIBOR 的相应统计量变动范围之内，而且标准差和绝对离差平均值又比各个期限 SHIBOR 统计量要低。这也就意味着，尽管人民银行没有直接限制 SHIBOR 围绕 1 年期央票发行利率的波动范围，但是各个期限的 SHIBOR 仍然是在一定范围之内围绕央票发行利率波动。

―――――――

① 事实上，银行间债券回购市场利率也是一种重要的指标性利率。但是，该利率生成机制是基于成交驱动，这也就意味着，较长期限回购利率如果缺乏成交记录，就可能出现无法生成的情形。

表1　变量描述性统计分析结果

	1年央票 发行利 率（%）	隔夜 SHIBOR （%）	1周 SHIBOR （%）	2周 SHIBOR （%）	1个月 SHIBOR （%）	3个月 SHIBOR （%）	6个月 SHIBOR （%）	9个月 SHIBOR （%）	1年 SHIBOR （%）
均值	2.8732	2.0707	2.6053	2.8629	3.1503	3.3293	3.3364	3.4081	3.5235
中值	2.9760	1.8927	2.3877	2.7465	3.0669	3.1083	3.1220	3.2192	3.4035
最大值	4.0583	8.5282	10.0820	13.5780	8.8271	6.4611	5.5242	5.2496	5.2562
最小值	1.5022	0.8008	0.8815	0.9050	1.0133	1.2044	1.4656	1.6361	1.8504
标准差	0.8076	1.3437	1.3437	1.4837	1.5101	1.4063	1.2724	1.2112	1.1599
绝对离差 平均值	0.7248	1.0017	1.0017	1.1232	1.1719	1.2364	1.1401	1.0960	1.0577

图3　隔夜SHIBOR和1年期央票发行利率变动趋势

图3进一步显示了2007~2011年隔夜SHIBOR和1年期央票发行利率变动趋势。不难发现，随着货币政策立场进行了从紧缩到宽松，然后再次从紧缩到宽松的周期性转换，隔夜SHIBOR和1年期央票发行利率也共同经历了从2007年1月4日至2008年9月12日的上升，2008年9月12日至2009年7月15日的下降，2009年9月15日至2011年11月7日的上升，然后2011年11月7日之后下降的变动。这从直观上可以说明，人民银行能够运用央票发行利率引导市场利率。

2. 协整与误差纠正模型分析

我们建立1年期央票发行利率与各个期限SHIBOR的协整模型，从而刻画利率之间的长期均衡关系，如下式所示。

$$r_t^j = \beta O_t + c + e_t^j \tag{1}$$

其中，O 表示 1 年期央票发行利率，r 表示 SHIBOR，β 表示协整系数，c 表示常数项，e 表示残差，j 表示 SHIBOR 的不同期限，包括隔夜、1 周、2 周、1 个月、3 个月、6 个月、9 个月和 1 年。那么，根据 Engle 和 Granger 表示定理（Engle 和 Granger，1987），尽管 1 年期央票发行利率和 SHIBOR 可能均为一阶单整序列，但是对上式 OLS 回归的残差为平稳序列，就仍然可以说明它们之间存在协整关系。而且，这一协整关系还可以进一步转换为误差纠正模型。也就是说，当 SHIBOR 与 1 年期央票发行利率之间出现短期偏离时，则通过误差纠正机制进行修正，从而实现长期均衡关系。误差纠正模型如下式表示。

$$\Delta r_t^j = \sum_{i=0}^{m} \gamma_i \Delta O_{t-i} + \sum_{i=1}^{n} \rho_i \Delta r_{t-i}^j + \delta \left(r_{t-1}^j - \beta O_{t-1} \right) + \alpha + \varepsilon_t^j \tag{2}$$

其中，$r_{t-1}^j - \beta O_{t-1}$ 为协整模型的残差，表示 SHIBOR 偏离均衡水平的误差，即误差纠正项。δ 表示误差纠正系数，反映当 SHIBOR 偏离均衡水平时而进行调整的速度。γ、ρ 分别表示 1 年期央票发行利率和 SHIBOR 滞后项所产生的影响系数。α 表示常数项，ε 表示残差，m、n 表示滞后阶数。这样，分别对 1 年期央票发行利率与 8 种期限 SHIBOR 进行协整关系检验，进而估计出协整关系系数 β，并建立误差纠正模型。

经 ADF 和 PP 单位根检验，各个变量为一阶单整，并且 OLS 回归的残差均为平稳，这就说明存在 8 组协整关系。协整系数 B 估计值如表 2 所示。

表 2　协整关系检验结果

SHIBOR 期限	隔夜	1 周	2 周	1 个月	3 个月	6 个月	9 个月	1 年
协整系数 β	0.6877	0.9141	1.0690	1.1547	1.4190	1.3802	1.3293	1.2816

3. 基于 CGARCH 模型的 SHIBOR 波动模式分析

由于误差纠正模型能够反映 1 年期央票发行利率对各个期限 SHIBOR 的短期影响机制，将该模型作为均值方程，进一步建立 8 个期限 SHIBOR 的 CGARCH 模型，从而提出 SHIBOR 的波动模式，如下式所示。

$$\begin{cases} \Delta r_t^j = \sum_{i=0}^{m} \gamma_i \Delta O_{t-i} + \sum_{i=1}^{n} \rho_i \Delta r_{t-i}^j + \delta \left(r_{t-1}^j - \beta O_{t-1} \right) + \alpha + \varepsilon_t^j & (3) \\ q_t^j = \omega_0 + \rho \left(q_{t-1}^j - \omega_0 \right) + \tau \left(\varepsilon_{t-1}^{j\,2} - q_{t-1}^j \right) & (4) \\ h_t^j - q_t^j = \omega_1 \left(\varepsilon_{t-1}^{j\,2} - q_{t-1}^j \right) + \phi_1 \left(h_{t-1}^{j\,2} - q_{t-1}^j \right) & (5) \end{cases}$$

其中，式（3）为误差纠正模型，表示均值方程。式（4）、式（5）共同表示条件方差方程。h 表示条件方差，刻画了 SHIBOR 的波动率。q 表示条件方差均值，刻画了 SHIBOR 长期波动率，并且 q 由式（4）结构决定而具有时变特征，从而反映波动持久性的动态变化过程。那么，我们通过式（4）、式（5）可以将 SHIBOR 波动率分为长期成分 q 和暂时成分 h–q，而式（4）、式（5）也就相应称为长期方程和暂时方程。再就影响系数而言，ω_0 表示长期波动率 q 所收敛的均值，ρ 表示 q 收敛于 ω_0 的持续性系数，通常介于 0.99 与 1 之间。τ 表示意外冲击对长期波动率的影响力度。这样，ρ 和 τ 就共同反映出长期波动率的时变特征。ω_1 和 ϕ_1 表示 SHIBOR 波动率 h 收敛于长期波动率 q 的持续性系数，并且 ω_1 和 ϕ_1 之和通常小于 1。

这样，笔者建立各个期限 SHIBOR 的 CGARCH 模型，从而提出 SHIBOR 的波动模式。出于简化分析，令 m = 0、n = 5，按照从一般到特殊的建模原则，剔除不显著变量，在 marquardt 优化算法下经多次迭代，得到 8 组 CGARCH 模型估计结果，如表 3 所示。

表 3　各个期限 SHIBOR 的 CGARCH 模型估计结果

	隔夜 SHIBOR	1 周 SHIBOR	2 周 SHIBOR	1 个月 SHIBOR	3 个月 SHIBOR	6 个月 SHIBOR	9 个月 SHIBOR	1 年 SHIBOR
γ	–0.0675 (0.0001)	0.0658 (0.0073)	0.2090 (0.0000)	0.1727 (0.0000)	–0.0220 (0.0001)	–0.0067 (0.0176)	–0.0052 (0.0516)	–0.0059 (0.0431)
β_1			0.1677 (0.0000)	0.1810 (0.0000)	0.1522 (0.0000)	0.0803 (0.0034)	0.1696 (0.0000)	–0.4019 (0.0000)
β_2		–0.0576 (0.0164)		0.1134 (0.0004)	0.1210 (0.0000)	0.3108 (0.0000)	0.1660 (0.0000)	0.2868 (0.0000)
β_3	–0.0587 (0.0048)	–0.0913 (0.0002)	–0.1144 (0.0000)	–0.2317 (0.0000)		–0.0570 (0.0000)		
β_4	–0.8856 (0.0000)			0.0680 (0.0220)	–0.1083 (0.0000)	–0.0938 (0.0000)		0.0614 (0.0503)
β_5	0.1094 (0.0000)			–0.0695 (0.0073)	0.2024 (0.0000)	0.1076 (0.0000)	0.1046 (0.0000)	
δ	–0.0580 (0.0000)	–0.0318 (0.0000)	–0.0076 (0.0002)	–0.0018 (0.0795)	0.0037 (0.0000)	0.0035 (0.0000)	0.0024 (0.0000)	0.0044 (0.0000)
α	–0.0426 (0.0000)	–0.0327 (0.0000)	–0.0088 (0.0000)	–0.0027 (0.0141)	0.0053 (0.0000)	0.0048 (0.0000)	0.0025 (0.0000)	0.0042 (0.0000)
ω_0	1.001 (0.0000)	0.0448 (0.0001)	2.5431 (0.0000)	0.9216 (0.0000)	0.0064 (0.0000)	0.0601 (0.0000)	0.0159 (0.0000)	1.6468 (0.0000)
ρ	1.0000 (0.0000)	1.0003 (0.0000)	0.9999 (0.0000)	0.9999 (0.0000)	0.9994 (0.0000)	0.9998 (0.0000)	0.9987 (0.0000)	0.9999 (0.0000)
τ	0.1140 (0.0000)	0.0856 (0.0000)	0.2006 (0.0000)	0.1127 (0.0000)	0.3690 (0.0000)	0.3055 (0.0672)	0.8229 (0.0000)	0.8666 (0.0000)

续表

	隔夜 SHIBOR	1周 SHIBOR	2周 SHIBOR	1个月 SHIBOR	3个月 SHIBOR	6个月 SHIBOR	9个月 SHIBOR	1年 SHIBOR
ω_1	0.3466 (0.0000)	0.1560 (0.0000)	−0.0428 (0.0000)	0.1008 (0.0000)	0.2225 (0.0000)	0.5063 (0.0030)	0.1593 (0.0000)	0.1760 (0.0000)
ϕ_1	0.4806 (0.0000)	0.7562 (0.0000)	−0.8050 (0.0000)	0.0378 (0.7874)	0.2957 (0.0000)	0.4910 (0.0036)	0.7031 (0.0000)	−0.1422 (0.0007)
Ljung−BoxQ	5.6091 (0.9860)	6.3864 (0.9730)	7.7308 (0.9340)	2.0552 (1.0000)	0.5849 (1.0000)	0.4515 (1.0000)	0.1474 (1.0000)	0.2194 (1.0000)
ARCH−LM	5.4915 (0.9871)	6.2507 (0.9752)	7.7228 (0.9344)	2.0208 (1.0000)	0.6054 (1.0000)	0.4524 (1.0000)	0.1457 (1.0000)	0.2325 (1.0000)

注：Ljung-BoxQ 和 ARCH-LM 统计量的滞后阶数为 15，括号内为 P 值。

由表 3 可以看出，除了 1 个月 SHIBOR 的 CGARCH 模型 ϕ_1 之外，其他影响系数均通过 1%显著性水平检验，而且 ρ 和 $\omega_1 + \phi_1$ 的取值均符合预期，残差平方的 Ljung-BoxQ 和 ARCH-LM 检验也表明，所有模型均克服了 ARCH 效应。可见，上述 CGARCH 模型能够较为准确地刻画所有期限 SHIBOR 的波动模式。

笔者进一步估计了所有期限 SHIBOR 条件方差值进而测度出 SHIBOR 的波动率，并且还计算了每个期限 SHIBOR 的波动率平均值，进而试图比较不同期限 SHIBOR 波动率平均值之间的变动情况，如图 4 所示。

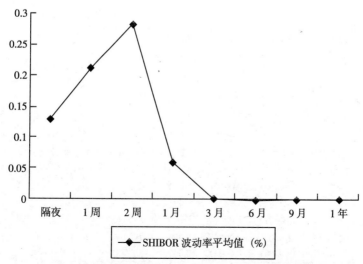

图 4 各个期限 SHIBOR 波动率平均值的变动趋势

不难发现，随着期限从隔夜向 1 年递增，SHIBOR 波动率平均值经历了倒 U 型的变化。其中，波动率平均值在 2 周达到最大值 0.2844%，随后逐期递减，到 3 个月降至 0.0013%，已接近于零。这就从波动率平均值水平量变化中可以看出，SHIBOR 波动率难以从隔夜向 3 个月以上期限传递。[①]

（二）SHIBOR 波动的传递性分析

1. 基于引入外生变量的 CGARCH 模型分析

我们将隔夜 SHIBOR 波动率记为 h，作为外生变量分别引入到期限为 1 周、2 周、1 个月、3 个月、6 个月、9 个月和 1 年 SHIBOR 的 CGARCH 模型之中，通过考察隔夜 SHIBOR 波动率对其他期限 SHIBOR 波动率的影响系数，试图从静态机制分析利率波动的传递性。那么，引入外生变量的 CGARCH 模型如下式所示。

$$\Delta r_t^j = \sum_{i=0}^{m} \gamma_i \Delta O_{t-i} + \sum_{i=1}^{n} \rho_i \Delta r_{t-i}^j + \delta \left(r_{t-1}^j - \beta O_{t-1} \right) + \alpha + \varepsilon_t^j \tag{6}$$

$$q_t^j = \omega_0 + \rho(q_{t-1}^j - \omega_0) + \tau \left(\varepsilon_{t-1}^j{}^2 - q_{t-1}^j \right) + \pi h_t^{ON} \tag{7}$$

$$h_t^j - q_t^j = \omega_1 \left(\varepsilon_{t-1}^j{}^2 - q_{t-1}^j \right) + \phi_1 \left(h_{t-1}^j{}^2 - q_{t-1}^j \right) + \psi h_t^{ON} \tag{8}$$

其中，h^{ON} 作为外生变量引入到长期式（7）和暂时式（8）之中，那么 π、ψ 就分别表示隔夜 SHIBOR 波动率对其他期限 SHIBOR 波动率长期水平和短期变动的影响系数。同样地，令 $m = 0$、$n = 5$，按照从一般到特殊的建模原则对上述模型进行估计，经剔除不显著变量以及多次迭代，得到 7 组 CGARCH 模型估计结果。出于简略原因，这里仅报告了 π、ψ 估计结果，如表 4 所示。

表 4　隔夜 SHIBOR 波动率对其他期限 SHIBOR 波动率的影响系数

期限	π	ψ
1 周	0.0536 （0.0000）	0.5062 （0.0000）
2 周	0.0918 （0.0000）	0.5777 （0.0000）
1 个月	0.0444 （0.0000）	0.1013 （0.0000）
3 个月	−8.01E−05 （0.0000）	0.0002 （0.0089）
6 个月	0.0003 （0.0000）	−0.0004 （0.0000）
9 个月	0.0001 （0.0000）	−0.0002 （0.0000）
1 年	−5.07E−05 （0.3794）	0.0002 （0.0170）

注：括号内为 P 值。

---

① 事实上，如果用表 1 的标准差和绝对离差平均值测度 SHIBOR（无条件）波动率，也能发现波动率在 3 个月以上期限显著递减。

　　由表 4 可知，除了 1 年 SHIBOR 的 CGARCH 模型 π 值之外，其他影响系数均通过 1% 显著性水平检验。但是，如果再观察 π、ψ 随着期限递增的变动趋势，不难发现，其均呈现逐期递减的趋势。而且，隔夜 SHIBOR 波动率对 3 个月 SHIBOR 波动率产生影响的 π 和 ψ 分别为 −0.000008 和 0.0002，已接近于零。因此，从经济学意义上来看，该系数所反映波动的传递性已经很弱。不难推论，SHIBOR 波动率难以从隔夜向 3 个月以上期限传递。

2. 基于 VAR 模型的脉冲响应函数分析

　　这里还建立了包含所有期限 SHIBOR 波动率的向量自回归模型，通过比较隔夜利率波动率对其他期限利率波动率的脉冲响应函数，试图从动态机制分析利率波动的传递性。

　　首先，对各个变量进行 ADF 和 PP 单位根检验，结果表明均为平稳序列，这就说明 VAR 模型是稳定的。再根据滞后长度判别检验方法（Lag Length Criteria），得到最优滞后阶数为 8，由此建立 VAR（8）模型。然后，分别估计隔夜 SHIBOR 波动率对期限为 1 周、2 周、1 个月、3 个月、6 个月、9 个月和 1 年 SHIBOR 波动率的脉冲响应函数（IRF），如下式所示。

$$IRF = \frac{d(h_{t+n}^j)}{d(\varepsilon_t^{ON})} \tag{9}$$

　　其中，ε_t^{ON} 表示隔夜 SHIBOR 波动率的随机冲击，h_{t+n}^j 表示其他期限 SHIBOR 波动率，n 表示随机冲击作用的滞后期间，将其设定为 10。此外，为了避免变量次序的不同对脉冲结果产生影响，采用广义脉冲响应函数方法进行估计。表 5 报告了 7 组隔夜 SHIBOR 波动率的一个正向标准差冲击下各个期限 SHIBOR 波动率的响应函数。

表 5　隔夜 SHIBOR 波动率冲击下各个期限 SHIBOR 波动率的响应函数

滞后期间	各个期限 SHIBOR 波动率的响应函数（%）						
	1 周 SHIBOR	2 周 SHIBOR	1 个月 SHIBOR	3 个月 SHIBOR	6 个月 SHIBOR	9 个月 SHIBOR	1 年 SHIBOR
1	0.179584	0.381220	0.079157	0.000233	−4.55E−05	−5.86E−05	−8.51E−05
2	0.252419	0.712206	0.088761	0.000198	0.000216	0.000268	0.000314
3	0.201413	0.573346	0.055112	2.89E−05	0.000233	0.000238	0.000273
4	0.170182	0.550771	0.059694	0.000272	0.000279	0.000255	0.000364
5	0.127051	0.482234	0.057497	0.000243	−1.01E−05	−7.54E−05	−2.55E−05
6	0.090865	0.423849	0.052131	0.000188	−3.85E−05	−5.93E−05	−3.06E−05
7	0.095707	0.363514	0.050767	7.58E−05	−8.13E−05	−8.52E−05	−0.000111
8	0.050146	0.283122	0.040938	−2.74E−05	0.000146	0.000204	0.000209
9	0.028105	0.177914	0.035253	5.18E−05	8.15E−05	7.00E−05	6.99E−05
10	0.025870	0.131668	0.029763	3.41E−05	−0.000179	−0.000259	−0.000264

由表 5 不难看出，随着冲击作用时间的延续，所有期限波动率响应函数均逐期递减至零。这也就说明，SHIBOR 波动的传递性会随着时间而衰减。另外，从横向对比角度来看，1 周、2 周和 1 个月的波动率响应函数分别从第 1 期的 0.1795%、0.3812% 和 0.07915% 逐期衰减至第 10 期的 0.02587%、0.1316% 和 0.02976%。然而，3 个月、6 个月、9 个月和 1 年的波动率响应函数则分别从第 1 期的 0.000233%、–0.000004%、–0.000005% 和 –0.000008% 逐期衰减至第 10 期的 0.000003%、–0.000179%、–0.000259% 和–0.000264%。可见，后 4 组响应函数显著低于前 3 组响应函数，并整体接近于零。这也意味着，SHIBOR 波动率难以从隔夜向 3 个月以上期限传递。

综上分析，笔者从不同的实证角度都发现了 SHIBOR 波动率难以从隔夜向 3 个月以上期限传递。事实上，3 个月 SHIBOR 在收益率曲线上既体现了短期资金供求，又包含了市场参与者对货币政策立场的预期，因此在短期利率向长期利率传导过程中发挥了关键期限点的作用，并且很多短期融资券、固息和浮息债、同业存款、同业借款以及利率互换等金融产品均以此作为定价基准（崔嵬，2008）。这就不难推论，上述结果实际上表明，人民银行能够运用央票发行利率稳定市场预期，有效引导 SHIBOR 平稳运行，从而避免了对银行利率定价行为和公众消费、投资行为所产生的扰动。

五、结论与政策建议

笔者通过对 2006 年第三季度人民银行实施央票工具调控目标转变这一政策事件的观察，发现随着利率形成机制从单一行政管制向双轨制过渡，货币政策操作程序已初步实现了从准备金总量程序向利率程序演化。而且，在利率双轨制约束的操作程序下，人民银行仍然能够稳定市场预期，引导货币市场利率，有效降低市场利率波动的传递性，从而准确传递货币政策意图。这一结论实际上解答了目前货币政策操作程序有效性的问题，从而为我国货币政策调控模式的转变方向和渐进式改革措施提供了理论与经验证据的支持。

金融业发展和改革"十二五"规划已明确指出，"要健全货币政策操作体系，完善市场化的间接调控机制，逐步增强利率、汇率等价格杠杆的作用"，"完善公开市场操作目标体系、工具组合和操作方式，增强公开市场操作引导货币市场利率的能力"。不难认为，随着我国利率市场化程度进一步提高，尤其是人民银行逐步取消对存贷款基准利率实施的行政管制，从而依托于准备金市场，通过运用货币政策工具调控政策利率引导货币市场利率，再间接作用于银行利率定价行为，那么，如何进一步完善货币政策操作程序进而降低市场利率波动的传递性，则成为亟待探讨的问题。对此，借鉴西方工业化国家货币政策操作程序的演化经验，以及基于我国货币政策操作实践的考虑，由此建议：

首先，从现有的公开市场操作利率适时培育政策利率。虽然央票发行利率已初步具备政策利率的功能，但是央票工具仍然是人民银行出于冲销外汇占款而所采用的临时性和阶段性工具。那么，随着我国国际收支顺差趋于平衡和外汇占款增幅的放缓，央行票据将可能会退出货币政策工具箱。因此，笔者建议适时培育其他公开市场操作利率，如回购发行利率加以替代。①

其次，改革再贴现（贷款）利率和超额准备金利率，通过构建利率走廊以限制较为短期的货币市场利率围绕政策利率目标值的波动范围。目前，再贴现（贷款）工具主要是用于引导信贷资金投向和促进信贷结构调整功能，这就使得再贴现（贷款）利率对货币市场利率的变动缺乏弹性。同时，自 2005 年 3 月 17 日起，超额准备金利率也始终保持在 0.99% 水平上，同样缺乏对市场利率变动的敏感度。因此，笔者建议增强再贴现（贷款）利率和超额准备金利率的弹性，并将其调整时机、频率和力度与政策利率目标值相配合，进而构成货币市场利率波动的上下限而起到利率走廊的作用。不难看出，这种利率走廊会有助于将货币市场利率的波动限定在一定范围之内，从而有效地稳定市场预期，引导货币市场利率，并降低市场利率波动的传递性。

华南师范大学博士后　张　勇

参考文献：

［1］Alain Durré, Sterano Nardelli. Volatility in the Euro Area Money Market：Effects from the Monetary Policy Operational Framework ［J］. International Journal of Finance & Economics，2007，13，307–322.

［2］Ayuso，Repullo. A Model of the Open Market Operations of the European Central Bank ［J］. Mimeo，2000.

［3］Ayuso，Haldane，Restoy. Volatility Transmission along the Money Market Yieldcurve ［J］. Weltwirtschaftliches Archiv，1997，122，56–75.

［4］Bartolini，Bertola，Prati. Day–to–day Monetary Policy and the Volatility of the

---

① 随着 2011 年第四季度我国外汇占款新增量出现了自 2003 年以来的首次负值，人民银行已经从 2011 年 12 月 28 日开始暂停央票的发行，进而转向将逆回购工具作为主要公开市场操作工具运用，并且使得回购发行利率的调整与存贷款基准利率的调整相配合。事实上，目前逆回购发行利率在实务界已普遍被视为替代央票发行利率的政策利率，参见王大贤（2012）。

Federal Funds Interest Rate [J]. 2000, Mimeo.

[5] Borio, C E V. Monetary Policy Operating Procedures in Industrial Countries [J]. in BIS, Implementation and Tactics of Monetary Policy (Basle), 1997, 286-368.

[6] Davies. Averaging in a Framework of Zero Reserve Requirements: Implications for the Operation of Monetary Policy [J]. Bank of England Working Paper, 1998, 84.

[7] Ding, Z., C. W. J. Granger . Modeling Volatility Persistence of Speculative Returns: A New Approach [J]. Journal of Econometrics, 1996, 73, 185-215.

[8] Engle, R. F., G. G. L. Lee. A Long-Run and Short-Run Component Model of Stock Return Volatility [J]. in Cointegration, Causality, and Forecasting, ed. by Engle, and White. Oxford University Press. 1999, 293-346.

[9] Engle, R.F., C.W.J. Granger.Co-integration and Error Correction: Representation, Estimation, and Testing [J]. Econometrica, 1987, 55, 251-276.

[10] Goodhart, C. A, E. The Conduct of Monetary Policy [J]. Economic Journal, 1989, 99, 293-346.

[11] Jason Laws, John Thompson. Central Bank Intervention and Volatility in the Money Markets [J]. 2005, www.cibef.com.

[12] Kasman, B., A Comparison of Monetary Policy Operating Procedures in Six Industrial Countries [J]. Federal Reserve Bank of New York, 1992, 17 (3), 5-24.

[13] Kneeshaw, J. T., P. Van den Bergh Changes in Central Bank Money Market Operating Procedures in the 1980s [J]. BIS Economic Papers 23. Basle, 1989.

[14] Wetherilt, A.V., Money Market Operations and Volatility of UK Money Market Rates [J]. Bank of England Working Paper, 2002, 174.

[15] William Poole, Optimal Choice of Monetary Policy Instruments in a Simple Stochastic Macro Model [J]. Staff Studies 57, Board of Governors of the Federal Reserve System, 1970.

[16] 崔嵬. Shibor 形成机制与发展方向 [J]. 中国金融, 2008 (12).

[17] 戴根有. 中国央行公开市场业务操作时间和经验 [J]. 金融研究, 2003 (1).

[18] 何东, 王红林. 利率双轨制与中国货币政策实施 [J]. 金融研究, 2011 (12).

[19] 刘海东, 景晓达. 央票, 谁翻动了这个硬币. 和讯网, 2010-3-29.

[20] 王大贤. 央行为何偏爱逆回购 [M]. 上海证券报, 2012-8-13.

[21] 王晓芳, 王维华. 政策性冲击、货币政策操作目标: 基于准备金市场模型的实证研究 [J]. 金融研究, 2008 (7).

[22] 谢平. 中国货币政策分析: 1998-2002 [J]. 金融研究, 2004 (8).

[23] 易纲. 中国货币政策框架 [D]. 货币政策操作国际研讨会论文, 2001-5-8.

[24] 于波, 朱恩涛. 中国货币政策操作程序的理论分析 [J]. 经济问题探索, 2010 (12).

[25] 张晓慧. 推进利率、汇率形成机制改革 疏通货币政策传导机制 [J]. 中国金

融，2011（9）.

　　[26] 张勇，范从来. 政策冲击下的货币存量控制研究 [J]. 财经研究，2004（8）.

　　[27] 张勇. 论中国货币政策传导机制的不确定性 [M]. 人民出版社，2006.

　　[28] 郑振龙，莫天瑜. 政策利率引导市场利率的走势吗——央票发行利率与央票市场利率双向互动关系研究 [J]. 财贸经济，2011（1）.

金融脱媒、融资结构差异与经济增长的实证分析

——基于东中西部区域经济的经验证据

一、引　言

　　金融脱媒，是指在分业管理与分业经营的制度背景下，资金供给者和资金短缺者不通过银行等传统金融中介而直接进行资金交易。金融脱媒较早发生在20世纪六七十年代的美国，在银行利率管制情况下，投资者发现投资其他非储蓄金融产品获利更高，银行储蓄发生分流，金融业出现了脱媒现象。金融脱媒现象是我国市场经济和国民经济发展的客观规律，是国家推动金融市场创新发展的必然趋势。改革开放以来，为了创新企业融资渠道，逐步扩大市场直接融资，逐步分散集中于银行业的金融风险。从短期融资券市场的建立，到债券市场的不断升温；从股票市场的设立，到企业的竞相上市；从信托业的代人理财，到银信合作理财；从银行存款产品单一，到银行负债产品层出不穷……无一不标志着金融脱媒的不断演进。

　　随着金融脱媒的逐渐深化，经济金融体制改革的逐步发展以及金融开放步伐的不断加快，各种金融工具不断推陈出新，企业融资渠道越来越宽。同时，在2012年利率市场化的背景下，企业出现利用直接融资工具替代贷款趋势，企业信贷与债券融资此消彼长，越来越多的资金通过债券市场而非传统银行贷款渠道流向实体经济。《中国人民银行货币政策执行报告》提供的数据显示，从2003年起，企业通过境内或境外上市发行股票和债券进行融资的比例越来越高。由于直接融资渠道的不断拓宽，企业通过发行股票、债券等方式进行融资对银行的贷款业务产生了明显的替代效应，随着企业直接融资额的不断增加，贷款在社会融资总量中所占的比重逐年下降，从2003年的85.1%降到了2011年的58.2%，同时不同的区域融资结构也开始发生显著的变化。2011年，债券融资等在配置资金中的作用明显增强。债券融资在社会融资总量中的占比显著

提升。企业债券净融资占同期社会融资规模的 10.6%，为历史最高水平，同比上升 2.7 个百分点。那么人们自然会问：这种基于金融脱媒背景的融资结构变化是否是国内不同区域经济增长的主要原因之一？

区域金融发展作为金融发展理论的一个分支，是指一个国家金融结构与运行在地理空间上的分布。区域金融的发展不仅直接反映出区域经济增长的特点，还在推动区域经济增长方面起着至关重要的作用。因此，深入研究区域融资结构与经济增长的关系，探究区域金融的运行机制，对维持区域经济的持续健康稳定增长有着不可替代的理论指导价值和实践参考意义。

二、文献综述

金融脱媒指的是在定期存款利率上限管制条件下，当市场利率水平高于存款机构可支付的存款利率水平时，存款机构的存款资金流向收益更高的证券从而限制了银行可贷资金的现象。在研究和讨论的过程中，对金融脱媒的理解多与各国的金融实践相联系，对金融脱媒的产生、作用机理和发展趋势的讨论缺少理论支持。Hester（1969）认为脱媒代表了从使用中间人的服务向一个或者没有金融交易存在或者金融交易是最终的储蓄者和投资者之间直接的双边交易的基本体系转变。AiifMian、Ami sufi（2008）首次将金融脱媒与美国次贷危机相联系，运用经验模型，结合美国主要地区的数据，认为正是金融脱媒程度的不断加剧导致了信用膨胀，最终引发了危机，以崭新的视角分析了此次金融风暴的根源。以 Gary B.Gorton（2008）为代表，认为脱媒形式本身是一种有效的融资途径，但脱媒环节和脱媒工具中存在瑕疵。在金融脱媒的背景下，监管者应当像关注银行机构一样关注市场，保证金融市场的流动性，同时加大监管，提高市场的透明度和公开性。巴曙松（2006）从金融中介功能的角度出发阐述了商业银行所面临的金融脱媒的形成和趋势，并结合中国国情提出我国商业银行面临的机遇和挑战。唐旭（2006）在中国还未出现真正的"脱媒"，但推进多层次金融市场建立的目标的实现，将意味着中国金融脱媒过程的启动，中国商业银行应对金融脱媒的机遇要大于挑战。李扬（2007）认为金融脱媒是资金盈余者和资金短缺者不通过银行等金融中介机构直接进行资金交易的现象，而"媒"就是金融中介机构。金融结构与经济增长的关系是国内学者关注已久的课题。刘红忠、郑海青（2006）运用动态面板数据模型和广义矩估计法对 1985~2001 年的数据进行研究，得出了在人均 GDP 较高的国家，股票市场规模也较大的结论，同时发现金融体系中银行的比重越高，经济发展越是落后。杨晓敏、韩廷春（2006）得出国家制度变迁对一国的金融结构调整和经济增长均有较强的影响。林毅夫等（2007）将产业融入金融结构变化的观点，从要素禀赋角度揭示了特定经济发展阶段所需具备的最优金融结构。

本文的贡献在于：一是在金融脱媒的背景下，以融资结构为切入点，以区域内人均 GDP 为被解释变量，试图说明融资结构差异对于区域经济增长的影响；二是本文着眼于中国金融市场发展改革动态特点，以往的研究文献中直接地将股票融资作为直接融资的代表。长时间以来，我国金融体系缺乏弹性，存在着直接融资与间接融资结构不平衡、债券市场发展落后于股票市场的问题。但随着债券资本市场的不断发展，债券融资已经超过股票融资成为企业直接融资的主要来源。以银行间市场为例，截至 2011 年年底，我国信用债市场规模已达 5.1 万亿元，占当年社会融资总量的 10.6%，位居世界第三、亚洲第二。非金融企业债务融资工具市场存量突破 3 万亿元，占我国直接债务融资规模的60%，成为我国企业直接债务融资的主板市场。本文将债务融资纳入考量，是对现有文献的有益补充，并且实证研究了其与银行信贷、股票融资的匹配对于经济增长的影响。

三、金融脱媒与区域融资结构差异

（一）金融脱媒与区域融资结构：宏观比较

"十一五"期间，债券融资快速上涨，并呈现超越股票融资之势。"十一五"时期，我国企业直接债务融资产品的发行量达 5.05 万亿元，有力地支持了实体经济发展。东部地区在 2000~2004 年债券融资一直低于股票融资额，从2005 年开始债券融资额开始大幅增加，2010 年东部地区债券融资量高于股票4431.77 亿元。从银行间市场发行企业资产规模前 100 名企业的融资结构来看，2005~2010 年债券融资占比已从 8% 上升到 23%。债券市场已成为中央企业融资的主渠道，满足了这些企业超过 50% 的融资需求。在社会金融资源总体有限的约束下，大型企业债券融资比重的上升可以将信贷资源腾挪出来，这为解决中小企业融资难创造了空间。通过这种资金供求结构的再匹配，满足了不同层面实体经济的资金需求。

2011 年东部、中部、西部①各地区非金融机构部门贷款、债券和股票融资额总体保持稳定，融资结构进一步优化。银行贷款仍占主导地位，但占比下降6.2 个百分点。直接融资占比进一步提高，主要是债券融资占比提高 7.2 个百分点，股票融资占比与 2010 年相比基本持平。全国有 21 个省（自治区、直辖市）直接融资比重上升，资金配置效率提升明显。分地区看，东部地区、中部地区新增贷款同比分别下降 13.8% 和 4.8%，西部地区小幅增长 3.0%。各地区债券融资同比增速均高于 30%，北京、辽宁等 13 个省（自治区、直辖市）股票融资同比正增长。从区域分布看，东部地区在各种融资方式中占比均维持较高水平。其中，债券融资东部占比提高 0.9 个百分点，西部下降 1.2 个百分点，中部、东北部基本持平，股票融资各地区占比保持稳定。

（二）金融脱媒与区域融资结构：微观比较

下面用微观视角，从东部、中部、西部的典型省份着眼，观察区域融资结构的变化。笔者选择北京、河南、贵州分别代表东部、中部、西部省份，从而考察其融资结构的差异性。

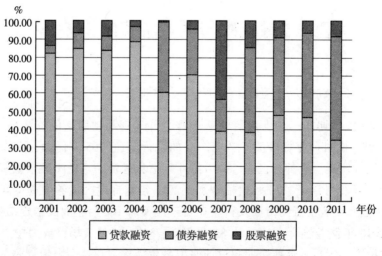

图 1　2001~2011 年北京地区融资结构占比

资料来源：2011 年中国人民银行区域金融运行报告（笔者整理绘出）。

---

① 东部包括：北京、天津、河北、辽宁、上海、江苏、浙江、福建、山东、广东、海南；中部包括：山西、内蒙古、吉林、黑龙江、安徽、江西、河南、湖北、湖南、广西；西部包括：四川、重庆、西藏、甘肃、青海、贵州、宁夏、新疆、陕西。

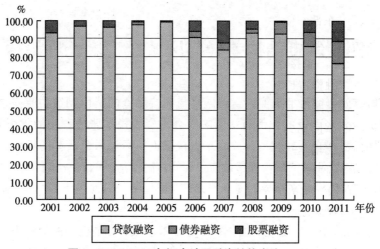

图2 2001~2011年河南地区融资结构占比

资料来源：2011年中国人民银行区域金融运行报告（笔者整理绘出）。

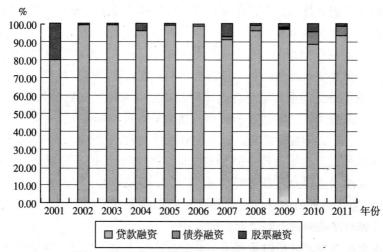

图3 2001~2011年贵州地区融资结构占比

资料来源：中国人民银行区域金融运行报告（笔者整理绘出）。

从北京、河南、贵州三个地区比较来看，北京地区的融资结构已经由以间接融资为主演变为直接融资和间接融资并重。在实践中也可以发现，许多在京央企已经开始逐渐把债务融资作为融资的首选，而中部的河南和贵州依靠银行信贷融资的需求仍然旺盛。以河南为例，2010年，河南只有9家企业获准在银行间债券市场发行企业短期融资券和中期票据共计15只，金额95亿元，新增股票融资173.64亿元，地方债93亿元。直接融资规模达到13.6%。西部的贵州省基本依靠银行信贷融资来促进区域经济发展。

四、融资结构差异与区域经济增长理论探讨

既有的研究已经证实，直接融资与间接融资的货币创造功能差异巨大，直接融资与间接融资的比例直接影响社会融资规模扩张过程中的货币派生情况。从中国的数据来看，改革开放以来直接融资、间接融资活动的货币创造功能显示，直接融资活动的货币创造效能仅为间接融资活动的53%左右。这里首先采用柯布道格拉斯模型来推导不同融资方式对经济增长的促进作用，其基本形式为：

$$Y = AL^{\alpha}K^{\beta}\mu \tag{1}$$

式（1）中，Y 是经济增长，A 是技术系数，L 是投入的劳动力，K 是投入的资本，α 是劳动力产出的弹性系数，β 是资本产出的弹性系数，μ 是随机干扰的影响。式（1）表明，决定经济产出的主要因素是新投入的劳动力数量、固定资产投资和技术进步，在 $\alpha + \beta = 1$ 即规模不变的情况下，资本与劳动力的投入是经济增长的主要动力。

对于经济产出来说，Y 代表的是 GDP 增长率。假定经济繁荣期企业资本形成的来源主要是外源融资，经济增长主要依赖资本形成规模扩张及劳动要素投入。为了分析简便假定企业内源融资稳定（内源融资数量为常数），则社会资本形成规模等于当期直接融资和间接融资规模，即 $K = K_d + K_l$，其中 K_d 为直接融资额，K_l 是间接融资额。从直接融资种类及比重来看，中国债券市场获得了爆发式增长，直接融资中债券融资从 2005 年开始超过股票融资，2010 年债券融资规模已经达到股票融资的 3.3 倍，债券融资占直接融资的比重已经达到76.9%。为了分析的便利，这里将债务融资作为直接融资的主要方式，分析直接融资和间接融资对于经济增长的作用。

在劳动力相对过剩的条件下，假定新就业劳动力数量主要取决于资本形成规模，则 GDP 增长率主要取决于 $K = K_d + K_l$，得出

$$Y = AL^{\alpha}(K_d + K_l)^{\beta}\mu \tag{2}$$

其中，K_d，K_l 的实际规模受一系列市场及政策因素的影响，其中主要是金融机构的货币创造因素。根据货币派生模型，派生的货币都是由银行通过发放贷款这一渠道注入的，假定银行实行部分存款准备金制度并对新增存款缴存一定比例的法定准备金，银行间建立了清算体系，只需保留一定比例的超额准备金以应对所创造的存款的提款需要。

新增存款出现后商业银行以固定比例 r_D、r_E 提取法定准备金及超额准备金，同时有比例 r_c 的资金流出银行体系、保留在公众手中，剩余部分比例为

$1 - (r_D + r_E + r_C)$ 用于发放贷款。贷款发放采用非现金方式，且直接转化为银行新增存款。其中，$\varepsilon = r_D + r_E + r_C$ 为新增贷款中不进入下一轮货币派生过程中的比例。用 M_B 表示基础货币，因此得到由基础货币派生的存款量为：$D = M_B/\varepsilon$，现金量为：$C = \dfrac{r_C}{\varepsilon} M_B$。

$$\text{货币供应量为 } M = D + C = (1 + r_C)\frac{M_B}{\varepsilon} \tag{3}$$

根据柯布道格拉斯模型，GDP 增长率则主要取决于直接融资规模、基础货币和非派生存款比例等共同决定的社会融资总量，即

$$Y = AL^\alpha \left(\frac{M_B}{\varepsilon} + K_d\right)^\beta \mu \tag{4}$$

在劳动力剩余的情况下，社会融资总量是经济增长的决定性因素，包括直接融资、间接融资在内的社会融资总量与 GDP 增长率存在正向相关关系。社会储蓄转化为资本品的过程即资本形成，是决定经济增长速度的决定性因素，资本形成规模扩张为劳动力等生产要素规模的扩大及全要素生产率的提高创造条件，是经济增长的共同条件。同时也可以看到，直接融资和间接融资均能推动 GDP 的增长，但货币创造功能存在巨大的差异。如果考虑到直接融资市场的发展导致的金融种类增加、金融市场价值发现功能增强及专业人才成长等多方面的因素，直接融资市场的发展就会比间接融资产生更加积极的作用。

五、金融脱媒下融资结构差异与区域经济增长的实证分析

长期以来，我国融资结构以银行为主导，向间接融资倾斜，银行在储蓄和投资方面发挥着积极的作用，而以债券市场为代表的直接融资发展则相对滞后。目前，我国正处于金融体制改革时期，随着改革的深化，金融市场发展迅速，在经济生活中地位逐渐上升。本文对直接融资和间接融资对东部、中部、西部区域经济增长的作用进行了实证分析，以便比较不同的融资结构对于区域经济增长的贡献。

（一）基本模型及数据来源

$$\ln PGDP = c + a_1 \times \ln Credit + a_2 \ln Stock + a_3 \ln Bond + \varepsilon \tag{5}$$

通过对中部、东部、西部 2011 年融资结构的比较研究不难看出：以银行贷款表示的银行贷款融资仍是中部、东部、西部三个地域最主要的融资方式，

股票类融资、债券类融资虽有较快增长，但仍占比较小。本部分针对融资结构，建立双对数回归模型，深入探讨这三种融资模式分别对本区域的经济增长起何种作用。在自变量的选取上，根据前述理论，本文将东部、中部、西部的主要金融资产划分为银行贷款、股票融资和债券类融资。其中，用金融机构贷款年末余额表示银行信贷融资；由于股票市值波动性较大，本文用历年股票筹资额表示股票融资（Stock）；用债券筹资额表示债券融资（Bond）。在因变量的选取上，本文沿用通行做法，以人均 GDP 表示当地的经济发展程度。数据来源：银行贷款数据由 1994~2006《中国金融统计年鉴》中获得，股票、债券由 Wind 数据库获得，2006~2011 年数据取自《中国人民银行区域金融运行报告》。

（二）变量平稳性检验

本文采用 ADF 检验法对人均 GDP、银行信贷、股票融资、债券融资做单位根检验，其检验一般方程式为：

$$\Delta z_t = \eta z_{t-1} + a + \sum_{i=1}^{p-1} \beta_i \Delta z_{t-i} + u_t \qquad t = 1, 2, \cdots, T \tag{6}$$

其中，a 表示常数项，Δ 表示差分，u_t 表示白噪声残差。原假设：H_0: $\eta = 0$，如果变量不能拒绝有单位根，则接受原假设，认为序列是非平稳的，存在随机趋势；反之则拒绝原假设，认为序列是平稳的。被检验序列是否含有截距项与时间趋势根据被检验序列图形确定，由于本文中使用的变量缺口为比值形式，因此不包含明显的时间趋势，变量最优滞后期由 Eviews6.0 软件根据赤池原则自动确定。ADF 检验所得结果如表 1 所示。

表1　纳入人均 GDP 的各变量 ADF 检验结果

变量	检验格式（C T N）	t 统计量	临界值（5%）	概率值（P 值）	结论
人均 GDP（Pgdp）	（C 0 0）	−5.749901	−2.879734	0.0000	平稳
银行信贷（Credit）	（C 0 0）	−3.565736	−2.918142	0.0105	平稳
股票融资（Stock）	（C 0 0）	−5.283262	−2.913465	0.0001	平稳
债券融资（Bond）	（C 0 0）	−3.156935	−2.935432	0.0301	平稳

注：检验形式（CTN）中 C、T、N 分别表示模型中的常数项、时间趋势和滞后阶数。

从检验结果来看，人均 GDP、银行信贷、股票融资和债券融资序列在 5% 的显著性水平上的检验值均小于相应的 Mackinnon 临界值，拒绝了存在一阶单位根的原假设，都是平稳的时间序列。

（三）权重的估计值

利用最小二乘法进行变量权重的估计，得出如下结果：

东部地区：

$$lnPGDP = 0.370221 + 0.5468lnCredit + 0.2754lnStock + 0.3678lnBond \qquad (7)$$

中部地区：

$$lnPGDP = 0.298731 + 0.6913lnCredit + 0.1854lnStock + 0.2778lnBond \qquad (8)$$

西部地区：

$$lnPGDP = 0.319862 + 0.7095lnCredit + 0.1239lnStock + 0.2046lnBond \qquad (9)$$

银行信贷、股票融资和债券融资缺口在 5% 的显著性水平下，P–Value 值均小于 0.05，通过 t 检验，表示这里选取的三个解释变量对被解释变量区域人均 GDP 的影响都是显著的。调整后的 R^2 值为 0.5746，解释变量的影响是显著的。F 值为 21.5672，相对应的 P 值为 0，因此显著的 F 值表明，人均 GDP 与银行信贷、股票融资和债券融资之间的线性关系显著。

（四）格兰杰因果关系检验

通过格兰杰因果检验进行验证银行信贷、股票融资、债券融资与经济增长是否具有因果关系。格兰杰因果检验对滞后期的选择比较敏感，选择不同的滞后期会得到不同的检验结果。本文经过实际操作的验证，发现滞后期为 2 个年度时，得到的效果最理想。因此，本文选择滞后期为 2 个年度进行格兰杰因果关系检验，检验结果如表 2 所示。

表 2　格兰杰因果检验结果

虚拟假设	对象	F 统计值	P 值
人均 GDP 不是银行信贷的格兰杰原因	17	5.87559	0.00247
银行信贷不是人均 GDP 的格兰杰原因		0.37182	0.81953
人均 GDP 不是股票融资的格兰杰原因		6.13776	0.00376
股票融资不是人均 GDP 的格兰杰原因		0.45871	0.800991
人均 GDP 不是债券融资的格兰杰原因		7.12754	0.00354
债券融资不是人均 GDP 的格兰杰原因		0.38971	0.79652

根据检验结果，这里可以拒绝人均 GDP 不是银行信贷的格兰杰原因的原假设，不能拒绝银行信贷不是人均 GDP 的格兰杰原因的原假设。也就是说，银行信贷构成了 GDP 增长的原因，而 GDP 增长对银行信贷的影响并不显著。这也说明了反映融资结构变化的银行信贷、股票融资、债券融资会对经济增长造成直接的影响，融资结构的变化会导致经济增长的变化。

六、结论与政策建议

（一）结论

中部、东部、西部融资结构发展不均衡，对区域经济增长的贡献度差异较大。从区域融资结构的横向比较和实证研究来看，不同的融资结构都对区域经济的增长起到了重要的作用。从融资额地区分布来看，各种融资方式均维持"东部高，中西部逐渐降低"的格局。东部经济发达地区在结构上已经由间接融资为主转变为直接融资和间接融资并重，并且东部地区直接融资对经济的贡献度优势开始逐步显现。中西部地区对银行信贷的融资需求依然旺盛，银行信贷对经济增长的贡献度仍然保持绝对优势。

（二）政策建议

实现信贷市场和资本市场双轮驱动促进区域经济的发展。信贷与资本市场都是区域经济所需资金的重要来源。一方面，服务区域经济离不开来自银行体系的资金支持。银行体系庞大的资金规模和广阔的业务覆盖面决定了其在服务实体经济方面具有显著优势。另一方面，服务区域经济应更加重视资本市场的资金支持。资本市场大力发展则对缓释和分散系统性风险有积极作用。而且，资本市场在提供资金支持中所产生的促进企业治理结构完善、确保资金有效使用、贯彻国家产业政策等正外部效应，也是信贷市场所难以具备的。因此，作为支持区域经济发展日益强劲的一股力量，资本市场也不可或缺。

根据区域融资结构的不同，银行信贷应更多地向中西部倾斜。从东部、中部、西部的区域比较来看，东部地区更多的开始由过去的间接融资为主转变为间接融资和直接融资并重，中西部地区更多地依赖银行信贷融资。随着国家政策对中西部地区的倾斜，未来中西部地区的经济增速将继续领先东部地区，中西部地区将成为银行业竞争的主战场，据央行数据显示，西部地区 2011 年外资银行资产总额和机构网点数占比均比 2010 年有所提高，重庆、陕西和四川是外资银行新进入的主要地区。国有商业银行应把握形势，提前谋划，积极布局中西部网点，做好业务发展的渠道建设，把信贷资源优先向中西部倾斜。

根据实体经济需求鼓励、推动金融创新。一方面，积极推动机制创新、制度创新和产品创新，发展资产支持票据、信用缓释工具、市政债券、高收益债券等满足实体经济需求的金融产品，加大提高金融服务实体经济的能力。另一方面，在创新过程中要牢牢把握市场导向和服务实体经济需求这一根本目标，符合市场需求的产品创新将极大地激发了金融市场的活力，拓展了金融市场的深度和广度，保障了金融改革的顺利推进。

特华博士后工作站博士后、中国农业银行总行　李　刚
对外经济贸易大学博士后、中国农业银行总行　李　放

参考文献：

［1］Atif Mian Amir Sufi. The Consequences of Mortgage Credit Expansion: Evidence from the 2007 Mortgage Default Crisis［J］. National Bureau of Economic Research，2008（3）：54-61.

［2］Donald D Hester.Financial Disintermediation and Policy［J］. Journal of Money Credit and Banking，1969（1）：600-617.

［3］Gary.B Gorton.The Panic of 2007［J］. National Bureau of Economic Research，2008(5)：15-22

［4］巴曙松，陈华良，李品."脱媒"与商业银行业务模式转型［J］.河南金融管理干部学院学报，2006（2）：12-15.

［5］李扬.中国金融资产结构演进：1991-2007［J］.经济研究，2008（8）：4-15.

［6］林毅夫，姜烨.经济结构、银行结构与经济发展［J］.金融研究，2006（1）.

［7］刘红忠，郑海青.东亚国家金融结构与经济增长实证研究［J］.国际金融研究，2006（5）.

［8］唐旭.多层次金融市场与金融脱媒［J］.中国金融，2006（14）：13-16.

［9］杨晓敏，韩廷春.制度变迁、金融结构与经济增长——基于中国的实证研究［J］.金融与经济，2006（6）.

国际货币体系多元化的核心货币汇率条件 *

一、"三元悖论"视阈下国际货币体系演变与目标模式的转变

国际货币格局演变的历史显示，任何一个新兴的国际主导货币必然会对旧秩序构成强有力的冲击，并激发旧秩序产生本能的应激反应，而国际货币体系演进表现为从"三元悖论"的一边向另一边（如图 1 所示的顺时针）转换，并在此过程中形成了过去、现在乃至未来的国际货币格局。作为历史上第一个国际货币体系，国际金本位制在 19 世纪 70 年以后出现，由英国率先倡导，以黄金为"货币锚"，以英镑为本位货币。借助与白银、黄金之间兑换率的稳定机制，英镑成为当时真正的国际货币，全球超过 60% 的国际贸易都是以英镑作为计价和结算货币。基于铸币平价，金本位"自由兑换、自由铸造和自由输出入"，国际收支失衡具有自发调节功能，对于通胀的调控能力取决于黄金价格，货币政策独立性被禁止，汇率波动取决于黄金输出入点。两次世界大战爆发和 1929~1933 年经济大萧条摧毁了国际金本位和国际金汇兑本位，英镑逐步衰落，美元开始崛起并在美国政府的强力助推下，美元国际化比一般预想发展得更快。该阶段国际货币体系处于无序状态，黄金名义"锚"的约束力下降，美元和英镑进行国际本位币的竞争。

"二战"以后，1944 年 7 月布雷顿森林体系正式建立，以美元为核心的新金汇兑本位取代了以英镑为核心的金汇兑本位，布雷顿森林协议以制度化的美元作为干预和交易的本位货币，美元和黄金可兑换性的维持——美联储"政策

* 基金项目：国家自然科学基金面上项目（71203152，71173151）；国家社科基金重大项目（11&ZD017）；教育部人文社会科学研究青年基金项目（11YJC790097）；中国博士后科学基金面上项目（2012M510668）。

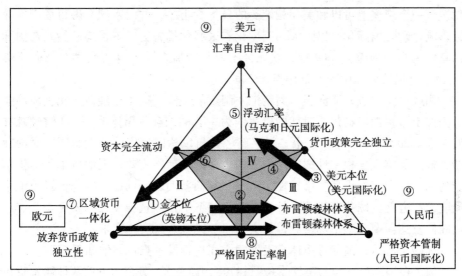

图1 不可能三角与国际货币体系演进

信誉锚"决定了对通胀的调控。除了美国之外，其他国家货币政策独立性受到一定限制。"马歇尔计划"和"道奇计划"实现了美国资金海外援助美元输出（美国资本和金融项目逆差），欧洲（和日本）对美国私人部门出口商品服务的购买实现了美元回流（美国经常项目顺差），国际收支失衡调节主要由逆差国负担。20世纪60年代，美联储的黄金持有量与境外持有的未支付美元之间日益不匹配——美元作为国际本位货币要求其价值具有稳定性与国际经济可持续增长要求的美元无限供给之间存在不可调和的内在矛盾（特里芬难题），加之汇率制度过于刚性、国际收支调节不对称、储备货币供给调节机制过于缺乏弹性，1960~1971年先后爆发了三次美元危机。在经历美元贬值导致1971年美国黄金窗口关闭和1973年史密森协议破产后，美国转向更加灵活的汇率制度。

进入20世纪70年代各国步调一致，转向浮动汇率下的牙买加体系。1971~1976年，德国和日本均表现出对内贬值与对外升值并存现象（马克和日元相对于美元汇率升值最多并且物价分别上涨240%和290%）。伴随德、日经济迅速崛起，马克和日元开始了国际化进程。对于当时追赶经济的代表，日本总是试图利用货币政策减少日元汇率升值压力，加之国内保护体制根深蒂固，1985年广场协议后日元汇率升值难以适应，采取离岸市场的日元资金迂回流动阻碍了日元国际化进程，日元国际化并不成功；而德国则坚持以稳定国内物价的货币政策为主，汇率政策为辅，加之流动渠道合理、透明，马克稳定，虽然没有明确的国际化策略，但马克的国际地位不断上升。1979~1998年，欧洲货币体系开始运行，1999年欧元诞生，在国际货币体系储备资产的供给方面创造了一个规模上可以和美元相媲美的最优货币区，并对欧洲金融市场产生深远影响。欧元国际化是以强大的制度化和区域化模式为特点，追赶美元在国际储备中的主导地位。2009 年，欧元区国内总产值合计 12.4 万亿美元（介于美国 14.1 万亿美元和中国 5 万亿美元之间）。

回顾美元本位，亚洲实行固定汇率制度的外围新兴市场经济国家重新确立了类似于布雷顿森林体系时期的以美国为中心的国际货币体系——布雷顿森林体系Ⅱ。20 世纪 90 年代以来，新兴经济体与发达国家之间"大趋同"对国际储备资产需求产生根本性影响。由于国内金融制度不完善，无法以本币提供信贷的国际债券国将出现货币错配，出现"高储蓄两难"问题。为降低货币汇率风险，在金融全球化背景下，外汇干预、储备货币多选择美元，安全资产需求过旺向发达国家金融市场传导，加大了对美元区金融资产需求。

如图 1 所示，国际货币体系发展的主要进程及特点可归纳如下：

（1）在国际金本位与英镑本位（1879~1913 年）：黄金和英镑两种储备货币并存，固定金平价下汇率稳定。

（2）国际金汇兑本位与美元崛起：黄金、英镑和美元等多种储备货币并存，各国汇率波动频繁，竞争性贬值和外汇倾销下"以邻为壑"的货币战给全球货币带来了冲击。

（3）布雷顿森林体系建立与美元本位（1944~1970 年）：美元和黄金两种储备货币并存，在美元流出和流入的均衡方式下，国际通货汇率长期稳定。

（4）布雷顿森林体系解体与美元浮动：1973 年 2 月布雷顿森林体系解体，国际货币体系完成从固定汇率下的美元本位向浮动汇率下的美元本位转变。

（5）牙买加体系建立与浮动汇率美元本位（1973~1984 年）：自布雷顿森林体系解体，美元与黄金脱钩，国际货币体系的核心货币由单一美元构成，工业化国家保留外汇干预政策，以确保自身汇率维持适当水平。

（6）储备货币多样化与广场协议：伴随黄金非货币化，在美元本位下，虽然出现储备货币多样化趋势，但美元始终居于主导核心并在货币汇率博弈中处于优势地位。

（7）区域货币一体化与欧元崛起（1979~1999 年）：欧元区形成后，国际货币体系能够"走稳"的二元储备货币条件再次出现，欧元对美元、日元以及对非欧元区成员国的汇率能否维持稳定成为关注的焦点。

（8）布雷顿森林体系Ⅱ与东亚高储蓄两难：东亚美元本位下，"升值浮动恐惧"占优，盯住美元成为共同货币锚。

（9）后美元本位时代与人民币国际化（2009 年至今）：国际货币体系将进入美元、欧元和人民币多元储备货币时代。

世界经济的快速发展增加了美元标价资产的需求，但是美国财政能力相对于全球经济的增长而相对下降。在一个增长的世界中，美国将不可避免地失去其储备货币垄断权。因此，这意味着多元核心货币将成为必然。那么，哪种储备货币会与美元竞争？就经济规模而言，欧元和人民币是最佳的可能选择。尽管在金融全球化进程中美元仍主导国际货币格局，在缺少多国协调共同政策机构的假设下考虑各自福利后纳入人民币的多元储备货币合作机制仍有待完善，人民币能否在 2020 年成为国际储备货币时间上也不确定，但在方向上毋庸置疑——国际货币体系将进入美元、欧元和人民币的多元储备货币时代。

在一个多极的世界当中，由于并不存在需要全球共同应对的外部竞争压力，国际货币体系倾向于选择多元储备货币体系。鉴于美国和欧洲的经济规模和政治实力在全球的主导地位，现有国际分工格局和国际经济秩序的长期持续以及网络效应导致的国际货币体系存在极强的惯性，改善国际货币体系、稳步推进国际货币体系多元化应当是现实的选择。通过增加不同储备资产之间的替代程度，多元储备货币体系可以限制汇率波动以及储备资产价格（利率）波动。从这一角度而言，加快多元储备货币体系的转轨是值得期待的。另外，多元储备货币机制也会产生由于一种货币突然失去其储备货币地位而伴随其价值的信心缺失所导致的货币选择转换过程，这可能会导致资本流动以及较大幅度的汇率和利率波动。这种"突然骤停"（Sudden Stop）的影响将会持续，从而会（内生）降低安全资产在全球经济的供给，仍然无法破除特里芬难题。实际上，国际货币体系走向多元化储备货币体系是由于当前美元本位下的特里芬难题以及安全资产的短缺吗？还是由于官方储备持有者希望分散化其投资组合？

二、国际货币体系多元化微观行为之货币选择

对于迈向多元储备货币体系进程中的汇率动态，结合代表性个体的投资组合分析，考虑两个国家（G2）分别为美国（US）和中国（CH），三种货币分别为美元、欧元和人民币。每种货币 k 的资产供给表示为 $A_k(k = US，EU，CH)$，在 G2 中，国家 i 的财富以其国内的货币表示为 W^i（$i = US，CH$），鉴于美元的国际储备货币和人民币国际化现状，假设 $W^{US} < A_{US}$，$W^{CH} > A_{CH}$。在 G2 中，每个国家对于本国货币计价资产的国内需求以本国货币表示为 D^i（$i = US，CH$）。假设由于中国资本项目尚未完全放开，国外的投资者不能持有人民币计值资产，而中国的投资者能够持有三种货币计值资产，从而有 $W^{US} = D^{US}$。假设美元资产不存在流动性风险，但人民币资产存在流动性风险。代表性投资者最大化

其效用函数是其财富的函数，并且效用函数最大化决定了每一种资产在投资者财富中的比重。模型求解可以发现相对收益的变化会影响货币 j 在国家 i 的代表性个体投资者 f 在资产组合中的权重。

（一）美国代表性投资者的微观行为分析

对于美国投资者，可将其资产分别配制于欧元资产的比重为 f，配制于美元资产的比重为 1-f，则其资产组合的总回报为 $r = f \cdot r^{EU} + (1-f) \cdot r^{US}$。假设投资风险厌恶，即希望其总资产组合的风险越小越好，而其总资产回报的预期越高越好。用均值—方差模型表示资产组合的预期回报和方差分别为：

$$E(r) = fE(r^{EU}) + (1-f)E(r^{US}) \tag{1}$$

$$V(r) = f^2V(r^{EU}) + (1-f)^2V(r^{US}) + 2f(1-f)Cov(r^{EU}, r^{US}) \tag{2}$$

由于假设美元为安全资产，以美元表示的资产回报分别为 $r^{EU} = i^{US}$（美国联邦基金利率）和 $r^{EU} = i^{US} + \Delta S_{EU/US}$（欧洲名义利率加上欧元兑美元的升值率），并且投资者进行决策时两国利率已经确定，从而利率的方差为 0，只有即期汇率的变化不确定，从而均值—方差模型为：

$$E(r) = f(i^{EU} + E\Delta S_{EU/US}) + (1-f)i^{US} \tag{3}$$

$$V(r) = f^2V(\Delta S_{EU/US}) \tag{4}$$

假设投资者会同时关系均值和方差，其试图最大化有关均值和方差的某个函数 $\Theta[E(r), V(r)]$，为了选择 f 而使其效用最大化，可以求 Θ 对 f 的微分：

$$\frac{d\Theta}{df} = \frac{d\Theta}{dE(r)}\frac{dE(r)}{df} + \frac{d\Theta}{dV(r)}\frac{dV(r)}{df} \tag{5}$$

求式（3）和式（4）对 f 的导数，并代入式（5），可得：

$$\frac{d\Theta}{df} = \frac{d\Theta}{dE(r)}(i^{EU} + E\Delta S_{EU/US} - i^{US}) + \frac{d\Theta}{dV(r)}[2fV(\Delta S_{EU/US})] \tag{6}$$

令式（6）等于 0，从而求解 f 得到投资者资产组合最优配置：

$$f = \frac{i^{EU} + E\Delta S_{EU/US} - i^{US}}{\left\{\left[-2\frac{d\Theta}{dV(r)}\right] \middle/ \left[\frac{d\Theta}{dE(r)}\right]\right\}V(\Delta S_{EU/US})} \tag{7}$$

令 $RRA^{US} = \left[-2\frac{d\Theta}{dV(r)}\right] \middle/ \left[\frac{d\Theta}{dE(r)}\right]$ 为代表性投资者相对风险厌恶系数，欧元与美元之间的预期风险溢价可表示为 $rp_{EU/US} = i^{EU} - i^{US} + E\Delta S_{EU/US}$，根据假设美元资产无流动性风险，但欧元资产存在流动性风险，从而 $V(\Delta S_{EU/US}) = \delta_{US}^2 + \delta_{EU}^2 - 2\delta_{US\_EU} + \gamma_{EU}^2$，其中 δ_{US}^2（δ_{EU}^2）为美元（欧元）汇率波动的方差，γ_{EU}^2 为刻画欧元资产流动性风险的方差。因此，对于美国投资者将其资产配制于欧元资产的比重为：

$$f = \frac{rp_{EU/US}}{RRA^{US}(\delta_{US}^2 + \delta_{EU}^2 - \delta_{US\_EU} + \gamma_{EU}^2)} \tag{8}$$

美国投资者将其资产配制于美元资产的比重为:

$$\left[1 - \frac{rp_{EU/US}}{RRA^{US}(\delta_{US}^2 + \delta_{EU}^2 - \delta_{US\_EU} + \gamma_{EU}^2)}\right]。$$

(二) 中国代表性投资者的微观行为分析

对于中国投资者持有三种货币计价的资产,F_{US} 表示中国持有的 (以美元表示的) 美元资产,中国持有的 (以欧元表示的) 欧元资产为 F_{EU},1 单位货币 $k(k = US,EU)$ 的人民币数量为 S_k,从而有:

$$W^{CH} = D^{CH} + S_{US}F_{US} + S_{EU}F_{EU} \tag{9}$$

进一步假设中国投资者将其财富以固定比例分配为三种资产类型,其中,投资美元 (欧元) 资产比重表示为 $x_k = S_kF_k/W^{CH}$,$k = US,EU$,则中国投资者资产组合中的外国总资产比重满足 $x = x_{US} + x_{EU}$,$0 < x < 1$。用均值—方差模型表示资产组合的预期回报和方差分别为:

$$E(Q) = x_{US}E(r^{US}) + x_{EU}E(r^{EU}) + (1 - x_{US} - x_{EU})E(r^{CH}) \tag{10}$$

$$V(Q) = x_{US}^2 V(r^{US}) + x_{EU}^2 V(r^{EU}) + (1 - x_{US} - x_{EU})^2 V(r^{CH}) + 2x_{US}x_{EU}Cov(r^{US},\ r^{EU})$$

$$+ 2x_{US}(1 - x_{US} - x_{EU})Cov(r^{US},\ r^{CH}) + 2x_{EU}(1 - x_{US} - x_{EU})Cov(r^{EU},\ r^{CH}) \tag{11}$$

根据假设美元为安全资产,以美元表示的资产回报分别为 $r^{US} = i^{US}$ (美国联邦基金利率),$r^{EU} = i^{EU} + \Delta S_{EU/US}$ (欧洲名义利率加上欧元兑美元的升值率),$r^{CH} = i^{CH} - \Delta S_{US/CH}$ (人民币名义利率减去人民币兑美元的升值率),并且投资者进行决策时两国利率已经确定,从而利率的方差为 0,只有即期汇率的变化不确定,从而均值—方差模型为:

$$E(Q) = x_{US}(i^{US}) + x_{EU}(i^{EU} + E\Delta S_{EU/US}) + (1 - x_{US} - x_{EU})(i^{CH} - E\Delta S_{US/CH}) \tag{12}$$

$$V(Q) = x_{EU}^2 V(\Delta S_{EU/US}) + (1 - x_{US} - x_{EU})^2 V(\Delta S_{US/CH}) \tag{13}$$

假设投资者会同时关系均值和方差,其试图最大化有关均值和方差的某个函数 $\Psi[E(Q),V(Q)]$,为了选择 x 而使其效用最大化,可以求 Ψ 对 x 的微分:

$$\frac{d\Psi}{dx} = \frac{d\Psi}{dE(Q)}\frac{dE(Q)}{dx} + \frac{d\Psi}{dV(Q)}\frac{dV(Q)}{dx} \tag{14}$$

求式 (12) 和式 (13) 对 x 的导数,并代入式 (14),可得:

$$\frac{d\Psi}{dx_{US}} = \frac{d\Psi}{dE(Q)}(i^{US} - i^{CH} + E\Delta S_{US/CH}) - \frac{d\Psi}{dV(Q)}[2(1 - x_{US} - x_{EU})V(\Delta S_{US/CH})] \tag{15}$$

$$\frac{d\Psi}{dx_{EU}} = \frac{d\Psi}{dE(Q)}(i^{EU} + E\Delta S_{EU/US} - i^{CH} + E\Delta S_{US/CH}) + \frac{d\Psi}{dV(Q)}[2x_{EU}V(\Delta S_{EU/US})$$

$$- 2(1 - x_{US} - x_{EU})V(\Delta S_{US/CH})] \tag{16}$$

令式（15）和式（16）都等于 0，从而联立求解可得到中国投资者资产组合最优配置关系式：

$$x_{US} = x_{EU} \frac{V(\Delta S_{EU/US})}{2V(\Delta S_{US/CH})} \tag{17}$$

令 $RRA^{CH} = \left[-2\dfrac{d\Psi}{dV(Q)}\right] \Big/ \left[\dfrac{d\Psi}{dE(Q)}\right]$ 为代表性投资者相对风险厌恶系数，人民币与美元之间的预期风险溢价可表示为 $rp_{US/CH} = i^{US} - i^{CH} + E\Delta S_{US/CH}$，人民币与欧元之间的预期风险溢价为 $rp_{EU/CH} = i^{EU} - i^{CH} + E\Delta S_{EU/US}$，从而求解 x_{EU} 和 x_{US} 得到投资者资产组合最优配置：

$$x_{EU} = \frac{rp_{US/CH} + RRA^{CH} \cdot V(\Delta S_{US/CH})}{RRA^{CH}[V(\Delta S_{EU/US}) + V(\Delta S_{US/CH})]} \tag{18}$$

$$x_{US} = \frac{rp_{US/CH} + RRA^{CH} \cdot V(\Delta S_{EU/US})}{2RRA^{CH}[V(\Delta S_{EU/US}) + V(\Delta S_{US/CH})]} \tag{19}$$

根据假设美元资产无流动性风险，但欧元和人民币资产存在流动性风险，从而 $V(\Delta S_{US/CH}) = \delta_{US}^2 + \delta_{CH}^2 - 2\delta_{US\_CH} + \gamma_{CH}^2$，$V(\Delta S_{EU/US}) = \delta_{EU}^2 + \delta_{US}^2 - 2\delta_{EU\_US} + \gamma_{EU}^2$，其中 δ^2 汇率波动的方差，γ^2 为刻画资产流动性风险的方差，从而中国投资者将其资产配制于欧元资产和美元资产的比重可进一步表示为：

$$x_{EU} = \frac{rp_{US/CH} + RRA^{CH}(\delta_{US}^2 + \delta_{CH}^2 - 2\delta_{US\_CH} + \gamma_{CH}^2)}{RRA^{CH}(2\delta_{US}^2 + 2\delta_{CH}^2 - 2\delta_{US\_CH} - 2\delta_{EU\_US} + \gamma_{CH}^2 + \gamma_{EU}^2)} \tag{20}$$

$$x_{US} = \frac{rp_{US/CH} + RRA^{CH}(\delta_{EU}^2 + \delta_{US}^2 - 2\delta_{EU\_US} + \gamma_{EU}^2)}{2RRA^{CH}(2\delta_{US}^2 + 2\delta_{CH}^2 - 2\delta_{US\_CH} - 2\delta_{EU\_US} + \gamma_{CH}^2 + \gamma_{EU}^2)} \tag{21}$$

（三）基于"均值—方差"模型分析的基本结论与经验分析

综上所述，美国投资者将其资产配制于美元资产的比重为 $\left[1 - \dfrac{rp_{EU/US}}{RRA^{US}(\delta_{US}^2 + \delta_{EU}^2 - 2\delta_{US\_EU} + \gamma_{EU}^2)}\right]$，中国投资者投资美元资产的比重为 $\left[\dfrac{rp_{US/CH} + RRA^{CH}(\delta_{EU}^2 + \delta_{US}^2 - 2\delta_{EU\_US} + \gamma_{EU}^2)}{2RRA^{CH}(2\delta_{US}^2 + 2\delta_{CH}^2 - 2\delta_{US\_CH} - 2\delta_{EU\_US} + \gamma_{CH}^2 + \gamma_{EU}^2)}\right]$；美国投资者将其资产配制于欧元资产的比重为 $\left[\dfrac{rp_{EU/US}}{RRA^{US}(\delta_{US}^2 + \delta_{EU}^2 - 2\delta_{US\_EU} + \gamma_{EU}^2)}\right]$，中国投资者投资欧元资产比重为 $\left[\dfrac{rp_{US/CH} + RRA^{CH}(\delta_{US}^2 + \delta_{CH}^2 - 2\delta_{US\_CH} + \gamma_{CH}^2)}{RRA^{CH}(2\delta_{US}^2 + 2\delta_{CH}^2 - 2\delta_{US\_CH} - 2\delta_{EU\_US} + \gamma_{CH}^2 + \gamma_{EU}^2)}\right]$。假设其他条件不变的情况下：

第一，考虑相对货币风险溢价，当外汇资产的预期收益增加时其需求也相应增加。例如，美国投资者对欧元资产的最优权重与欧元和美元之间的相对收益风险溢价正相关，即欧元相对美元的预期收益增加会提升美国代表性投资者资产组合中的欧元计值资产的需求；中国投资者对美元和欧元资产的最优权重与美元和人民币之间的相对收益风险溢价正相关，即美元相对于人民币的预期收益降低会减少中国代表性投资者资产组合中对美元和欧元计值资产的需求。

第二，对于汇率风险，伴随美元汇率、欧元汇率和人民币汇率的波动加大，美国代表性投资者会对美元资产的需求增加，中国代表性投资者对美元资产的需求减少；而对于欧元资产的需求均表现为降低。因此，人民币汇率弹性加大将会在一定程度上降低中国对欧美资产的总体需求。

第三，对于美元计价资产的需求还会受到非美元资产的流动性风险的影响，表现为欧元和人民币的流动性风险的存在（及其变大），也会降低对美元资产的总体需求。总之，与美元资产需求下降的相关因素主要是：美元相对于人民币风险溢价的降低，美元汇率波动加大，人民币汇率波动弹性（区间）增大以及美元本位下欧元和人民币资产存在流动性风险的客观现实等。

实际上，多元储备货币之间的汇率变动会增加该体系的使用成本，如果中央银行和民间机构通过改变其持有外币的资产结构来应对汇率的波动，那么这种行为本身就可能会助长汇率的不稳定。因此，建立在多元核心货币基础上的国际货币体系稳定机制是有条件的。实际上，世界趋向多元化储备货币体系，并不是由于当前美元本位下的特里芬难题以及安全资产的短缺，而是由于官方储备持有者希望分散化其投资组合，并且全球失衡的修正对此将会产生进一步的促进作用。当前，国际货币体系远没有达到汇率浮动和资本自由流动在通货膨胀目标制下无须严格货币政策协调而能够抵御外部冲击和维护金融稳定的理想状态。对于发展中国家，资本项目管制和宏观审慎政策成了应对冲击的重要工具，有管理浮动汇率制成为很多国家的选择。对于新兴市场经济体的汇率管理而言，贸易竞争发挥着重要作用，无论是从金融还是从宏观经济全局考虑，全球经常项目不平衡仍然是政策关注的必要目标。

三、全球失衡下美元汇率不稳定的外部性：基于估值效应的考量

本次全球金融危机凸显当前国际货币体系弊端，是 1971 年美元和黄金脱钩后，全球进入信用货币时代所积累矛盾的大爆发。伴随 1969 年以后美国经常项目出现逆差（见图 2），全球贸易失衡逐渐恶化，进而在世界经济结构失衡条件下各国经济结构也是失衡的，在浮动汇率美元本位下，美元汇率自身并

不稳定，国际货币无体系状态根本无货币秩序之谈，更不用说相对于全球贸易不平衡静态调整而言的国际货币体系不可持续（Unsustainable）动态（Dynamic）特征。从稳定性来看，以实际有效汇率指数来衡量，自 20 世纪 70年代以来美元 REER 上下波动（见图 3）。结合主要货币双边汇率，美元对英镑和美元对欧元的名义双边汇率波动较为剧烈（如图 4 和图 5 所示）。此外，每盎司黄金的美元价格也从布雷顿森林体系时期的 35 美元上涨到 2011 年将近1600 美元（见图 4），以此衡量的美元实际购买力贬值超过 90%。如此来看，美元贬值程度似乎是惊人的。此外，美国从国际角度要想获得铸币税收入，也需要美元贬值（既可以是汇率贬值也可以是通胀）从而降低对外债务，同时获得国际铸币税收入。但其界限是尽量避免由于不履行国际义务、不承担国际责任所导致的自身核心货币的不稳定以及所带来的国际货币体系不稳定。

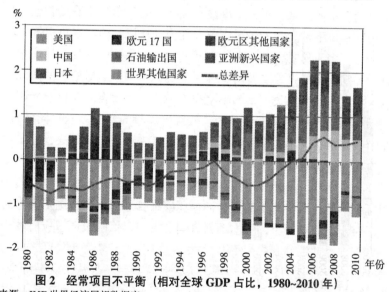

图 2　经常项目不平衡（相对全球 GDP 占比，1980~2010 年）
资料来源：IMF 世界经济展望数据库。

　　近年来中美货币博弈纷争不断，美国不断对人民币进行汇率压制，迫使人民币加快汇率升值，其背后反映的是全球失衡下的美元贬值诉求。对于中心国美国，美元汇率波动具有对自身有利的估值效应（Valuation Effect），这与美元作为国际货币从而具有美国对外资产负债美元计值优势有关。2010 年末美国对外总负债 22.79 万亿美元，超过 95%（18.36 万亿美元）以美元计值（见表1）。显然，美元汇率贬值可使其对外净债务缩水，这对其自身极为有利。对于外围国，特别是经济崛起的中国，该比例不足 20%。进入"后美元"时代，人民币货币状态提升与国际货币体系非均衡下美元货币束缚存在矛盾。伴随人民币国

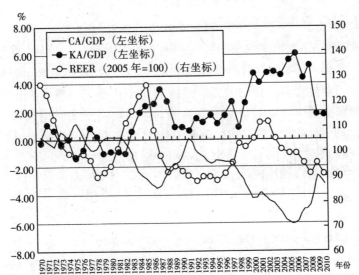

图3 美国 CA/GDP、KA/GDP 和 REER 汇率指数走势（1970~2010 年）

资料来源：美国国家经济分析局和 IFS 数据。

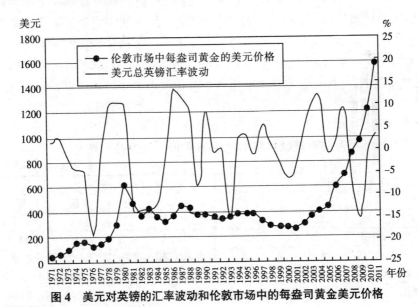

图4 美元对英镑的汇率波动和伦敦市场中的每盎司黄金美元价格

资料来源：www.measuringworth.com。

际化不断推进，美元核心地位受到挑战。2011 年 10 月 11 日，美国国会参议院通过了《2011 年货币汇率监督改革法案》以所谓汇率失衡为名，行保护主义之实，再次施压人民币汇率升值。在美元本位和汇率浮动下，美元倾销既无约束又无清偿保障，量化宽松进一步埋下美元贬值和通胀隐患。美元贬值驱动资产

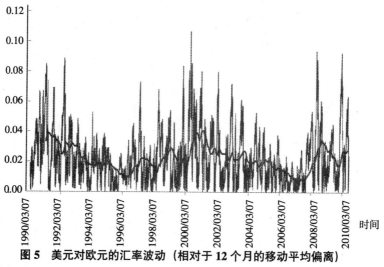

图 5　美元对欧元的汇率波动（相对于 12 个月的移动平均偏离）

资料来源：CEIC。

重估（Dollar Devaluation-led Revaluation），估值效应导致国家间财富非对称转移，最大限度地保护了美国的利益。中美镜像下，人民币对美元汇率外部升值压力加大，外汇储备大国资产安全受到严重威胁。如何从货币汇率战略层面提升自身货币状态抵消美元的束缚，尽快摆脱美元陷阱，在有效推进人民币国际化进程的同时保证国内金融体系和资产定价体系在长期内免受重大冲击已迫在眉睫！

表 1　美国和中国的外部平衡表货币计值（截至 2010 年）

单位：万亿美元

	美国			中国	
	负债	资产		负债	资产
债务与存款	13.59	7.26	债务与存款	0.6306	0.7631
其中以美元计值	12.71	6.27	其中以人民币计值	0.12	0.13
FDI 和证券组合投资	5.65	8.92	FDI 和证券组合投资	1.6825	0.37
其中以美元计值	5.65	0.96	其中以人民币计值	1.6825	—
国际储备		0.49	国际储备		2.9142
其中以美元计值		—	其中以人民币计值		—
衍生产品	3.54	3.65	其他	0.0222	0.1018
总计	22.79	20.32	总计	2.3354	4.126
其中以美元计值	18.36	7.23	其中以人民币计值	1.8025	0.13
以美元计值占比	95.40%	43.40%	以人民币计值占比	77.18%	3.15%

资料来源：美联储、美国国家经济分析局、美国财政部、IFS，中国人民银行、国家外汇管理局、香港金管局、BIS 银行统计等。

四、国际货币体系改革与人民币国际化

本次国际金融危机已凸显国际货币体系不对称的弊端。中国等新兴经济在被动承担更多国际调节责任的同时，存在相对于世界其他国家资产和负债的货币错配以及"升值浮动恐惧"。对此，人民币国际化正是解决中国货币错配和舒缓人民币汇率升值压力的重要战略举措。实际上，人民币国际化初衷来自"美元陷阱"评价，但在近期人民币国际化似乎尚不能破解"美元陷阱"问题。近两年来的人民币国际化实际上是境外居民和企业将手中的美元、港币资产与中国居民和企业手中的人民币资产相互置换的过程，该过程中用强币（人民币）资产置换弱币资产，在人民币汇率升值条件下将导致国内福利损失。尽管2011年第四季度中国外汇储备开始减少，但是在中国的国际收支及货币运行机制下外汇储备可能会继续积累，从而国内基础货币和广义货币量增加的压力仍在，国内金融政策的自主权仍受到一定制约。此外，近期"跛足"格局虽出现改善，但究竟是长期的趋势变化还是短期的周期波动，还需要进一步观察，不能急于下结论，在趋于平衡之前，关注这一问题非常重要。

当前，中国外汇储备和人民币对美元汇率出现的最新动态（储备开始减少，汇率曾连续跌停）是否表明人民币汇率已接近其均衡水平？人民币国际化与汇率稳定，跨越"中等收入陷阱"与汇率动态之间有何联系？对于人民币国际化是否要求一个与之相适应的人民币汇率稳定机制？这些问题的回答依赖于我国经常账户顺差下降可持续以及中国经济结构调整的有效推进。从趋向真正市场意义上的市场均衡汇率来看，我国央行冲销"被动发钞"外汇政策成本巨大且不可持续，如何实现用市场力量引导汇率接近可持续水平，改变市场化不充分情况下，即使汇率弹性增加，人民币汇率中间价较为稳定，汇率波动的趋势仍然被限定等问题已迫在眉睫。从更多反映消费者和生产者最大化的一般均衡的实际汇率水平看，尽快实现人民币汇率在市场价格形成过程中向符合自身国民利益的价值水平的理性回归，既是人民币汇率改革的重点所在，也是人民币国际化的重要节点所在。

以史为鉴，英镑、美元国际化的成功都借助各自与白银、黄金之间兑换率的稳定机制；浮动汇率背景下，流通渠道合理透明，马克稳定，国际地位不断上升；保护体制根深蒂固，日元升值难以适应，国际化却并不成功。在警惕重蹈当年广场协议覆辙，人民币"升值恐惧"占优的同时，不应忽略的是，对于经济赶超派生的汇率升值（巴拉萨—萨缪尔森效应）和"中等收入陷阱"问题，最终挣脱"中等收入陷阱"而跻身"高收入经济"之列的正是快速升值的后发型经济体（日本、韩国和中国台湾），而非以出口导向增加收益"升值恐惧"的拉美国家。从中长期来看，人民币国际化进程中汇率升值将是大势所趋，如何从内涵本质上促进效率提升日益紧迫。伴随人民币大规模跨境使用，必然会要求资本项目可兑换；而要推动货币可兑换，不论是自由浮动汇率制还是有管理浮动汇率制，其汇率均要反映并接近均衡值。从最新实践来看，近期人民币汇率弹性进一步增强，2012 年 4 月人民币对美元汇率波动幅度由 5%扩大至 1%；利率浮动区间被放宽，2012 年 6 月以来我国央行两次下调存贷款基准利率；境外人民币回流渠道得以进一步拓宽，2012 年 7 月中国政府通过前海改革，一系列新政措施的出台体现出政府协调推进人民币国际化更深层次的内涵。

伴随人民币资本项目不断开放，在人民币对外"走出去"和非居民"走进来"（可部分持有人民币资产）的过程中，需要从源头上改变此前外汇储备积累伴随央行人民币投放，以及非居民不能进入人民币资产市场的格局。在中国境内逐步形成具有一定规模的离岸金融市场，特别是实现如下业务交易，将有助于从源头上降低外汇储备的累积：第一，国内居民可将所持有的人民币外汇（如出口收汇），通过银行离岸金融账户直接购买非居民发行的以外币（美元、欧元等）计值的外国债券（或股票），从而分享国外的非居民经营利润和相对较高收益。第二，国外非居民既可以将其外币（美元、欧元等）通过银行离岸金融账户直接提供给市场中的国内外汇需求者（如进口付汇）兑换获得人民币，双方进行汇兑议价，促进反映外汇供求的市场汇率形成；也可以将所获得的美元（或欧元等）汇回其国内，实现利润汇回。第三，持有人民币的非居民可通过银行离岸金融账户直接购买国内居民发行的以人民币计值的"熊猫债券"（或人民币股票），投资中国，分享中国的快速增长。

实际上，为了更好地建设香港地区离岸人民币中心，近一年多来，中央已加大对香港地区离岸人民币中心的政策支持（2011 年 8 月，国务院副总理李克强访问香港地区，发布六大重要措施）：第一，把人民币跨境贸易结算范围进一步扩展至全国；第二，支持香港地区企业用人民币到内地进行直接投资；第三，允许人民币境外合格机构投资者（RQFII）投资于内地证券市场，起步金额为 200 亿元；第四，将扩大境内机构与企业在香港地区发行人民币债券的数量和规模；第五，中央政府将把香港地区发行人民币债券作为一种长期制度安排，逐渐扩大发债规模；第六，中国政府将在内地推出基于香港股票市场的 ETF 基金。从积极方面而言，这不但有助于提升微观经济主体的货币选择和资产配置空间多样化和风险分散化；而且在实现相互联系有机运行及通过银行离岸金融账户稳妥管理下，也有助于中国外汇储备"美元陷阱"的桎梏逐渐破除。

中国社会科学院金融研究所博士后、天津财经大学　林　楠

参考文献：

［1］Ball，L.，Sheridan，N. Does Inflation Targeting Matter ［J］. In B. Bernanke & M. Woodford （Eds.），The Inflation-Targeting Debate. University of Chicago Press，2005.

［2］Barry Eichengreen. The Renminbi as an International Currency ［J］. Journal of Policy Modeling，2011 （33），723-730.

［3］Kuo -chun Yeh. Renminbi in the Future International Monetary System ［J］. International Review of Economics and Finance，2012 （21） 106-114.

［4］Marcel Fratzscher. Arnaud Mehl. China's Dominance Hypothesis and the Emergence of a Tri-polar Global Currency System ［J］. European Central Bank Working Paper Series，No. 1392 / October 2011.

［5］Obstfeld，M. Financial Flows，Financial Crises and Global Imbalances ［J］. Journal of International Money and Finance，doi：10.1016/j.jimonfin.2011.10.003.

［6］Qureshi，M. S.，Ostry，J. D.，Ghosh，A. R.，Chamon，M. Managing Capital Inflows：The Role of Capital Controls and Prudential Policies ［J］. NBER Working Papers 17363，National Bureau of Economic Research，Inc.，2011.

［7］Rose，A. K. A Stable International Monetary System Emerges：Inflation Targeting is Bretton woods，Reversed ［J］. Journal of International Money and Finance，2007，26 （5），663-681.

［8］Victor Pontines，Reza Y. Siregar. Exchange Rate Asymmetry and Flexible Exchange Rates under Inflation Targeting Regimes：Evidence from Four East and Southeast Asian Countries ［J］. August 2010，Mimeo.

［9］陈雨露，罗伯特·蒙代尔. 关于"后危机时代"国际货币体系改革的八点建议 ［D］. 中国人民大学国际货币研究所工作论文，2010.

［10］李扬. 推动国际货币体系多元化的冷思考 ［J］. 上海金融，2009 （4）.

计价货币的选择

一、引 言

国际货币是一国货币职能从国内扩展到国外，在国际交易中充当计价单位、交换媒介和保值手段三种职能（Tavlas，1997）。在国际货币的三大职能中，计价单位职能是基础性职能。货币国际化过程往往从私人支付职能开始，国际货币的支付、计价等职能是私人经济决策的结果，代表着市场最初的力量；而官方储备职能更多的是取决于政府的决策，并且政府决策会被市场力量所引导。因此，没有计价货币职能，媒介货币和储备货币职能就不可能存在，一种货币可以在没有充当储备货币作用下发挥媒介货币和计价货币作用；反之则不成立（ECU Institute，1995）。

国际货币三种职能之间的演变关系，也正反映出我国政府推进人民币国际化进程的正确思路。目前，人民币还不是国际货币，如果美元国际化程度为100，则欧元为66.8，日元为25.3，人民币为8.6（Christian Thimann，2008）。人民币的国际货币职能有限，三大职能中计价货币和交换媒介职能处于起步阶段，而价值储藏职能几乎没有。人民币国际化正式启程后，中国人民银行首先推出人民币跨境贸易结算试点，由小范围的试点逐步扩大到大范围的试点，推进人民币的计价职能。在政府的政策推进下，我国跨境贸易人民币结算业务增长迅速。央行货币政策执行报告显示，截至2011年年底，全国银行累计跨境贸易人民币结算业务为2.08万亿元，比2010年增长3.1倍。

相比政府的政策推动，目前国内有关计价货币的研究准备明显不足，一些基本的问题尚未厘清，如究竟是何种力量驱动一国货币成长为国际计价货币？本文的贡献在于：首先，受制于数据搜集的困难，国内计价货币实证研究很少，笔者查阅大量文献，整理出目前主要国际货币在计价货币职能上的分布；其次，首次建立动态面板回归模型考察影响计价货币的因素，从实证角度验证一国经济和贸易实力、产品差异化程度、历史惯性、外汇交易成本和资本项目开放是影响国际货币发挥计价单位职能的关键因素；最后，以计价货币职能作为分析切入点，对人民币与三大主要国际货币未来十年的计价货币比例进行预测。本文结构如下：第二部分是文献综述。第三部分是基于计价货币职能，对国际货币分布进行详细的结构分析。第四部分对计价货币的选择进行理论分析。第五部分实证分析影响决定计价货币分布的显著因素：决定国际货币发挥计价货币的关键因素是什么？并对人民币国际化进程处于什么样的现实起点做出回答。第六部分为全文结论。

二、文献综述

这里首先对计价货币涉及的概念进行梳理。国际贸易从合同订立到商品实际交付存在时滞。在这个过程中，出口商首先要以某种货币定价，该货币被称为定价货币（The Price Setting Currency），贸易合同约定的货币称为计价货币（Invoicing Currency），实际结算使用的货币称为结算货币（The Currency of Payment）。进一步地，计价货币可分为两种类型：媒介货币和非媒介货币。非媒介货币分为以出口商所在国家货币计价（Producer Currency Pricing，PCP）和以进口商所在国家货币计价（Local Currency Pricing，LCP）；而媒介货币指采用第三方货币计价。美元是最具代表性的媒介货币。1994 年美元在全球 50% 的贸易中发挥计价货币职能，但美国贸易量占全球比例为 14%，美元计价比例远远超出美国贸易比例。美元在不涉及美国市场的贸易中依然发挥重要的计价作用，也从侧面反映出当前国际货币体系中美元的主导地位（见图 1）。

图 1　国际交易中货币的选择

资料来源：Richard Friberg. In Which Currency Should Exporters Set Their Prices [J]. Journal of International Economics，1998（45），59—76.

对计价货币选择影响因素的分析有两种研究思路，[①] 一类研究侧重从产业特征（微观因素）分析计价货币的选择，如 Baron（1976）和 Giovannini

---

① 文献综述部分的完善得益于匿名审稿专家提出的修改意见，特此致谢。

（1988）最早从理论上说明贸易企业利润最大化时，产业特征影响计价货币的选择；另一类研究则从不同国家宏观因素的差异考察计价货币的选择。Devereux 和 Engel（2001）提出计价货币的选择取决于宏观变量的稳定性。对于哪类因素占主导，Mckinnon（1979）提出，如果出口商主要考虑需求不确定性，那么产业特征（微观因素）将占主导；如果出口商主要考虑价格不确定性，那么汇率等宏观因素将占主导。而 Goldberg 和 Title（2008）、Lighhart 和 Silva（2007）提出应从宏观和微观两个层面分析计价货币的选择，并强调宏观因素和微观因素之间的相互作用也将影响计价货币的选择。

从研究方法上看，有关计价货币研究成果又可分为定性和定量分析。理论模型是通过分析企业预期利润的最大化来考察计价货币选择行为，各种理论模型的差异主要来自对不确定性来源的假设上（Hiroyuki Oi 和 Shirota，2004）。静态局部均衡模型假设唯一的不确定来源于汇率的波动，而动态一般均衡模型将货币供应、产出变化等宏观因素对汇率变动的冲击内生化。理论分析的代表性成果有 Baron（1976），Donnenfeld 和 Zilcha（1991），Friberg（1998），Bacchetta 和 Van Wincoop（2005），Engel（2006）等。

实证分析的研究早期受制于数据获取的困难，多是对计价货币数据的经验性总结，缺乏相应的微观基础，如 Grassman（1973）发现瑞典对外贸易中，发达国家制造业产品贸易以生产者计价（PCP）为主，发达国家与发展中国家的贸易以发达国家货币计价为主。Hartmann（1998）发现原材料等大宗商品贸易大多以国际主导货币计价，即以美元计价。随着各国数据统计的完善，计价货币的宏观和微观数据日渐丰富，有关计价货币选择的实证分析成果近期不断涌现。例如，Donnenfeld 和 Haug（2003）对加拿大进口贸易计价货币的分析；Wilander（2007）对瑞典进口贸易计价货币的分析，Hopkins（2006）对瑞典出口贸易计价货币的分析；Ligthart 和 da Silva（2004）对荷兰贸易计价货币的分析；Oi（2004）和 Sato（2003）对日本贸易计价货币的分析等。

实证分析思路又可细分为以下几种：第一类是直接分析方法，可细分为以下几种：一是通过搜集各国跨产业总量数据分析计价货币的选择。例如，Goldberg 和 Tille（2006）对 24 个国家进出口贸易中本币和美元计价比例进行实证分析，Kamps（2006）对 45 个国家的计价货币选择实证分析等。这类实证方法直接分析计价货币选择的影响因素，尤其是引入微观分析框架后，使得其对计价货币的因素分析更为全面，也更接近国际贸易的现实。目前这类研究正处在不断完善中，需要更为翔实、跨度较长的宏观和产业数据，同时结合计价货币演进的动态特性，来考虑一国主权货币如何在进出口贸易中逐渐发挥计价货币职能，这正是本文力求突破的方向。二是对行业数据的分析。Goldberg 和

Tille（2009）在 2002~2009 年加拿大分行业进口货币数据的基础上，对加拿大进口贸易计价货币选择实证分析。但这类分析不具有普遍意义，原因在于翔实的分行业进出口货币计价数据往往难以获取。三是对进出口贸易公司数据调查后所做的实证分析。代表性的是 Friberg 和 Wilander（2008）在对瑞典出口贸易公司数据调查基础上进行的经验分析。

第二类是间接分析方法。Knetter（1992）、Friberg（1998）、Cui（2009）提出计价货币选择的影响因素与出口企业按市场定价（Pricing to Market，PTM）行为的影响因素类似，这一观点为分析计价货币选择提供了更为简洁的思路。在分析出口企业 PTM 行为时，只需出口产品的单位价值和汇率数据就可以直接估计出 PTM 值，规避了直接分析计价货币选择时数据搜集的困难。Cui Li（2009）首次实证测算了中国出口贸易 PTM 弹性为 0.5，即人民币汇率变动中 50% 由国内价格调整，并提出人民币在中国贸易中的使用实现自由化后，其在中国出口贸易中的计价比例将达到 20%~30%。但间接分析方法存在的局限性也很明显：一是决定贸易中计价货币的选择与决定汇率传递的因素相似，但不完全等同，由分析企业 PTM 行为而得出的计价货币影响因素的结论有限。二是 Knetter 观点建立在一个前提基础上，即企业的边际成本不受汇率变动影响，但这一假设不符合加工贸易的现实。

三、计价货币分布：历史事实

货币在国内使用和在国外使用有根本的差别。一国政府可以强制国内使用某种货币，但国外市场上计价货币的选择则反映了市场力量。笔者从现有文献资料中搜集到近半世纪以来美元、日元、欧元（马克）、法郎和英镑五大国际货币在各国出口和进口贸易中的计价比例，由于统计困难，数据仍然不连续（见表 1）。

表 1　主要国家 1970~2004 年进出口商品贸易中本币计价比例

年份	出口中本币计价比例（PCP）					进口中本币计价比例（LCP）				
	美国	日本	德国	法国	英国	美国	日本	德国	法国	英国
1970	0.947	0.009	0.818	0.584	0.732	—	—	—	—	—
1971	0.933	0.02	0.819	0.604	0.716	—	—	—	—	—
1972	0.926	0.012	0.841	0.594	0.7	0.780	0.003	0.499	0.003	0.315
1973	0.93	0.086	0.855	0.664	0.727	0.792	0.002	0.489	0.001	0.309
1974	0.922	0.113	0.883	0.683	0.73	0.799	0.008	0.488	0.005	0.329

年份	出口中本币计价比例（PCP）					进口中本币计价比例（LCP）				
	美国	日本	德国	法国	英国	美国	日本	德国	法国	英国
1975	0.93	0.17	0.892	0.691	0.756	0.813	0.009	0.444	0.009	0.290
1976	0.924	0.194	0.869	0.683	0.741	0.833	0.007	0.420	0.020	0.311
1977	0.915	0.188	0.86	0.654	0.76	0.823	0.023	0.498	0.016	0.329
1978	0.918	0.198	0.836	0.641	0.76	0.856	0.009	0.438	0.016	0.360
1979	0.917	0.294	0.826	0.624	0.777	0.867	0.006	0.437	0.019	0.358
1980	0.918	0.289	0.823	0.625	0.764	0.850	0.024	0.428	0.024	0.341
1981	0.97	0.318	0.826	—	0.698	0.800	0.049	0.498	0.019	0.346
1982	0.96	0.338	0.854	—	0.667	0.860	0.077	0.498	0.078	0.378
1983	0.94	0.382	0.852	0.636	0.649	0.877	0.093	0.482	0.090	0.379
1984	0.98	0.395	0.819	0.624	0.654	0.889	0.084	0.477	0.089	0.390
1985	0.92	0.393	0.800	0.625	0.63	0.899	0.109	0.519	0.100	0.410
1986	0.932	—	0.815	—	0.57	0.893	0.123	0.500	0.100	0.428
1987	0.927	—	0.816	0.615	—	0.800	0.106	0.524	0.106	0.457
1988	0.94	—	0.815	0.585	0.57	0.850	0.133	0.438	0.133	0.400
1989	0.96	—	0.798	0.609	0.65	0.877	0.140	0.437	0.150	0.490
1990	0.96	0.375	0.776	0.653	0.54	0.838	0.145	0.428	0.165	0.341
1991	0.94	0.394	0.765	0.61	0.57	0.903	0.158	0.498	0.167	0.346
1992	0.98	0.401	0.698	0.643	0.55	0.870	0.133	0.498	0.170	0.378
1993	0.92	0.399	0.65	0.598	0.49	0.865	0.187	0.482	0.209	0.379
1994	0.932	0.397	0.654	0.579	0.497	0.837	0.209	0.477	0.192	0.390
1995	0.927	0.360	0.748	0.527	0.538	0.809	0.227	0.519	0.235	0.410
1996	0.94	0.352	0.615	0.567	—	0.893	—	0.500	0.206	0.428
1997	0.96	0.368	0.725	0.529	0.53	0.834	0.240	0.524	0.208	0.457
1998	0.94	0.360	0.568	0.511	0.46	0.903	0.224	—	0.218	0.489
1999	0.98	0.349	—	0.522	0.519	0.911	0.235		0.235	0.399
2000	0.92	0.361	—	0.446	0.51	0.913	0.234		0.234	0.329
2001	0.932	0.356	—	0.471	0.46	0.919	0.249		0.249	0.444
2002	0.927	0.384	0.705	0.51	0.51	0.987	0.330	0.480	0.246	0.468
2003	0.998	—	0.63	0.527	—	0.928	0.321	0.552	0.246	0.453
2004	—	—	0.611	—	—	—	0.319	0.528	—	—

资料来源：德国和法国 1999 年之后数据为欧元计价比例。数据主要来自于：1972~1988 年数据来自 Page, S.A.B（1981），The Choice of Invoicing Currency in Merchandise Trade, National Institute Economic Review, 1981 (85): 660-672; Kenen, Peter B. The Role of Dollar as an International Currency, Group of Thirty Occasional Papers, 1983 (13); 1989~2004 年数据来自 Annette Kamps, The Euro as Invoicing Currency in International Trade, European Central Bank Working Paper No. 665, 2004 (8)。日本数据来自 Shin-ichi Fukuda a, Masanori Ono, On the Determinants of Exporters Currency Pricing: History vs. Expectations, J. Japanese Int. Economies 20 (2006), 548-568。

　　下面首先分析美元的计价货币职能。美元国际化进程至 20 世纪 50 年代结束，彼时的美元已经从英镑手中顺利地接过国际主导货币的接力棒。从笔者搜集到的数据来看，1972 年美元在美国出口贸易中的计价比例为 92.6%，而在美国进口贸易中比例为 78%，美元是美国进出口企业在对外贸易的主要计价货币。进入 90 年代，尽管美元出现贬值趋向，同时 1999 年欧元诞生以后得到国际资本市场的追捧，但作为主导货币的美元依然表现出强大的交易惯性，在美国进出口贸易中的计价比例并没有下降。2003 年美元在美国出口贸易中的计价比例为 99.8%，在进口贸易中的比例上升到 92.8%，美国进出口企业在对外贸易中拥有绝对的货币选择权。作为主导货币，美元不仅应用于美国对外贸易，还在不涉及美国的交易中被广泛用于计价货币。由于缺乏数据，无法得到美元作为媒介货币的计价比例。

　　其次，分析德国马克的计价货币职能。德国出口贸易中以马克计价为主，1972 年马克占德国出口贸易中的计价比例为 84.1%，而在德国进口贸易中的计价比例为 49.9%。可以看出，德国出口和进口贸易中本币计价比例存在相当的差距。一种合理的解释是德国出口商品具有很强的竞争力，产品差异化程度较高，这使得德国出口商在国际市场中具有较高的货币选择权。然而，德国进口以初级产品为主，国际市场初级商品以美元计价为主，这使得德国进口商在货币选择时处于相对被动地位。这种趋势一直延续到 20 世纪八九十年代，1987 年马克占德国出口贸易中的计价比例为 81.6%，而在德国进口贸易中的计价比例为 52.4%。1999 年后欧元在计价货币中的比例并没有像市场预期的那样大幅度增加，2003 年欧元占德国出口贸易中的计价比例为 63%，而在德国进口贸易中的计价比例为 55.2%（见图 2）。

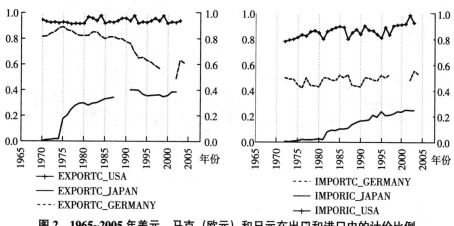

图 2　1965~2005 年美元、马克（欧元）和日元在出口和进口中的计价比例

日元国际化进程发端于贸易领域，日元在日本进出口贸易中逐渐发挥计价货币职能是日元走向国际化的起点。1972 年日元占日本出口贸易中的计价比例为 1.2%，而在进口贸易中的计价比例为 0.3%。日本出口贸易中以日元计价比重在 1980 年上升到 28.9%，1992 达到历史最大值 40.1%。同时，进口贸易中以日元计价比重在 1980 年仅为 2.4%，1988 年则上升到 13.3%。可以看出，日元的计价货币职能在东南亚金融危机爆发之前达到顶峰。2002 年日本出口贸易中以日元计价比重为 38.4%，而进口中以日元计价比重为 33%，呈缓慢上升趋势。总体来看，日元国际化进程中计价货币职能要落后于其他两种职能——交换媒介和价值储藏。从日本经济结构和贸易特征中不难发现日元计价货币职能落后的原因。同德国相似，日本进口以初级产品为主，而这类商品传统上以美元计价为主，日元在进口贸易中的计价比例较少。作为外向型经济，日本对外贸易企业以出口导向为主，如果进口原材料时以美元计价，那么该企业在出口产成品时有强烈的货币匹配动机（Matching Motive），即企业在进口和出口时倾向于使用同一货币计价，规避汇率波动风险（Novy，2006）。此外，与德国背靠欧盟庞大的内部市场不同，日本企业尤其依赖美国市场，弱化的定价能力使得日元在出口贸易中的比例依然偏低。

四、计价货币的选择：理论解释

（一）计价货币选择的理论模型[①]

笔者构建了一个简化的理论模型来分析影响出口企业计价货币选择的因素。首先，假设出口企业垄断出口产品的生产，在选择计价货币时不受其他竞争者的影响，并且企业在得知汇率 e 变动前决定计价货币的选择，即汇率 e 是唯一的不确定性来源。汇率的波动表示为 $(e - e^*)^2 = \sigma^2$，e^* 为均衡汇率水平。假设企业出口商品的需求函数为 D（p），成本函数为 C（q），在 PCP 计价情况下，出口商品的国内价格为 p^p，国外价格为 p^p/e，类似地在 LCP 计价情况下，出口商品的国内价格为 p^L。假设出口企业得到外汇收入后，可以自由地进入外汇市场，投资于外汇产品规避汇率波动风险。出口企业使用的外汇市场投资工具规模为 $H(e - \beta)$，其中 β 为外汇市场的远期汇率，有 $e^*/e = \beta$。

相应地在 PCP 和 LCP 计价下出口企业的利润函数为：

---

① 理论模型的完善得益于匿名审稿专家提出的修改意见，特此致谢。

$$\prod\nolimits^{p} = p^p D(p^p/e) - C(D(p^p/e)) \tag{1}$$

$$\prod\nolimits^{p} = ep^L D(p^L) - C(D(p^L)) - H(e-\beta) \tag{2}$$

将出口企业在使用 PCP 计价和 LCP 计价的预期效用函数的差异表示为：

$$f(e) = U(\prod\nolimits^{p}) - U(\prod\nolimits^{L}) \tag{3}$$

由于汇率 e 是唯一的不确定性来源，均衡汇率水平为 e^*，汇率的波动为 $(e-e^*) = \sigma^2$，对 f(e) 进行一阶泰勒展开得到：

$$f(e) = f(e^*) + f_e(e^*)(e-e^*) + \frac{1}{2}f_{ee}(e^*)(e-e^*)^2 \tag{4}$$

分别对 e 求一阶和二阶导数，得到：

$$\frac{\partial f(e)}{\partial e} = U'(\prod\nolimits^{p})\frac{\partial \prod\nolimits^{p}}{\partial e} - U'(\prod\nolimits^{L})\frac{\partial \prod\nolimits^{L}}{\partial e} \tag{5}$$

$$\frac{\partial^2 f(e)}{\partial e^2} = U''(\prod\nolimits^{p})\frac{\partial \prod\nolimits^{p}}{\partial e} - U''(\prod\nolimits^{L})\frac{\partial \prod\nolimits^{L}}{\partial e} + U'(\prod\nolimits^{p})\frac{\partial^2 \prod\nolimits^{p}}{\partial e^2}$$
$$- U''(\prod\nolimits^{L})\frac{\partial^2 \prod\nolimits^{L}}{\partial e^2} \tag{6}$$

综合式（4）、式（5）、式（6），并假定出口企业理性预期，即 $E(e) = e^*$，均衡时 $Ef(e^*) = 0$，$\dfrac{\partial \prod\nolimits^{p}}{\partial e} = \dfrac{\partial \prod\nolimits^{L}}{\partial e}$，则有：

$$E(f(e)) = \frac{1}{2}f_{ee}(e^*)(e-e^*)^2 = \frac{1}{2}f_{ee}(e^*)\sigma^2 + \frac{1}{2}U'\frac{\partial^2(\prod\nolimits^{p} - \prod\nolimits^{L})}{\partial e^2}\sigma^2 \tag{7}$$

可以看出，出口企业计价货币的选择取决于利润函数的形状。如果利润函数为汇率 e 变动的凸函数，$E(f(e)) > 0$，将选择 PCP 计价。反之，如果利润函数为汇率 e 变动的凹函数，$E(f(e)) < 0$，将选择 LCP 计价。这一结论具有很强的政策含义。由于出口企业计价货币的选择取决于利润函数的形状，而利润函数依赖于需求函数的形状，由此目标出口市场的结构将影响企业的利润函数和计价货币的选择。对于中国、日本等出口导向型经济国家，如果目标出口市场是美国市场，由于企业面对的竞争者众多，产品的需求价格弹性较高，此时出口企业的利润函数为凹函数，更倾向于以当地货币计价；如果目标出口市场是东亚国家，企业往往具有较强的市场影响力，需求弹性较小，此时利润函数为凸函数，更倾向于以本币计价。

当出口企业选择 LCP 定价时，$\dfrac{\partial \prod^L}{\partial e} = p^L D(p^L) - \dfrac{\partial H(e-\beta)}{\partial e} = 0$，则：

$$p^L D(p^L) = H_e(e - \beta) \tag{8}$$

也就是说，其在外汇市场有效，外汇交易成本较低，出口企业可以自由地进入市场时，出口企业会将得到的外汇收入投资于外汇市场进行风险对冲，规避汇率波动风险。

这是进一步假设企业的需求函数和成本函数为：$D(p) = p^{-\mu}$，$C(q) = wq^{\eta}$

μ 为出口产品的需求价格弹性，μ 越小，产品的差异化程度越高，w 为工资。均衡时有 $E(e) = 1$，$\overline{p^P} = \overline{p^L} = \overline{p}$，则出口企业的预期利润差为：

$$E(f(e)) = \frac{1}{2} U'(\mu - 1)^{-1-\mu} \overline{p}\,[1 - \mu(\eta - 1)]\sigma^2 \tag{9}$$

当 $\mu(\eta - 1) < 1$ 时，出口企业将选择 PCP 计价，由于 μ 为企业的需求价格弹性，u 值越小，产品的差异化程度越高，越具有市场竞争力。由此，出口企业的产品的差异化程度越高，以本币计价（PCP）的比重越高。

其次，假设出口企业面对国内和国外企业的竞争，出口产品在国内共有 N 个相同产品的生产企业，在国外有 N* 个相同产品的生产企业，那么本国出口企业的市场份额为 $n = N/(N + N^*)$。假设目标出口市场的需求函数为固定替代弹性（CES）函数，由此产品的需求价格弹性 n 可用于表示竞争性产品之间的可替代性，即 μ 越小，产品可替代性越小，越具有市场竞争力。

$$D_j(p_j, p^*) = p \frac{1}{N + N^*} \left(\frac{p_j}{p^*}\right)^{-\mu} d^* \tag{10}$$

该式表明，出口企业的产品需求函数不仅受价格影响，也受到其他竞争性企业定价策略的影响。

其中，p^* 为国外市场的总体物价水平，p_j 为出口企业以外币表示的产品价格，将本国出口企业中以本币计价（PCP）的比例为 f，d^* 为国外市场实际消费支出。

$$p^* = [(1-n)(p^*)^{1-\mu} + nf(p^p/e)^{1-\mu} + n(1-f)(p^L)^{1-\mu}]^{1/(1-\mu)} \tag{11}$$

直观上，出口商在目标市场份额 n 越大，对目标出口市场总体物价水平 p^* 的影响越大。均衡时有 $E(e) = 1$，$\overline{p^P} = \overline{p^L} = \overline{p}$。为简化计算，假设 $\dfrac{d^*}{N + N^*} = C_0$，为一常数。由此，得到：

$$f(e) = \frac{1}{2} U'(\mu - 1)^{-(1-\mu)} \overline{p}\,[1 - \mu(\eta - 1)(1 - 2fn)]\sigma^2 \tag{12}$$

可以看出，一国出口商在目标市场份额 n 越大，出口企业倾向于选择本币

计价 (PCP)，反之将选择 LCP 计价。同时，当出口商完全占据目标市场，即 n = 1，此时没有境外企业能够生产该种产品，本国出口企业在目标出口市场完全占主导，出口企业将以本币计价，同时对境外市场总体物价水平 p* 的影响最大。

(二) 计价货币选择的因素分析

综合以上模型分析和现有研究成果，可以将影响计价货币选择的宏观和微观因素总结如下：

第一，经济规模。经济规模是计价货币选择的传统分析因素。一国经济规模越大，与国际市场交往的可能性越大，该国货币作为计价货币的可能性越大，越有利于形成国际交易网络 (Krugman，1984)。进一步地，一旦交易网络形成，即使该国贸易和经济规模下降，仍能在相当长时间内继续发挥计价货币职能，形成历史惯性 (Bersten，2005)。Donnenfeld 和 Haug (2003) 对加拿大进口贸易计价货币的实证分析发现，经济规模是影响计价货币选择的显著因素。

第二，市场规模。一国进出口贸易规模越大，该国在进出口贸易中使用本币计价的比重越高，这可能是由于以下两方面原因：一是如果进口市场规模较大 (如美国市场)，境外出口商会面对更多的竞争者，此时进口市场的出口商拥有更大的谈判能力，所以进口国货币计价的比重更高；二是如果出口企业面对的进口市场有大有小，同时企业在选择计价货币时存在固定成本，即贸易量越大，平均成本越小，那么企业更倾向于选择最大出口市场的计价货币作为其他市场的计价货币。然而，市场规模大的国家其货币并不必然能发挥计价货币职能，例如，中东地区在石油市场拥有很大的影响力，但美元依然是石油的主要计价货币。

第三，外汇市场的交易成本。Swoboda (1968) 强调外汇交易成本的重要性，提出一国货币的外汇交易成本越低，成为计价货币的可能性越高。Mckinnon (1979) 提出，外汇市场的可投资产品能够有效降低外汇波动风险，降低货币持有成本，促进货币的计价职能。沃顿商学院 (1995) 一项调查问卷显示，91%的被调查外贸企业在 1 年内使用外汇掉期等工具对冲汇率波动风险。Rey (2001) 构建了包含三个国家的一般均衡模型，提出一国在世界贸易的比重越高，外汇市场的交易成本越低，会形成该国货币 "厚的市场外部性" (Thick Market Externalities)，增强该国货币的计价比例。Wilander (2006) 对瑞典 69 个出口市场的实证分析发现，在瑞典的出口市场中，外汇市场的可投资品种越少，以媒介货币计价的比重越高。

此外，资本项目开放也直接影响境外机构和个人的持币成本 (Eichergreen，2004)。随着一国对外贸易的开展，境外机构和个人逐渐持有该国货币，产生对该国货币的保值增值需求。除投资于境外离岸市场外，更主要的是通过资本项目开放，借助顺畅的本币回流渠道投放于在岸市场，减少境外机构和个人的持币成本，而资本项目的管制会大大挫伤境外机构和个人持有该国货币的积极性。

第四，对内币值稳定性。国际贸易中，无论是进口方还是出口方都倾向于选择币值稳定的货币作为计价货币。币值稳定性体现在两个方面：对内币值稳定（低通货膨胀）和对外币值稳定（汇率波动较小）。在对通货膨胀的讨论中，Magee 和 Rao（1980）将货币分为两类：强货币（低通货膨胀）和弱货币（高通货膨胀），现实中发展中国家往往通货膨胀率较高，发达国家通货膨胀率较低，因此，国际贸易中以发达国家货币计价为主。Devereux（2004）构造两国一般均衡模型发现，出口企业货币倾向于选择货币政策较为稳定的国家货币作为计价货币。Kamps（2006）实证发现欧盟成员国中货币政策波动越大的国家，通货膨胀率越高，欧元计价比例越低。欧元区建立后，统一的货币政策降低了欧盟整体的通货膨胀率，欧元作为计价货币的比例大大增加。

第五，对外币值稳定性。本币计价直接避免了汇率风险，因此贸易商倾向于本币计价。1973 年 Grassman 发现瑞典出口商倾向于本币（瑞典克朗）计价，瑞典出口本币计价比例为 66%，远远超出进口本币计价比例 26%，由此提出著名的 "Grassman 法则"，即出口商倾向于本币计价。Fisher（1989）提出，如果企业出口的商品具有完全可替代性，在边际成本不变和充分的价格竞争下，汇率的波动足以使该出口商放弃目标出口市场。Vianene 和 de Vries（1992）指出，国际贸易企业都希望以本币计价，此时谈判能力将决定计价货币的选择。Donnenfeld 和 Haug（2003）对加拿大市场，Wilander（2006）对瑞典市场的分析发现，汇率波动性是影响计价货币选择的显著因素。Goldberg 和 Tille（2005）实证分析发现，在实行钉住美元汇率制度的国家之间，避免了汇率的波动，有利于这些国家之间贸易的增长。

在对汇率的讨论中，汇率的传递效应是分析国际交易中计价货币选择的重要概念。汇率传递效应（Exchange Rate Pass Through）是汇率变动对出口商品价格的影响。如果本币是出口贸易中的计价货币，那么本币升值会提高出口商品价格，削弱本国出口商品的竞争力。此时，出口商可能会采取按市场定价策略（Pricing to Market，PTM），调整出口商品的边际利润以应对部分汇率变动对出口商品价格的影响。通常来说，汇率变动（如本币升值）对出口商品价格的传递会依出口企业的 PTM 行为分为以下情形：一是 PTM = 0，汇率完全传递，企业不改变出口商品的边际利润，这种情形往往发生在出口商具有很高的市场影响力或产品需求弹性很小时。二是 PTM = 1，汇率完全不传递，与第一种情形相反，出口商会将出口商品的实际价格调整到原来水平，将本币升值对出口价格的影响通过自行调低边际利润的方式完全吸收掉，这种情形往往发生在出口商过度依赖对方市场或产品需求弹性很高时。三是 $0 < PTM < 1$，汇率不完全传递，这一情形与现实最为相符，即本币升值时，以该国货币表示的出口价格并不会同比例上升。出口商为保持出口商品的价格竞争力，会削减部分边际利润，减少本币升值对出口商品价格的影响。

在对汇率的传递效应分析中，Knetter（1992）提出，计价货币选择的决定因素与汇率传递效应的决定因素相同。Friberg（1998）构建理论模型发现，计价货币的选择与汇率的传递效应都取决于企业的成本和需求函数，无汇率风险时汇率不完全传递的充分条件同时也是存在汇率波动风险时进口商货币计价的充分条件。由此，可以从汇率传递机制分析计价货币的选择，证实了 Knetter 的观点。Engle（2006）理论研究提出，出口价格的汇率传递与出口国货币的计价比例正相关，如果出口企业拥有较强的市场影响力，产品竞争力较强，出口贸易将以本币计价，企业的 PTM 行为不明显，汇率的传递效应较高。许多经验研究也表明，汇率变化时出口商的按市定价策略（PTM）与出口商的计价货币选择由类似的因素决定（Cui Li，2009）。因为出口企业按市定价策略越明显，表明更多地依靠价格调整以应对汇率的波动，反映了出口产品缺乏竞争力，该出口商定价能力较弱，相应的出口贸易中以该国货币计价的可能性越小。Cui Li（2009）对中国出口贸易中 PTM 弹性进行测算，发现中国汇率传递不完全，人民币汇率变动中 50%由国内价格调整，并提出人民币在中国贸易中的使用实现自由化后，人民币在中国出口贸易中的计价比例将达到 20%~30%。文争为（2010）应用 Knetter（1989）的简化模型对中国制造业出口 PTM 行为进行实证研究，发现中国制造业整体 PTM 系数较高，但细分行业差异较大，机械及运输设备行业存在明显的 PTM 行为。

第六，市场结构。Johnson 和 Pick（1997）、Goldberg 和 Tille（2005）等提出，市场结构比汇率的传递效应更能影响企业的计价货币选择。在目标市场竞争激烈的现实下，本地出口商的市场影响力较弱，为避免需求的不确定性，出口商更倾向于以当地货币计价（Sato，2003）。Tani 和 Shirota（2004）发现美国市场竞争激烈，加之日本对美国最终出口目标市场的依赖，日本企业出口到美国市场时在定价权上始终处于弱势，导致日元计价比重不高。此外，在与竞争激烈的市场进行贸易时，日本企业为避免需求转向竞争对手，也会选择与竞争者相同的货币计价。Devereux（2004）构造两国一般均衡模型发现，竞争性市场中计价货币的选择存在集合效应（Coalescing Effect）或称羊群效应（Herding Efftect）。Fukuda 和 Ono（2006）构建包含三个国家的静态均衡模型，发现在市场竞争激烈时，企业单方面改变计价货币会将市场需求推向其竞争者，因此单个企业的计价货币选择存在明显的路径依赖，以与其他竞争者的选择保持一致。集合效应也被 Bacchetta 和 Van Wincoop（2005）、Goldberg 和 Tille（2006）等实证分析所证实。

第七，产品特征。出口产品的差异化程度越高，可替代弹性越小，价格变动引起的需求变化越小，说明出口企业具有较强的产品竞争力，更倾向于以本币计价。Tavlas（1991）发现产品差异化程度越高，PCP 计价货币比重越高。德国出口产品的差异化程度很高，在 1980~1987 年德国与发展中国家的贸易量显著下降，但马克在德国出口贸易中的比重依然上升。Goldberg 和 Tille（2005）则通过实证发现，对于差异化商品，出口商面临的是向下倾斜的需求曲线，有较大的货币计价权。大宗商品等同质商品往往以媒介货币计价，便于全球贸易商进行价格比较的同时又能降低交易成本。如果许多货币都具有成为主导货币的潜力，历史惯性（Inertia）将决定哪一种货币最终成为主导货币（McKinnon，1979）。Wilander（2006）发现同质商品的市场份额越高，市场竞争越激烈，美元计价比例越高。

综合以上理论和因素分析，笔者建立了以下六个可供检验的命题：

命题一，出口商所在国家的经济规模越大，越有利于形成国际交易网络，该国货币作为计价货币的可能性越大。

命题二，市场规模有利于本币发挥计价货币职能。出口市场越大，境外企业面对的产品竞争者越多，本币计价比重越高；进口市场越大，境外企业的市场依赖度更高，本币计价比重越高。

命题三，一国资本项目开放，外汇市场可投资产品越多，外汇交易成本越低，越有利于降低货币持有成本，促使货币的计价职能。

命题四，进出口贸易商都倾向于选择货币币值稳定的国家货币作为计价货币。

命题五，在目标市场竞争激烈的现实下，为避免需求的不确定性，出口商更倾向于以当地货币计价，同时为避免需求转向竞争对手，也会选择与竞争者相同的货币计价，即存在羊群效应。

命题六，出口产品差异化程度越高，企业就拥有越大的货币定价权，更倾向于以本币计价。

五、计价货币的选择：实证分析

（一）变量

在以上理论分析基础上，笔者建立了影响计价货币选择的因素分析指标，解释变量指标及说明表，这些指标选择的依据由第四部分给出（见表2）。

表2　变量定义与说明

	影响因素	符号	指标	原始数据
			自变量	
1	经济规模	gdp	国内生产总值 GDP 占全球比重	World Bank Database，International Financial Statistics（constant 2000 US$）
2	资本项目开放	capital control	资本项目管制	Epstein 和 Schor（1992）
3	名义汇率	nexchange rate	名义汇率季度变动	IMF，International Financial Statistics
4	真实汇率	exchange rate	实际有效汇率变动	IMF，International Financial Statistics
5	市场规模	export	一国出口占全球总额比重	World Bank Database，International Financial Statistics（constant 2000 US$）
6	外汇市场规模	fmarket	外汇市场规模	IMF，International Financial Statistics
7	通货膨胀	inflation	CPI 增长率	World Bank Database，International Financial Statistics（annual %），德国 1961~1991 年数据来自：IMF International Financial Statistics Yearbook
8	出口产品差异化程度	es	出口商品替代弹性指数	周松兰（2006）、Beecarello（1996）
			因变量	
9	出口本币计价比例	exportc	出口本币计价比例	1972~1988 年数据来自 Kenen（1983）、Page（1980）；1989~2004 年数据来自 Kamps（2006）等，同表1
10	进口本币计价比例	importc	进口本币计价比例	

注：变量2采用 Epstein 和 Schor (1992) 计算的资本项目开放度指标。变量3、变量4由于名义汇率与真实汇率水平相关性很弱，无法排除任何一个变量。变量8各国出口商品替代弹性指数采用周松兰（2006）和 Beecarello (1996) 的测算。目前，区分同质和差异化产品使用的是 Rauch (1999) 指数，该指数按照标准国际贸易分类（SITC）四位数商品条目将国际贸易商品分为有组织交易的产品（Organized Exchange Goods）、参考价格产品（Referenced Priced Goods）和差异化产品（Differentiated Goods）三大类，并将有组织交易的产品视为同质产品，存在基准价格的产品视为参考价格产品，其他视为差异化产品。由于该指标计算复杂，目前计价货币实证分析文献中仅 Goldberg 和 Title (2008)、Kamps (2006) 两篇文章使用该指数测算出部分国家单个年份进出口贸易中差异化产品比重。Goldberg 和 Title (2008) 计算出日本在 1999 年，英国和美国在 2002 年的比例，Kamps (2006) 计算出 2004 年的比例，无法直接应用到这里的面板回归分析模型中。笔者采用周松兰（2006）和 Beecarello (1996) 计算的各国出口商品替代弹性指数代表出口产品的差异化程度。

（二）分析模型和估计方法

这里建立回归方程如下：

$$\text{exportc}_{i,t} = \alpha_0 \text{exportc}_{i,t-1} + \sum_{n=1}^{N} \alpha_n x_{i,t}^n + \varepsilon_{i,t} \qquad \text{（方程 1）}$$

首先，$\text{exportc}_{i,t}$ 为被解释变量，代表商品出口贸易中以本币计价比重。$x_{i,t}^n$ 为解释变量，代表计价货币的影响因素，其中下标 t 表示年份，样本区间为 1972~2004 年。i 表示币种：美元、欧元（马克）、日元。n 表示自变量个数。这里尝试多种回归方法，以得到更为一致和无偏的估计方程。笔者以混合最小二乘法 Pooled OLS 回归作为分析起点，首先考虑到解释变量与被解释变量之间或许不呈现线性关系，[①] 借鉴 Chinn 和 Frankel（2011）的处理方法，对被解释变量进行 Logistic 转换，也即 $\text{lexportc}_{i,t} = \log \dfrac{\text{eportc}_{i,t}}{1 - \text{exportc}_{i,t}}$，相应回归方程变为：

$$\text{lexportc}_{i,t} = \alpha_0 \text{lexportc}_{i,t-1} + \sum_{n=1}^{N} \alpha_n x_{i,t}^n + \varepsilon_{i,t} \qquad \text{（方程 2）}$$

其次，由于被解释变量滞后一期项的引入，易产生解释变量与随机误差项的相关性，以及解释变量的内生性问题。基于变量之间的内生性考虑，笔者采用差分广义矩估计（DGMM）（Arellano 和 Bond，1991）和系统广义矩估计（SGMM）（Arellano 和 Bover，1995）方法，分别使用 STATA 软件中的 xtabond 程序实现 DGMM 估计，使用 xtabond2 实现 SGMM 估计。类似地，对进口计价货币回归方程作相同的处理方法，回归方程分别如下。其中，$\text{importc}_{i,t}$、$\text{limportc}_{i,t}$ 为被解释变量，代表商品进口贸易中本币计价比重，其他解释变量相同。

$$\text{importc}_{i,t} = \alpha_0 \text{importc}_{i,t-1} + \sum_{n=1}^{N} \alpha_n x_{i,t}^n + \varepsilon_{i,t} \qquad \text{（方程 3）}$$

$$\text{limportc}_{i,t} = \alpha_0 \text{limportc}_{i,t-1} + \sum_{n=1}^{N} \alpha_n x_{i,t}^n + \varepsilon_{i,t} \qquad \text{（方程 4）}$$

（三）实证分析结果

笔者通过排除不显著的变量来发现各个影响因素的相对显著性，实证分析得出的结论如下：

---

① Chinn 和 Frankel（2011）认为，货币的分布即被解释变量的值分布在 0 和 1 之间，其演变较为缓慢，解释变量微小的变动不会对计价货币的分布比例产生显著影响，只有一定的变动幅度才会引起被解释变量产生较大的变动（Tipping Phenomenon），由此对被解释变量进行 Logistic 转换一种合适的处理方法。实证分析方法的完善得益于匿名审稿专家提出的修改意见，特此致谢。

第一，计价货币的选择呈现一定的历史惯性。无论是混合最小二乘回归，还是动态面板回归，分析都显示上一期计价货币的分布对下一期出口货币计价比重有显著的正向影响，反映出出口和进口计价货币呈现一定的历史惯性。Krugman（1980）曾指出，外部交易网络的形成和交易成本的降低是形成计价货币历史惯性的主要因素。计价货币的选择更多地体现市场力量和微观主体的交易特征，一旦外部交易网络形成，即使该国贸易和经济规模下降，货币仍能在相当长时间内继续发挥计价货币职能（见表3）。

表3 出口计价货币的回归结果

解释变量	Pooled OLS	解释变量	Pooled OLS	解释变量	DGMM	SGMM
exportc (-1)	0.687** (0.122)	lexportc (-1)	0.590** (0.035)	exportc (-1)	0.510** (0.098)	0.441** (0.018)
gdp	0.335* (0.219)	gdp	2.24** (0.048)	gdp	0.311** (0.051)	0.198** (0.068)
capitalcontrol	-0.012 (0.012)	capitalcontrol	-0.07** (0.02)	capitalcontrol	-0.018 (4.051)	-0.066* (0.041)
nexchangerate	-0.009** (0.0001)	nexchangerate	-0.001** (0.000)	nexchangerate	0.05 (6.008)	0.008 (1.005)
exchangerate	-0.0014** (0.0006)	exchangerate	-0.001* (0.000)	exchangerate	-0.181** (0.004)	-0.01 (4.010)
export	1.072* (0.898)	export	0.103 (1.120)	export	1.181** (0.050)	0.401** (0.011)
fmarket	0.070** (0.030)	fmarket	0.390** (0.057)	fmarket	0.046 (0.075)	0.049* (0.034)
inflation	-0.057 (0.47)	inflation	-2.058** (0.853)	inflation	-0.114** (0.010)	-0.819** (0.015)
es	-0.015* (0.010)	es	-0.175* (0.099)	es	-0.978** (0.001)	-0.209** (0.001)
决定系数 R^2	0.964	决定系数 R^2	0.955	Wald χ^2	81.55	4189.01
调整的决定系数 R^2	0.960	调整的决定系数 R^2	0.949	Wald χ^2 P 值	0.591	0.098
残差平方和	0.109	残差平方和	0.077	Sargan 检验 P 值	0.186	0.561
总体样本个数	112	总体样本个数	112	AR (1)	0.110	0.05
变量个数	38	变量个数	38	AR (2)	0.984	0.401
				总体样本个数	72	72

注：* 在10%水平显著，** 在5%水平显著，括号内为各系数对应的标准差。exportc (-1) 代表滞后一期的出口贸易中本币计价比例。

第二，体现市场规模的指标——GDP总量和出口总额也是本币发挥计价货币职能的显著因素。出口商所在国家的经济规模越大，越有利于形成国际交易网络，该国货币作为计价货币的可能性越大。小国出口商更依赖于国际市场，本币计价比重可能性较小，同时小国更依赖于原材料进口，如果原材料以一种主导媒介货币计价为主，该国出口使用本币计价的可能性就会降低。庞大的市场规模有利于本币发挥计价货币职能。一国出口市场越大，境外企业面对的产品竞争者越多，本币计价比重越高；一国进口市场越大，境外企业的市场依赖度更高，本币计价比重越高。

第三，出口商品的差异化程度影响显著。一国出口商品替代弹性指数 ES 集中反映了出口产品的差异化程度，出口产品的可替代弹性越小，即使价格有较大的提升，消费者的需求也不会发生显著的转移，体现出该产品具有较高的市场竞争力，出口企业更倾向于使用本币计价（PCP），因此出口 es 指数值与本币计价比例负向相关。

第四，外汇交易成本和资本项目开放影响显著。如果一国经济规模庞大，但实行资本项目管制，该国货币作为计价货币的比重不可能大幅提高。一国资本项目开放，外汇市场可投资产品越多，外汇交易成本越低，有利于提高境外机构和个人的持币意愿，促使货币的计价职能。此外，通货膨胀和汇率较为显著，有高可信度的货币将会被本国和外国出口企业选为计价货币，本国的价格更为稳定，能够减少未来交易的不确定性，有助于企业利润最大化目标的实现（见表4）。

表4　进口计价货币的回归结果

解释变量	Pooled OLS	解释变量	Pooled OLS	解释变量	DGMM	SGMM
importc（-1）	0.789** (0.074)	limportc（-1）	0.229** (0.038)	importc（-1）	0.524** (0.021)	0.601** (0.011)
gdp	-0.047 (0.191)	cdp	0.409 (0.747)	gdp	0.411* (0.180)	0.098* (0.038)
capitalcontrol	-0.014* (0.010)	capitalcontrol	-0.054* (0.036)	capitalcontrol	-0.234* (0.110)	-0.08** (0.01)
nexchangerate	-0.0005** (0.0002)	nexchangerate	-0.006** (0.000)	nexchangerate	-0.07** (0.01)	-0.01 (5.310)
exchangerate	-0.0002 (0.0003)	exchangerate	-0.005** (0.001)	exchangerate	-0.0001 (0.090)	-0.013 (0.198)
export	1.290** (0.607)	export	2.045* (1.683)	export	2.87** (1.041)	0.649** (0.014)
fmarket	0.022* (0.020)	fmarket	0.131* (0.070)	fmarket	0.132* (0.085)	0.274* (0.091)
inflation	-0.032 (0.407)	inflation	-1.515* (1.403)	inflation	0.011 (4.117)	-0.590* (0.311)
es	0.003 (0.009)	es	-0.181** (0.029)	es	-0.091** (0.009)	-0.054** (0.008)

续表

解释变量	Pooled OLS	解释变量	Pooled OLS	解释变量	DGMM	SGMM
决定系数 R^2	0.977	决定系数 R^2	0.958	Waldχ^2	789.09	1714.59
调整的决定系数 R^2	0.974	调整的决定系数 R^2	0.953	Waldχ^2P 值	0.023	0.167
残差平方和	0.095	残差平方和	1.135	Sargan 检验 P 值	0.917	0.247
总体样本个数	112	总体样本个数	112	AR（1）	0.372	0.01
变量个数	38	变量个数	38	AR（2）	0.049	0.250
				总体样本个数	72	72

注：＊在10%水平显著，＊＊在5%水平显著，括号内为各系数对应的标准差。AR（1）和AR（2）分别表示 Arellano-bond 差分误差项一阶、二阶序列相关检验值。importc（–1）代表滞后一期的进口贸易中本币计价比例。

（四）对四大货币计价货币分布的拟合与预测

1. 1972~2004 年计价货币的分布

拟合与预测的思路如下。由于人民币在我国进出口贸易中的计价比例（被解释变量）缺失，笔者首先将三大国际货币的解释变量实际数据依次代入每个回归方程测算每种计价货币的拟合值，并与实际分布值对照，选取最接近真实数据的回归方程。其次将中国的解释变量实际数据代入选定的回归方程，得到人民币在计价货币的拟合分布。选取的回归方程如下：

$$extort = 0.441 \times exportc(-1) + 0.198gdp - 0.066 \times capitalcontrol$$
$$+ 0.008 \times nexchangerate - 0.01 \times exchangerate + 0.401export$$
$$- 0.049 \times fmarket - 0.819 \times inflation - 0.209es \qquad (方程 5)$$

$$import = 0.601 \times importc(-1) + 0.098gdp - 0.08 \times capitalcontrol$$
$$- 0.01 \times nexchangerate - 0.013 \times exchangerate + 0.649export$$
$$- 0.274 \times fmarket - 0.59 \times inflation - 0.054es \qquad (方程 6)$$

在对 2005~2020 年中国和美国、德国、日本四国自变量数据作出假设后，得到四种货币在计价货币职能的分布，见图3和图4。

2. 2005~2020 年计价货币的分布

图5显示美元、日元和马克（欧元）三大国际货币和人民币在计价货币职能的分布，2005~2020 年为预测数据，2004 年之前为实际数据。

无论从实际数据还是预测数据来看，美国进出口厂商在对外贸易拥有绝对的货币选择权，以美元发行的计价货币比重一直遥遥领先。1972 年美元在美国出口贸易中的计价比例为95%，然而至 2003 年美元在美国出口贸易中的计价比例仍然高达99.8%，在进口贸易中的比例则上升到92.8%。考虑到美元强大的历史惯性和微观主体计价货币选择的羊群效应，未来十年美元作为主导计

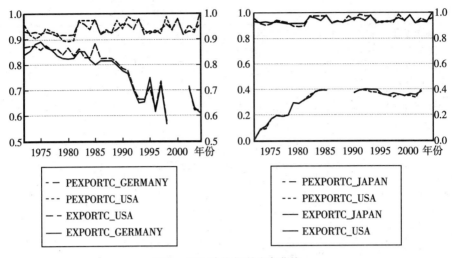

图3　出口计价货币分布曲线

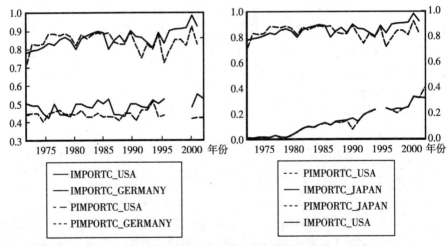

图4　进口计价货币分布曲线

注：实线表示实际数据，虚线由拟合数据绘制。

价货币的地位不会改变。

　　德国马克是仅次于美元的世界第二大计价货币。1972年，马克占德国出口贸易中的计价比例为84.1%，在德国进口贸易中的计价比例为49.9%；至2003年欧元占德国出口贸易中的计价比例为63%，而在德国进口贸易中的计价比例为55.2%。德国出口商品具有很强的竞争力，产品差异化程度较高，这使得德国出口商在国际市场中具有较高的货币选择权。德国进口以初级产品为主，国际市场中大宗商品和初级商品以美元计价为主，这使得德国进口商在货币选择

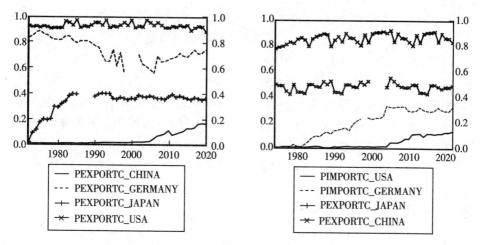

图5 四种货币在本国出口和进口中的计价比例分布

的自由度上不如美国进口商。考虑到欧元区主权债务危机对欧元的长期负面影响，未来欧元计价货币比重将缓慢增长，短期内与美元的差距不可能大幅度地缩减。

日元在20世纪80年代国际化进展迅速，计价货币职能显著增强，在东南亚金融危机前达到峰值，但21世纪初以来日元国际化进程进展缓慢，未来10年日元计价比例将保持较低增长。日本进口产品结构和对海外出口市场的依赖是制约日元发挥计价货币职能的重要原因。在日元国际化发展的早期，日本进口中以资源密集型产品为主。根据Taguchi（1982）的统计，1980年能源、原材料占日本进口产品比重分别为50.1%和17.5%，而全球能源等同质产品以美元计价为主。之后东亚生产网络形成，日本逐渐占据东亚加工贸易产业链的高端，其进口产品结构也由能源主导逐渐演变为以进口IT产品（20.4%）和原材料（19.8%）为主，但近1/3来自传统的美元区东亚市场，导致日元计价比重依然无法提高。作为外向型经济，日本对美欧等海外出口市场高度依赖，加之市场竞争日益激烈，日本企业出口到美国市场时在定价权上始终处于弱势，导致日本出口贸易中日元计价比例始终不高。

笔者预测未来10年人民币将在计价货币职能中取得实质性进展，2020年人民币在我国出口贸易中的计价比重将达17%，在我国进口贸易中的计价比重将达14%。这一方面源于经济基本面反映的市场需求，另一方面反映出中国政府推进人民币国际化进程的效果。我国首先推出人民币跨境贸易结算试点，2008年12月24日我国在广东和长江三角洲地区与港澳地区、广西和云南与东盟的货物贸易进行人民币结算试点；随后由小范围的试点逐步扩大到大范围的试点，推进人民币的计价和结算职能，使跨境贸易人民币结算步入实质操作阶段。其次，政府积极稳妥地开展境外直接投资人民币结算试点。2011年1月，跨境贸易人民币结算试点地区的银行和企业可开展境外直接投资人民币结算试点，进一步扩大人民币在跨境贸易和投资中的作用。政府的政策推进和市场需求使得人们对于人民币发挥计价货币职能预期乐观。从现有条件看，经济和贸易规模、币值稳定性和市场份额构成了人民币计价货币职能发挥的有利条件，未来人民币计价货币职能的进一步发挥需要国内资本项目的逐步开放，以及国内外汇市场功能的进一步深化，但更依赖于我国出口市场的多样化和产品竞争力的提高。我国出口企业应不断开拓新的出口市场，减少对欧美竞争激烈市场的依赖；同时应加强产品的技术创新和自主研发，提升出口产品的差异化程度和国际竞争力。我国由贸易大国向贸易强国转变的过程，也将是人民币计价货币职能逐步体现的过程。

六、结　论

在进行大量数据搜集后，笔者从不连续数据中描绘了近半世纪以来，美元、欧元、日元三大国际货币在各国出口和进口贸易中的计价比例变动趋势，发现美元是美国进出口厂商在对外贸易中的主要计价货币。德国出口和进口贸易中本币计价比例存在相当的差距；出口本币计价比例较高源于德国出口商品具有很强的竞争力，而进口本币计价比例较低源于德国进口的初级产品以美元计价为主。日元在日本进出口贸易中逐渐发挥计价货币职能则成了日元走向国际化的起点，但日元计价货币职能远远落后美元和马克，这与日本经济结构和贸易特征密切相关。

笔者通过实证分析发现：①计价货币的选择呈现一定的历史惯性。②体现一国经济和贸易规模的指标是本币发挥计价货币职能的显著因素，说明大国货币更易成为国际计价货币。③体现产品竞争力特征的出口商品差异化程度是本币发挥计价货币职能的显著影响因素。④外汇交易成本和资本项目开放影响显著。

未来十年，美元作为主导计价货币的地位不会改变。欧元是仅次于美元的世界第二大计价货币，但其计价货币比重将增长缓慢。日元在20世纪80年代国际化进展迅速，计价货币职能显著增强，但21世纪初以来日元国际化进程呈萎缩趋势。人民币将在计价货币职能中取得实质性进展，这将一方面源于经济基本面反映的市场需求，另一方面反映出中国政府推进人民币国际化进程的效果。

中国金融期货交易所与北京大学联合培养博士后　孙海霞

参考文献：

［1］Annette Kamps. The Euro as Invoicing Currency in International Trade［J］. European Central Bank Working Paper, 2006: 665.

［2］Baron, David P. Fluctuating exchange rates and the pricing of exports［J］. Economic Inquiry 1976（14）: 425-438.

［3］Dennis Novy. Hedge Your Costs: Exchange Rate Risk and Endogenous Currency Invoicing［J］. Warwick Economic Research Paper No. 765, 2006.

［4］Devereux, Michael, Engel, Charles, Storgaard, Peter. Endogenous Exchange Rate Pass-Through when Nominal Prices are set in Advance［J］. Journal of International Economics, 2004, 63（2）: 263-291.

［5］Devereux, Miehael B., Charles Engel. Endogenous Currency of Price Setting in a Dynamic Open Economy Model［J］. mimeo, 2001.

［6］Donnenfeld, Shabtai, Alfred Haug. Currency Invoicing in International Trade: An Empirical Investigation［J］. Review of International Economics, 2003（11）2: 332-345.

［7］Epstein, Gerald A., Schor, Juliet B. Structural Determinants and Economic Effects of Capital Controls in OECD Countries［J］. WIDER Studies in Development Economics, Clarendon Press, Oxford, 1992: 137-161.

［8］Friberg, Richard, Fredrik Wilander. The Currency Denomination of Exports: A Questionnaire Study［J］. Journal of International Economics, 2008（75）: 54-69.

［9］Fukuda, Shin-ichi and Masanori Ono. The Choice of Invoice Currency under Exchange Rate Uncertainty: Theory and Evidence from Korea［J］. Journal of the Korean Economy, 2005, 6（2）: 161-193.

［10］Giovannini, Alberto. Exchange Rates and Traded Goods Prices［J］. Journal of International Economics, 1988（24）: 45-68.

［11］Goldberg, Linda S. Cédric Tille. The Dynamics of International Trade Invoicing［J］. European Central Bank-Bank of Canada seminar, Frankfurt, Germany, June 2009, 5.

［12］Goldberg, Linda S., Cédric Tille. Vehicle Currency Use in International Trade［J］. NBER Working Paper 11127. National Bureau of Economic Research, Cambridge, MA, 2005.

［13］Goldberg, Linda S., Cédric Tille. Vehicle Currency Use in International Trade［J］. Journal of International Economics, 1979, 76（2）: 177-192.

［14］Hartmann, Philipp. The Currency of Denomination of World Trade after European

Monetary Union [J]. Journal of the Japanese and International Economics, 1998 (12): 424–454.

[15] http: //www.pbc.gov.cn/image_public/UserFiles/goutongjiaoliu/upload/File/2011 年第四季度中国货币政策执行报告 20120215.pdf.

[16] Kamps, Annette. The Euro as Invoicing Currency in International Trade [J]. ECB Working Paper , No.665, European Central Bank, 2006.

[17] Kenen. The Role of the Dollar as an International Reserve Currency [J]. Occasional Papers No. 13, Group of Thirty, 1983.

[18] Knetter. International Comparisons of Pricing –to –market Behavior [J]. NBER working paper, 1992.

[19] Li Cui, Chang Shu, Jian Chang. Exchange Rate Pass –Through and Currency Invoicing in China's Exports [J]. China Economic Issues, Hong Kong Monetary Authority Working Paper, 2009.

[20] Ligthart, Jenny, Jorge A. da Silva. Currency Invoicing in International Trade: A Panel Data Approach [J]. Tilburg University Discussion Paper, No.2007 (25).

[21] Linda S.Goldberg, Cedric Tille. Vehicle currency use in international trade [J]. Journal of International Economics, 2008: 177–192.

[22] Magee, Stephen P., Ramesh K.S.Rao, Vehicle and No vehicle Currencies in International Trade [J]. The American Economic Review, 1980, 70(2): 368–373.

[23] Massimo Beccarello. Time Series Analysis of Market Power: Evidence from G–7 Manufacturing [J]. International Journal of Industrial Organization, 1996 (15): 123–136.

[24] McKinnon, Ronald. Money and International Exchange: The Convertible Currency System [M]. Oxford University Press, New York, 1979.

[25] Page, S.A.B., The Choice of Invoicing Currency in merchandise Trade [J]. National Institute Economic Review, 1980, 81 (3): 60– 72.

[26] R Friberg. In Which Currency Should Exporters Set Their Prices [J]. Journal of International Economics, 1998.

[27] Rauch, James E. Networks Versus Markets in International Trade [J]. Journal of International Economics , 1999, 48 (1): 7–35.

[28] Rey, Hélène. International Trade and Currency Exchange [J]. Review of Economic Studies, 2001, 68 (2): 443–464.

[29] Richard Friberg. In Which Currency Should Exporters Set Their Prices [J]. Journal of International Economics, 1998 (45): 59–76.

[30] Swoboda, Alexander. The Euro–Dollar Market: An Interpretation [J]. International Finance, 64. Princeton University, 1968.

[31] Viaene, Jean–Marie, Casper G. de Vries. On the Design of Invoicing Practices in

International Trade [J]. Open Economies Review 2006（3）: 133-142.

　　[32] 文争为. 中国制造业出口中 PTM 行为的经验研究 [J]. 世界经济，2010（7）: 35-46

　　[33] 周松兰. 出口商品结构竞争力国际比较——基于传统差别化与替代弹性视角的实证研究 [J]. 数量经济技术经济研究，2006（12）: 23-34.

金融衍生工具监管的缺陷、改进及框架构建研究

一、引 言

在 20 世纪 70 年代，为规避金融管制，金融衍生工具开始初露端倪（Zapatero，1998）。到了 20 世纪 90 年代，美国《金融服务现代化法案》的颁布使集中于资本市场和外汇市场的金融衍生工具层出不穷，这不仅打破了传统金融中介和金融市场的界限，还使对冲基金、养老基金和私人股权公司等新型市场参与者出现，并使金融体系结构产生了巨大变化。

长期以来，人们普遍认同金融衍生工具对于提高金融服务水平和竞争力起关键作用，金融衍生工具也被认为是现代金融创新和发展的重要驱动力。但在经历了由次贷危机引发的全球性金融危机以后，作为金融创新的重要载体，金融衍生工具的"双刃剑"作用异常明显：如果在创新中能够适时把握，则可以活跃市场，并提高储蓄向投资的转化效率；若创新过度，则可能引起系统性风险积累、内生流动性扩张（Bervas，2008）以及金融体系的"去杠杆化"（辛朝明，2008；宋彤，2008）。无论是 1997 年的亚洲金融危机，还是 2007 年爆发的次贷危机，金融衍生工具均扮演了与初期创新截然相反的初衷（谭燕芝，2012）。监管当局和学术界也认为这次由次贷危机引发的全球性金融危机并非源自传统的商业银行挤兑，而是由金融衍生工具过度创新导致的"资本市场挤兑"（陆晓明，2008）引起的。为此，在 2010 年 10 月召开的 G20（20 国集团）首尔峰会上，各国领导人一致认为"金融稳定委员会"（FSB）应加强对金融衍生工具监管的研究。

早期关于金融衍生工具的监管框架是基于传统金融监管理论而构建的，并只注重对单个金融工具的监管，认为单一个体的安全稳健便能确保金融稳定（Lehar，2005；Brunnermeier 等，2009），这种监管理论只关注微观审慎监管，对系统性风险认识不足。英国金融服务管理局（FSA，2009）在其危机应对报

告中指出：金融危机是对目前以微观审慎为基础的金融监管的根本挑战。为此，G20 和巴塞尔委员会积极推动全球金融监管的变革，新的监管框架不但关注单个金融机构或工具的风险，还强调系统性风险；在具体框架的设计上，将微观审慎和宏观审慎监管进行有机结合（范小云、王道平，2012）。因此，在后危机时代，必须从防范系统风险的角度来讨论金融衍生工具的监管理论，并有机结合微观审慎监管和宏观审慎监管来构建金融衍生工具的监管框架。

二、从"防范系统性风险"的角度考虑金融衍生工具监管的必要性

传统金融监管理论主要注重单个金融机构或工具的风险，忽视了系统性风险。从次贷危机可以看出，微观金融机构或工具的安全总和并不等于宏观金融体系的安全（Borio，2003；周小川，2011）。因此，单个金融衍生工具运行的稳定并不能保证金融体系的稳定，这可以由以下几点来解释：

（一）金融衍生工具的风险特征极其复杂且难以计量

次贷危机的爆发揭示了衍生工具的风险具有隐蔽性、难以计量、集中性及复杂性等特征。首先，风险的隐蔽性体现在这类工具主要集中在场外交易，监管当局很难对其进行追踪和评价，并增加了计量的难度。其次，集中性体现在衍生工具主要集中在大型商业银行。以美国银行业为例，金融衍生工具主要集中在前五家大型商业银行（见表 1）。再次，复杂性体现在衍生工具往往集信用风险、流动性风险和市场风险于一体，这增加了风险决策的难度。

表 1　美国前五家商业银行金融衍生工具持有量占比

类别	2011Q1	2011Q2	2011Q3	2011Q4	2012Q1
前五家大型银行	96.2%	95.9%	95.6%	95.7%	93.2%
其他银行	3.8%	4.1%	4.4%	4.3%	6.8%

资料来源：美国货币监理署（OCC）。

（二）金融衍生工具使金融体系中各子市场之间的联系更加紧密

金融衍生工具改变了商业银行的经营模式。金融衍生工具市场可以作为商业银行信贷资产的流通市场，商业银行可在市场上出售信贷资产来回收资金，该市场的运作机制、交易成本和定价流程直接决定了信贷资产的流动性。因

此，商业银行经营模式的转变主要体现在两个方面：第一，商业银行对信贷资产的经营模式从传统的"发起—持有"模式演变为"发放—销售"模式，商业银行有了更多的渠道来控制流动性；第二，商业银行的收益模式从传统的"存贷利差"模式转变为"低买高卖的价差"模式。商业银行经营模式的转变也使其成为金融市场和实体经济的连接枢纽，商业银行的贷款也可以通过衍生工具市场流向融资者，这样间接融资与直接融资的界限也变得日益模糊，金融结构也逐渐由"银行主导型"（Bank-based）向"市场主导型"（Market-based）变迁（Adrian、Shin，2010），在这一过程中，商业银行、货币市场和资本市场之间的联系也逐渐紧密。

（三）金融衍生工具市场的信用创造机制存在内在缺陷

金融衍生工具的内生流动性扩张作用使其具有独特的信用创造机制，但这种机制存在内在缺陷，主要体现在：第一，商业银行在信用创造中的风险保护由官方机构提供，而衍生工具市场的风险保护提供方以私人机构为主，这些机构的独立性值得怀疑。比如在次贷危机中，提供 CDS 的 AIG 也陷入困境。第二，商业银行的信用载体——活期存款具有很高的信用等级，即使产生危机，这些载体的流动性也是无可置疑的。但在衍生工具市场中，信用载体的信用等级由私人评级机构评定，私人评级机构给出的评级结果往往是非前瞻性的，并容易导致市场误判。比如，危机爆发后衍生工具市场产生的"资本市场挤兑"就是评级机构误判造成的。第三，金融衍生工具的信用创造机制容易造成内生流动性扩张，即衍生工具创造出的信用仅在资本市场等虚拟经济内循环，对实体经济并没有带来实质性贡献，并造成资产价格泡沫和通胀压力。总之，这种源自金融衍生工具市场不稳定的信用创造机制，是次贷危机与以往金融危机的最大区别。

（四）金融衍生工具的高杠杆性对金融稳定带来了严重影响

金融衍生工具的创新过程也促使新型市场参与者出现，并成为衍生工具的主要投资者，但它们的高杠杆操作严重威胁着金融稳定。比如对冲基金，从表面上来看，对冲基金通过投资衍生工具来提供流动性，但它们杠杆率比较高，以较小的资金带动较大的流动性，这从表面上看可以发挥风险转移和分散的功能，但也引起了内生流动性扩张，并使风险在转移过程中被放大。如果它们突然从市场中撤离，市场就会遭受到流动性冲击，这种冲击会在极短的时间内传递至其他市场（雷曼兄弟倒闭所引发的系统性风险就是个典型例子），从而影响到金融稳定（Christian Noyer，2007）。

总之，金融衍生工具的运行特点、高杠杆性、信用创造机制以及对金融结构的影响会通过隐形的渠道导致系统性风险积累，并严重影响到金融稳定。因此，以"防范系统性风险"的角度来考虑金融衍生工具的监管就显得很有必要。

三、次贷危机中金融衍生工具监管的教训：微观审慎的偏差及宏观审慎的缺位

金融衍生工具的发展严重影响了金融稳定，同时也反映出金融衍生工具监管的缺陷，这种缺陷主要体现在微观审慎监管的偏差以及宏观审慎监管的缺位上。

（一）从微观审慎视角看金融衍生工具监管的偏差

微观审慎监管的根基是资本管理，目的是维护金融机构的偿付能力，这种监管标准在巴塞尔协议中集中体现，并成为金融监管的国际标准。但是，在次贷危机中，这种监管模式在对金融衍生工具的监管中存在如下偏差：

第一，微观审慎监管忽视了对系统性风险的关注。在次贷危机中，系统性风险以流动性危机的形式出现，同时风险之间的相关性和复杂性也推动了系统性风险的积累，微观审慎监管在这两个方面的管理均存在偏差。首先，流动性危机已成为金融危机爆发和演进的高级形式，衍生工具对内生流动性的扩张，以及后来的流动性断裂及枯竭发挥着不可估量的作用，并使流动性危机演变成了不可逆转的系统性危机，但微观审慎监管并没有对流动性风险的计量、管理及应对等做出规定。其次，衍生工具加强了商业银行、货币市场和资本市场之间的联系，系统性风险被市场间的"相互联系"和"相互依存"所掩饰，但微观审慎监管对此无法进行有效的披露。

第二，微观审慎监管对金融衍生工具创新的约束力不强。金融工程的发展使金融衍生工具的创新步伐逐渐加快，并成为金融机构业务转型的重要取向。但微观审慎监管对金融衍生工具创新缺乏明确和具体的处理办法，并对新出现金融工具（比如 CDO 和 CDS 等）的风险认识不足，同时对这些风险也没有给予充足的资本覆盖。

第三，微观审慎监管对金融衍生工具的信息披露重视不足。根据巴塞尔协议第三支柱的规定，充分的信息披露是必要条件。但绝大多数衍生工具（比如 CDO 和 CDS）主要集中在场外交易，这些产品的市场规模、投资者持有情况以

及风险状况都无法进行有效披露，投资者也无法了解它们的风险特性。当系统性危机爆发时，信息的不对称必然导致投资者的恐慌程度加大，由此导致了风险的扩散和放大。

（二）从宏观审慎视角看金融衍生工具监管的缺位

单个金融衍生工具运行的稳定并不能保证金融体系的稳定。从次贷危机可以看出，宏观审慎监管在对金融衍生工具的监管中存在严重缺位，主要体现在：

第一，金融衍生工具创新促使影子银行扩张，但监管没有及时跟进。创建"影子银行体系"是金融机构发展金融衍生工具并绕开监管的重要渠道。长期以来，影子银行游离于监管之外，其杠杆化的投资方式虽然使利润放大，但也导致了信用扩张和风险扩散（杨晓妮，2010）。因此，影子银行的发展确实影响了金融稳定，但对影子银行的监管却是缺位的。

第二，金融衍生工具的发展可以诱发监管资本套利，但监管却存在"真空"。当前，不同金融机构或工具面临不同部门的监管，从而导致"监管重叠"，但"重叠"不可避免地导致"真空地带"，这为金融机构利用资产证券化等衍生工具进行"监管资本套利"提供了空间，并将风险资产由表内移至表外，同时也提高了资本充足率，但却导致风险在"真空地带"无限扩张。

第三，金融衍生工具的顺周期性没有得到足够重视。金融衍生工具的杠杆化，以及流动性危机爆发后的"去杠杆化"放大了经济周期，长期以来，金融监管当局并没有对衍生工具的顺周期性给予足够的重视，对金融衍生工具的创新和扩张也没有形成较好的约束，这加剧了系统性风险的积累和传导。

四、金融衍生工具监管的改进：加强宏观审慎监管

从次贷危机的爆发及演进可以看出，不仅金融衍生工具的微观审慎监管存在偏差，更重要的是宏观审慎监管的缺位。因此，对于改进金融衍生工具的监管，必须从加强"宏观审慎"入手。首先要明确金融衍生工具宏观审慎监管的目标，其次从宏观审慎监管分析、政策工具以及政策安排等方面来探讨衍生工具的宏观审慎监管（见图1）。

（一）金融衍生工具宏观审慎监管的目标

分析金融衍生工具的宏观审慎监管，首先要明确监管的目标。Borio 和

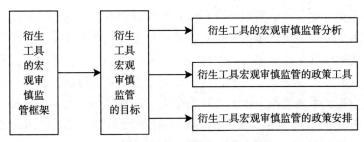

图1　金融衍生工具的宏观审慎监管

Drehmann（2009）认为，宏观审慎监管的目标是防范系统性危机。Caruana（2010）将宏观审慎监管的目标概述为"通过控制金融机构之间的相关性和顺周期性来降低系统性风险"。史建平和高宇（2011）认为宏观审慎监管通过防范系统性风险来规避金融危机对宏观经济造成的破坏。因此，衍生工具宏观审慎监管的目标应围绕系统性风险的评估及防范来设定，所以应包括以下两个维度：一是评估单个工具对系统性风险造成的影响；二是对衍生工具的系统性风险进行预测。

（二）金融衍生工具宏观审慎监管的基本框架

在明确衍生工具宏观审慎监管的目标以后，第二步就是构建宏观审慎监管的具体框架。笔者认为，衍生工具宏观审慎监管的框架，应包括宏观审慎监管的分析、宏观审慎监管的政策工具以及宏观审慎监管的政策安排三个方面。

（1）金融衍生工具宏观审慎监管的分析是整个监管框架的基础。由于衍生工具宏观审慎监管的目标是围绕防范系统性风险进行的，因此宏观审慎监管的分析，主要应是对衍生工具的系统性风险进行分析，并预测系统性风险的来源，同时做出相应的风险预警，为采取后续的防范措施提供依据。在关注衍生工具系统性风险的同时，也要对衍生工具所涉及的资金流向和流量进行分析，避免由衍生工具市场波动引起的流动性危机。

（2）金融衍生工具宏观审慎监管的政策工具。Borio（2003）从两个维度提出了宏观审慎监管的政策工具，一类是针对时间维度中的顺周期性提出的逆周期监管工具；另一类是针对空间维度中金融机构或工具的相关性和共同的风险敞口以及系统性重要机构"大而不倒"等问题提出的监管工具。金融衍生工具宏观审慎政策工具的设定也应从这两个维度来进行。

第一，从时间维度来看，笔者认为应从资本监管和流动性监管两个方面来构建逆周期监管工具（见表2）。首先，虽然衍生工具以场外交易为主，但为了防范金融机构过度参与衍生工具交易，必须针对衍生工具的顺周期性来计提资本拨备，并对交易的顺周期性进行抑制和防范。一是要建立反周期的资本缓冲制度，将反周期的资本乘数与衍生工具的价值增长联系起来，以缓解公允价值的顺周期性并抑制衍生工具的扩张。二是构建前瞻性的拨备制度。在衍生工具交易活跃时多计提拨备，这不仅可以抑制衍生工具的过度扩张，还能够在事后冲抵衍生工具带来的损失。三是对衍生工具的杠杆率进行动态监控。鉴于衍生工具杠杆率的顺周期性，必须加强对杠杆率的动态监控，以防止衍生工具"杠杆化"和"去杠杆化"对经济波动的影响。其次，从流动性监管来看，一方面可以根据衍生工具的顺周期性增加流动性资本要求，这不仅为衍生工具提供了流动性保险，也可以改善金融机构的资产负债期限结构错配（Perroti 和 Suarez，2009）。另一方面可以采取盯住融资（Mark-to-funding）的估值方式，根据衍生工具未来现金流的折现值来确定价格，这样可以使金融机构注重于长期稳定的资金来源，并减轻危机时期被迫销售带来的流动性困难。

表 2　金融衍生工具宏观审慎监管的时间维度工具及目标

监管项目	政策工具	政策工具目标
资本监管	反周期的资本缓冲制度	缓释公允价值的顺周期性，抑制衍生工具过度扩张
	前瞻性拨备制度	抑制衍生工具过度扩张，并在事后冲抵衍生工具带来的损失
	对衍生工具杠杆率进行动态监控	防止衍生工具的"杠杆化"和"去杠杆化"
流动性监管	增加流动性资本要求	为衍生工具提供流动性保险，并改善资产负债的期限错配
	采用盯住融资的估值方式	注重于长期稳定的资金来源，减轻危机时被迫销售带来的流动性困难

第二，从空间维度来看，具有系统重要性金融机构和工具增强了金融体系的相关性，因此也放大了空间维度的系统性风险。关于金融衍生工具宏观审慎监管的空间维度，一是要对系统重要性金融机构加强监管，并实行严格的资本金要求，因为系统重要性金融机构也是衍生工具的主要持有者。二是对系统重要性工具的监管。这主要因为衍生工具创新增加了金融机构的关联性，大部分交易集中在若干家金融机构（比如表 1），导致风险相对集中。可以根据金融衍生工具的交易量、杠杆率等指标建立一个系统重要性工具清单，对这些工具实行注册登记和中央结算制度，以降低这些工具的风险传播性（Goodhart 和 Persaud，2008a）。三是对系统重要性金融机构或工具征税。根据持有衍生工具的系统重要性金融机构或者系统重要性金融衍生工具的风险暴露程度、杠杆率高低、流动性风险、资产负债错配程度以及与金融体系的相关程度等指标确定征收"金融稳定贡献税"的标准，从而减少这些系统重要性金融机构或工具

"大而不倒"的激励。四是对商业银行衍生工具的规模和经营范围进行安排，比如禁止商业银行参与自营交易、要求子公司之间建立风险隔离机制等（见表3）。

表3　金融衍生工具宏观审慎监管的空间维度

空间维度	对系统重要性机构的监管
	对系统重要性工具的监管
	征收"金融稳定贡献税"
	对衍生工具的规模和经营范围进行规定

（3）金融衍生工具宏观审慎监管的政策安排。衍生工具的宏观审慎监管从系统的角度来分析衍生工具对系统性风险及金融稳定的影响，因此应从如下几个方面来考虑宏观审慎监管的政策安排：第一，衍生工具的监管部门应与宏观调控部门建立相应的信息沟通机制，及时共享金融监管信息与宏观经济运行信息；第二，衍生工具的监管政策要根据宏观审慎监管的分析结论进行及时调整；第三，鉴于衍生工具逐渐成为金融混业经营的重要业务，因此衍生工具的宏观审慎监管要与其他金融监管政策，比如银行业监管、证券业监管以及保险业监管相结合，同时也要与货币政策、财政政策、汇率政策等宏观经济调控政策相配合。

五、金融衍生工具监管框架的构建：
有机结合微观和宏观审慎监管

总而言之，宏观审慎监管的核心是将系统性风险纳入监管范畴，并对其进行分析和监测。但是，宏观审慎监管毕竟属于金融监管的范畴，在重视宏观审慎监管的同时，也不能忽视微观审慎监管，因此金融衍生工具监管框架的构建，必须有机结合微观审慎和宏观审慎监管。

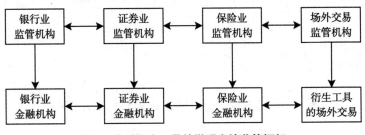

图2　金融衍生工具的微观审慎监管框架

（一）金融监管主体的确定

1. 微观审慎监管主体的确定

当前，衍生工具逐渐成为金融混业经营的重要业务取向。虽然经历了金融危机的洗礼，但衍生工具的发展已经进入到适应世界银行业发展趋势的高级阶段，同时衍生工具的跨机构和跨市场交易将趋于普遍。为了有效解决混业经营条件下衍生工具的归属问题，避免监管"真空"和多重监管的出现，衍生工具的微观审慎监管框架必须是能够实现跨市场、跨机构和跨产品监管的监管体系，并由银行业监管机构、证券业监管机构、保险业监管机构以及场外交易监管机构组成，实行内部分工协作和信息共享的监管系统，并且这种监管系统应不同于传统的机构性监管，而是以不同衍生工具所实现的基本功能为依据所确立的监管框架（见图 3，双箭头代表机构间的协调和信息共享）。

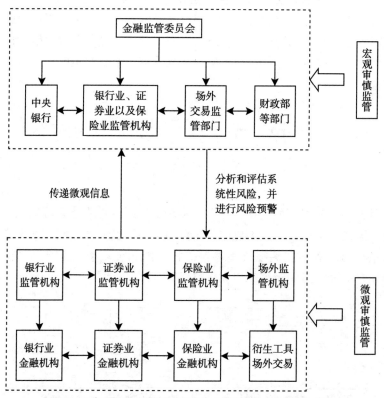

图 3　微观和宏观审慎相结合的金融衍生工具监管框架

2. 宏观审慎监管主体的确定

宏观审慎监管的主体不仅要关注衍生工具的系统性风险，也要注重各个衍生工具监管机构之间的协调和信息共享。所以，宏观审慎监管的主体不仅包括中央银行，也包括财政部和各个金融监管机构等部门，由此组成所谓的金融监管委员会，其主要职责有：第一，分析宏观经济信息，监测和评估宏观经济发展中存在的系统性风险；第二，对衍生工具的系统性风险进行识别，并判断系统性风险与单个衍生工具的关系；第三，向各个金融监管机构提供建议或预警，并督促其采取监管措施。

(二) 结合微观和宏观审慎监管构建金融衍生工具的监管框架

构建金融衍生工具的监管框架，必须从微观审慎监管和宏观审慎监管两个角度来考虑，并使两者有机结合。对于微观审慎监管者而言，需要向宏观审慎监管者传递微观经济发展的信息，将微观审慎监管领域的信息传递给宏观审慎监管。宏观审慎监管者通过对衍生工具系统性风险的判断，对可能产生的系统性风险或威胁金融体系的风险通过风险预警的方式传递给微观审慎监管者。结合微观和宏观审慎监管所构建的金融衍生工具监管框架如图 3 所示。

至此，笔者构建了金融衍生工具的监管体系，该体系对金融危机中微观审慎监管的偏差以及宏观审慎监管的缺位进行了修正，并使两者有机结合。我国金融体系属于创新不足的体系，推进金融衍生工具创新是我国金融体系与发达国家接轨的重要渠道，因此我国的金融衍生工具将进入一个快速发展的通道。但衍生工具的迅速发展必然会拉大金融体系中的债权债务链条，对金融稳定产生影响，所以我们应防患于未然，提前做好构建衍生工具监管框架的准备，并有机结合微观审慎监管和宏观审慎监管来构建衍生工具的金融监管框架。只有这样，我们才能更好地利用金融衍生工具市场的相关功能，并为"资本市场服务于实体经济"创造良好的运行环境。

中国人民大学博士后、中国建设银行博士后　李　佳

参考文献：

[1] Adrian, Tobias, Hyun Song Shin. The Changing Nature of Financial Intermediation and the Financial Crisis of 2007–2009 [J]. Annual Review of Economics, 2010 (2)：603–618.

[2] Arnaud Bervas, Financial Innovation and the Liquidity Frontier [R]. Banque de

France, Financial Stability Review–Special issue on liquidity, No. 11, February, 2008.

［3］Borio, Claudio, Mathias Drehmann. Towards an Operational Framework for Financial Stability ［R］. Central Bank of Chile Working Papers, No.544, 2009.

［4］Borio, Claudio. Towards a Macroprudental Framework for Financial Supervision and Regulation ［J］. BIS Working Papers, No. 128, 2003.

［5］Brunnermeier, Markus K. Deciphering the 2007–2008 Liquidity and Credit Crunch ［J］. Journal of Economic Perspectives. 2009 (1): 77–100.

［6］Christian Noyer. Financial Innovation, Monetary Policy and Financial Stability ［Z］. Spring Conference, Banque de France/Deutsche Bundesbank, Eltville, 27/28 April, 2007.

［7］E. Perotti, J. Suarez, Liquidity Risk Charges as a Primary Macroprudential Tool, Duisenberg School of Finance, Policy Paper, No, 2010.

［8］F. Zapatero, 1998, Effects of Financial Innovations on Market Volatility When Beliefs are Heterogeneous ［J］. Journal of Economic Dynamics and Control 1998 (22): 597–626.

［9］FSA. A Regulatory Response to the Global Banking Crisis ［R］. The Turner Review, March, 2009.

［10］Goodhart C.and Persaud A.How to Avoid the Next Crash ［N］. Financial Times, January 30, 2008a.

［11］J.Caruana, Macroprudential Policy: Working towards a New Consensus, Remarks at the High –level Meeting on "The Emerging Framework for Financial Regulation and Monetary Policy", Jointly Organised by the BIS's Financial Stability Institute and the IMF Institute, Washington DC, 23 April 2010.http: //www.bis.org/speeches/sp100426.pdf.

［12］Lehar, Alfred. Measuring Systemic Risk: A Risk Management Approach［J］. Journal of Banking and Finance. 2005 (29): 2577–2603.

［13］［美］辜朝明. 大衰退——如何在金融危机中幸存和发展 ［M］. 喻海翔译. 北京：东方出版社, 2008: 218–221.

［14］范小云, 王道平.巴塞尔 III 在监管理论与框架上的改进：微观与宏观审慎有机结合 ［J］. 国际金融研究, 2012 (01): 63–71.

［15］陆晓明.从金融产品异化角度解析次贷危机的特征、发展和前景 ［J］. 国际金融研究, 2008 (11): 27–33.

［16］史建平, 高宇.宏观审慎监管理论研究综述 ［J］. 国际金融研究, 2011 (08): 66–74.

［17］宋彤. 杠杆化与系统性风险的监管反思 ［J］. 新金融, 2010 (05): 17–22.

［18］谭燕芝. 国际金融衍生品交易——多边治理机制视角的研究 ［M］. 北京：经济管理出版社, 2012: 14–16.

［19］杨晓妮. 论金融监管中微观审慎与宏观审慎的平衡——国际金融危机的教训

和启示 [J]. 华北金融，2010 (09)：29-31.

　　[20] 周小川.金融政策对金融危机的响应——宏观审慎政策框架的形成背景、内在逻辑和主要内容 [J]. 金融研究，2011 (01)：1-14.

银行监管：理论演进与中国实践反思[*]

金融在经济发展中起着重要的作用（King 和 Levine，1993；Levine，1997；Rajan 和 Zingales，1998），但金融泡沫化也使整个金融体系更加脆弱，特别是2008 年国际金融危机以来，银行监管再次成为人们关注的焦点。目前，国内外许多学者对银行监管进行了大量深入、细致的研究，如张晓朴（2011）、詹姆士·巴茨等（2008）、沈坤荣等（2005）、李涛（2003）等详细考察了各种监管体制、措施和模式对银行发展的影响。改革开放以来，中国银行业监管取得了很大的成绩，但总的来说，银行监管的变化并不是深刻的、系统的、全面的，仍需在借鉴最新理论和实践成果的基础上进一步改进和完善。本文试图在梳理和总结现有银行监管理论的基础上，研究和总结改革开放以来中国银行业监管的成绩与不足，并提出进一步提高银行监管有效性的政策建议。

一、银行监管的理论演进

在现有的金融理论中，主要围绕什么是银行监管、为什么需要银行监管、如何有效实施银行监管这三个维度开展研究，本文主要从这三个方面进行回顾。

（一）银行监管的内涵

在现有学术文献中，还没有关于银行监管的明确定义，本文试图通过两个相关的概念阐述银行监管的内涵。

（1）管制与银行监管。银行监管作为政府管制活动的一部分，因此理解管制对于理解银行监管具有很大帮助。对于管制，卡恩的《管制经济学：原理与制度》中认为"管制的实质是政府命令对竞争的明显取代，作为基本的制度安排，它企图维护良好的经济绩效"；^① 史普博的《管制与市场》中认为"管制是

---

* 本文是"江苏省博士后科研资助计划项目"（编号：1201002C）的研究成果。

① Alfred E. Kahn, The Economics of Regulation: Principles and Institutions [M]. The MIT Press, 1998.

行政机构制定并执行的直接干预市场配置机制或间接改变企业和消费者供需决策的一般规则或特殊行为"；①斯蒂格勒的《产业组织与政府管制》中认为"作为一种法规，管制是产业所需并主要为其利益设计和操作的"；②萨缪尔森的《经济学》中认为"管制是政府以命令的方法改变或控制企业的经营活动而颁布的规章或法律，以控制企业的价格、销售或生产决策"。③从中可以看出，银行监管作为政府管制行为，是对市场活动的补充，虽然其目标是增进社会经济福利，但现实中容易受到变形或扭曲。

（2）金融监管与银行监管。银行监管是金融监管的重要组成部分。对于金融监管的含义，比较权威的主要有两个：一是米什金的《货币金融学》，其将金融监管定义为"监督金融机构的经营者和评估金融机构经营的质量"、"这是减少金融业逆向选择和道德风险等问题的重要方式"、"金融监管有以下 9 种基本类型：政府安全网、对资产持有限制、资本金要求、及时整改行动、注册和检查、风险管理评估、信息披露要求、消费者保护和对竞争的限制"。④二是黄达主编的《金融学》教科书，他指出，"金融监管是金融监督和金融管理的复合词"、"金融监管是指金融主管当局依据国家法律法规的授权对金融业（包括金融机构以及它们在金融市场上的业务活动）实施监督、约束、管制，使它们依法稳健运行的行为总称"。⑤从中可以看出，银行监管是纠正市场失灵的重要方式，在实践中主要通过各种管制措施促进银行业安全稳健运行。

综合以上的观点可以认为，银行监管作为一种制度安排主要有以下特征：一是银行监管是政府强制力的表现，依据国家法律法规的授权对银行进行监管；二是银行监管是市场机制的有效补充，而不是完全替代市场的功能；三是银行监管的主要目标是维护金融稳定和金融体系的稳健运行，保护金融消费者的合法权益；四是银行监管的主要内容是监督银行机构的经营者和评估银行机构经营的质量；五是在现实中，银行监管容易受到所监管行业的"捕获"，需要监督监管者。

（二）银行监管的必要性

关于银行监管必要性的研究，目前主要有市场失灵理论、存款者及消费者

① 丹尼尔·史普博. 管制与市场 [M]. 余晖等译. 上海人民出版社，2005.
② 乔治·斯蒂格勒. 产业组织与政府管制 [M]. 潘振民译. 上海人民出版社，1996.
③ 保罗·萨缪尔森，威廉·诺德豪斯. 经济学 [M]. 高鸿业译. 中国发展出版社，1992.
④ 弗雷德里克·S.米什金. 货币金融学（第 9 版）[M]. 郑艳文，荆国勇译. 中国人民大学出版社，2011.
⑤ 黄达. 金融学（第 2 版）[M]. 中国人民大学出版社，2009.

保护理论、银行脆弱性理论、新比较经济学理论。

（1）基于市场失灵的银行监管理论（Stigler，1971；Becker 和 Stigler，1974；Dewatripont 和 Tirole，1993）。它主要是建立在政府拥有的信息是充分的、是为社会整体福利服务的以及具有完全信用三个假设基础上，认为市场中信息不对称、交易成本以及不完全竞争的存在，私人不可能去监管那些实力雄厚的金融机构，只有通过政府对金融机构的监管，才能克服市场失灵带来的负面影响，并改善金融机构的治理水平，从而提高金融运行的效率以及维护金融体系的稳定。它的观点主要体现在以下两个方面：一是鼓励政府积极参与银行的经营和管理，实现对金融的直接控制；二是充分发挥政府在金融监管中的作用，增强政府金融监管的权力，从而弥补由于市场不完全所带来的负面影响。

（2）基于保护存款者及消费者利益理论（Olson，1965；Posner，1998）。该理论认为，存款者和金融消费者虽然数量众多，但相对于强大的银行，力量比较弱小，因此需要银行监管。理由主要有以下四个方面：一是存款者和金融消费者在银行监管活动中，由于"搭便车"的存在，并不能有效地监督银行；二是单个存款者和金融消费者出于经济成本的考虑，很难通过法律手段等方式来保护自己的合法权益；三是由于有限理性，存款者和金融消费者存在认知偏差和行为偏见，因此需要监管部门加强金融教育；四是随着金融创新的发展，银行产品越来越复杂，银行业务日益专业化，普通的存款者和金融消费者没有能力去监管银行。

（3）基于金融脆弱性的银行监管理论（Gurley 和 Shaw，1960；Diamond 和 Dybvig，1983；Allen 和 Gale，2000）。根据海曼·明斯基提出的"金融不稳定性假说"，笔者认为，经济体系经常会从一个由对冲型融资单元主导的金融结构变为由投机型和庞氏型融资单元主导的金融结构，从而导致金融体系的不稳定。另外，银行由于存款中"先来先取"原则、流动性要求不确定以及资产比负债缺乏流动性等因素的存在，容易出现挤提现象，从而爆发银行危机。银行危机具有传染效应，从而给实体经济带来严重损害。Caprio 和 Klingebiel（2003）的统计表明，1970 年以来全球发生了 117 次系统性的银行危机和 51 次非系统性的银行危机，这些危机造成的经济损失平均超过了 GDP 的 15%。因此，对于作为高杠杆性、高负债性、高传染性的银行业，为避免其危机对实体经济的巨大损害，因为银行监管是非常必要的。

（4）基于新比较经济学的银行监管理论（Djankov、Glaeser、La Porta、Lopez-de-Silanes 和 Shleifer，2003；许成钢，2001）。新比较经济学认为，针对市场失灵，根据对经济活动控制程度从弱到强排列，主要有市场约束、私人诉讼、政府监管和国有化四种手段。监管作为解决方法之一，具有独特的优势，主要有以下几个方面：一是监管者可能比法官有更强烈的动机去进行高代价的调查，以便证实和处罚违法行为；二是监管者能够代表受害者共同的利益，进而解决任何附带问题；三是由于法律的不完全性，引入监管机构，以主动性执法有利于改进法律的效果；四是监管者在制度设计上可以比法庭拥有更为灵活简单的程序来鉴定是否违法，使监管比法庭诉讼更容易被违法者接受。因此，具有强制性、需要专业知识的银行监管很有必要，有利于增进社会的整体福利。

（三）银行监管的可行性

银行监管作为一种经济干预方式，其本身并不是完美的，仍存在很多问题（Tullock，1967；陆磊，2000）。因为政府作为一个拥有自己独立利益的特殊市场主体并不能最大化社会福利，一方面，政府的银行监管政策往往会被少数既得利益集团所左右，监管机构最后常常被监管者所捕获（Capture）；另一方面，政府对银行的过多管制行为也进一步增加了市场中"寻租"的机会，从而破坏了市场中正常的竞争秩序。因此，在实践中如何开展有效的银行监管，避免政府在监管中的"掠夺之手"，而保持它"援助之手"的职能，就成为银行监管研究的重要内容。

（1）银行监管模式的研究。李涛（2003）系统研究了世界上 118 个国家和地区的商业银行监管模式及其对金融发展水平的影响。基于政府拥有银行的程度、政府直接监管银行的力度、政府授权非政府机构进行监管的力度等维度，将银行监管模式化为三大类：①印度—中国型，其特点是极度依赖政府直接拥有银行；②南非—菲律宾—墨西哥型，其特点是强调政府对银行的直接监管，而忽视市场力量的作用；③德国—美国—瑞士—法国型，其特点是主要依赖非政府力量来监管银行，而较少使用政府直接监管措施。在促进金融业发展方面，德国—美国—瑞士—法国型的监管模式最佳，南非—菲律宾—墨西哥型次之，而印度—中国型最差。

（2）银行监管体制的研究。目前，银行监管体制主要分为三类（Taylor，1995；Goodhart，1998）：①机构型监管体制。它是指按照银行机构的类型设立监管部门，不同的部门监管不同类型的银行机构。②功能型监管体制。它是指依据诺贝尔经济学奖得主莫顿等提出的"金融功能观"，根据银行体系的功能设立监管体系，每种业务类型都有对应的监管机构。③目标型监管体制。它是基于银行监管的目标来设置监管体制，主要有 "双峰式"监管体制和"矩阵式"监管体制两种。张晓朴（2011）在考察 20 世纪以来国际金融监管体制演进的历史进程与规律的基础上，提出了金融监管体制选择的十项原则，并对我国现行的金融监管体制进行了评价。

（3）银行监管措施的研究。Barth、Caprio 和 Levine（2003）研究发现，削弱政府的银行监管权力、增加银行监管机构的独立性、提高私人监管的能力和积极性有利于促进一国银行业的发展。Beck、Demirgüç-Kunt 和 Levine（2003）进一步研究发现，增加银行监管的独立性以及提高金融机构信息披露的准确性和私人监管的积极性，将有利于降低企业外部融资的障碍。沈坤荣、李莉（2005）研究发现，严格限制外资银行进入国内市场、赋予官方监管机构过多的权力会阻碍银行发展，而最低资本充足率要求以及加强非官方监管措施则能够显著地促进银行业的发展。

2008 年国际金融危机发生以后，使人们对银行监管有了更为深入、全面的认识，认为不管是成熟的还是新兴的金融市场，都需强有力的监管。一方面，要树立金融监管的系统观（Morris 和 Shin，2009），进一步加强系统性风险监管和逆周期监管；另一方面，要加强对金融创新的监管，防止金融脱离实体经济盲目自我膨胀。上述银行监管理论的进展，既体现了学术界对银行监管研究的不断深入，也为人们观察、分析和反思中国银行业的监管提供了一个广阔的理论视角。

二、银行监管：中国的实践与面临的挑战

在改革开放前，中国金融体系的明显特征是"大一统"银行体系模式，与高度集中的计划经济体制相适应，因此银行监管也就毫无必要。改革开放后，中国逐步建立市场经济，银行监管开始逐步确立，大致可以分为三个阶段：

（一）行政型阶段（1978~1992 年）

在这个阶段，银行监管处于逐步建立和探索过程中，主要采取行政化监管方式。一是银行监管组织体系初步建立。1984 年，中国人民银行开始专门行使中央银行职能，1985 年中国人民银行成立稽核司，负责对银行等金融机构业务活动进行稽核，这是银行监管的雏形。二是开始信贷管理体制改革。随着经济改革的推进，我国信贷管理方式也在逐步改进。1979 年之前，我国采取的是"统存统贷"的信贷计划管理体制，与计划经济相配套。1979 年开始，在坚持银行业务集中统一的前提下，我国对部分贷款实行"统一计划、分级管理、存贷挂钩、差额控制"的办法，1981 年又在全国范围内推行了"统一计

划、分级管理、存贷挂钩、差额包干"的办法，1985 年进一步变革为"统一计划、划分资金、实存实贷、相互融通"的办法。1988 年，严重的通货膨胀促使人民银行恢复实行贷款限额管理。虽然信贷控制方法在不断调整之中，但终究是一种计划控制方法，往往会陷入"一放就乱、一统就死"的恶性循环，难以与市场经济相容。三是银行监管主要采用行政方式。根据 1986 年国务院下发的《中华人民共和国银行管理暂行条例》，人民银行负责银行监管，领导、管理、协调、监督、稽核专业银行和其他金融机构的业务工作，审批专业银行和其他金融机构的设置或撤并，人民银行与专业银行实际上是一种"领导与被领导"的行政关系。

（二）管制型阶段（1993~2002 年）

在这个阶段，银行监管逐步摆脱行业管理方式，开始探索和实施对银行业的风险监管，银行监管开始迈向法治化、规范化的轨道。一是银行监管组织日益完善。1994 年，人民银行按照金融机构的类别设置了银行司等四个监管司，另设稽核监督局负责金融机构的现场监管；1998 年，人民银行又调整为银行监管一司、银行监管二司、非银行金融机构司和合作金融机构监管司，实现同一部门对同一法人的全过程监管；2001 年，人民银行按照管监分离原则，新设银行管理司，负责银行类机构的市场准入和退出、制度建设等。二是信贷管理体制改革日益深化。1994 年和 1996 年人民银行先后下发了《商业银行资产负债比例管理考核暂行办法》和《资产负债比例管理的监控、监测指标和考核办法》，先后取消了对合作金融机构、股份制商业银行等的贷款限额控制，仅保留对四家国有商业银行和三家政策性银行的控制。1998 年，人民银行取消了对国有独资商业银行的贷款限额管理，实行"计划指导、比例管理、自求平衡、间接调控"的信贷管理新体制。[①]三是开始探索风险监管。1998 年亚洲金融危机，使社会对银行业风险有了新的认识。银行监管开始从合规性监管向风险性监管转变，其中最为突出的是对贷款实行五级分类制度。2001 年，中国人民银行下发了《关于全面推行贷款质量五级分类管理的通知》，并公布了《贷款风险分类指导原则》，决定自 2002 年在全国商业银行全面实施贷款质量五级分类管理，这奠定了中国银行业风险监管的基础。

---

① 自 2007 年以来，信贷规模控制又开始"死灰复燃"，虽然短期有效，但从长期来看，其与市场经济、金融自由化是不相容的，也将是无效的。在信贷规模控制下，必然会产生各种规避行为和"监管套利"，这也是我国目前银行业乱象的根源之一。

（三）专业型阶段（2003 年至今）

2003 年，中国银行业监督管理委员会（以下简称银监会）成立，专门负责对银行业的监管，标志着中国银行业监管进入了一个新阶段。在这个时期，全面实施对银行业的风险监管，银行监管进一步专业化、精细化和国际化。一是形成了一整套监管理念和方法。银监会成立后，提出了"管法人、管风险、管内控、提高透明度"的监管理念，形成了"准确分类—充足拨备—做实利润—资本达标"的持续监管思路，确立了四项监管目标和六条良好监管标准，初步构建了中国银行业监管框架。另外，积极推行国际银行业监管最佳实践，稳步推进新资本协议在中国银行业的实施工作。二是全面实施风险监管。银监会出台了商业银行资本充足率管理办法，发布了商业银行授信工作尽职、集团客户授信业务风险管理、市场风险管理、操作风险管理、合规风险管理、声誉风险管理、信息科技风险管理等一系列监管指引，全面推行了贷款五级分类、CAMELs 监管评级、风险集中度监测等一系列国际通行的审慎监管办法，制定并颁布了固定资产贷款、流动资金贷款、个人贷款、项目融资等专门的信贷管理指引和办法，构建了机构监管和功能监管相结合的组织体系，从整体上搭建了风险监管的框架。三是积极探索宏观审慎监管。在吸取 2008 年国际金融危机教训的基础上，银监会开始探索对系统性风险监管工具的开发和实施，并结合最新版《巴塞尔协议》更新或引入了资本充足率、拨备率、杠杆率、流动性"新四大监管工具"，努力实现宏观审慎和微观审慎监管的有机结合。目前，银监会已颁布商业银行贷款损失准备、杠杆率、资本三个管理办法。

虽然经过三十余年的探索和完善，我国银行监管取得了很大成就，但仍面临很多挑战：一是银行业潜在系统性风险不容忽视。在目前中国以政府为主导的经济增长模式下，特别是在 2008 年国际金融危机所带来的巨大经济刺激政策下，我国经济存在较大泡沫，若处理不当中国银行业在平台贷款、房地产贷款等方面都可能出现系统性风险。二是监管独立性仍需提高。一般来说，银行监管机构的独立性主要包括两方面：一个是独立于政府，监管不受政府的干预和束缚。另一个是独立于利益集团，防止被利益集团"监管捕获"。在现实中，目前银行监管独立性还受到地方政府很大的干预和商业银行游说导致监管宽容很大的影响。三是监管机制建设还需进一步完善。虽然银监会成立以来颁布了很多规章制度，但在目前新的经济金融环境下，如何利用有效的监管工具来提升银行监管的有效性，引导银行机构建立内生的、持续稳健的发展机制，还需进一步探索和研究。

三、政策建议

目前，中国银行业正处于深刻转型过程中，既有金融自由化和国际化的严峻挑战，又具有新兴市场的很多风险和变化。结合中国实际，银行监管制度安排需关注以下几个方面：

（1）进一步树立银行监管的系统观。加强系统性风险监管已成为全球银行监管的共识。从中国改革开放 30 余年的情况看，地方政府的行政干预和无序负债是不良贷款形成的重要原因（从某种程度上讲，改革开放以来中国还没有真正遇到经济下行周期，中国经济增长基本均保持在 8% 以上），也是最容易产生系统性风险的领域。不过，政府融资企业如平台往往有一个显著的特点，即其一般不直接产生经营性现金流，银行贷款主要依靠抵质押，这也是政府背景贷款风险较大的原因。笔者建议银监会修订《贷款风险分类指引》，增加一条"对于没有正常营业收入作为贷款主要还款来源的借款人，至少要分为关注类"，提高银行放贷审慎性和抵御风险能力，从机制上防范地方政府债务风险传递至银行业。同时，要严格执行"新四大监管工具"，进一步加强对平台贷款、房地产贷款的监测、分析和控制，逐步将其压缩至合理水平；加强"一行三会"、发改委、财政部等宏观经济管理部门之间的沟通协作，成立宏观审慎监管委员会，从整体上加强对系统性风险的管控。

（2）进一步树立银行监管的独立观。保持相对独立性是提高银行监管有效性的重要方式。一是成立银行监管公众委员会。全球金融危机后，社会对银行关注日益增多，金融消费者权益保护日益突出，建议成立银行监管公众委员会，主要由金融消费者、经济学家、律师、会计师等组成，倾听社会对银行改革和监管的呼声，回应社会对银行监管的诉求，进一步提高银行监管的社会性。二是扩大应用"基于规则的立即干预措施"（Prompt Corrective Action，PCA）。PCA 是银行监管中的一个常见规则，是指商业银行出现某种情况时，监管机构应自动采取相应的干预和处罚措施，目前主要应用在资本监管中。建议进一步扩大 PCA 应用，增强监管在"技术上的独立性"，如对于银行业违规行为，监管部门要立即自动采取处罚措施，提高监管针对性和银行经营审慎性。三是进一步提高银行监管的透明度，建立现场检查结果和处理情况的公示制度，提高监管的权威性；建立明确的监管责任豁免和严格的监管问责制度，增强监管行为的独立性；参照国际惯例，给予监管部门更大的财务自主独立性。

（3）进一步树立银行监管的制度观。加强银行制度监管有利于从根本上提高银行监管的有效性。一是加强对银行制度源头的监管。目前，在银行监管中，主要侧重于银行业务的监管，在实践中常常出现查了再犯、犯了再查的问题。笔者建议在银行监管中，进一步加大对银行绩效考核、公司治理、发展战略、内控制度等方面的检查和引导，从源头上推动银行业合规、稳健发展。二是加强银行风险计量制度的监管。随着中国银行业与国际的接轨以及新《巴塞尔协议》的实施，银行业在风险管理中将越来越多地使用数理计量模型，这既是银行业风险管理的趋势，也将给银行监管带来新的课题。实际上，在监管上对银行业风险计量模型的疏忽也是本次国际金融危机的一个原因。笔者建议成立专门监管团队，对银行的风险计量模型进行专门分析研究并及时给出监管意见。三是完善银行准入监管制度。目前，中国银行业发展同质性情况严重。笔者建议通过发展特色银行、民营银行等方式，进一步发挥市场准入的导向作用，推动银行业差异性发展和特色化经营，进一步提高银行业的核心竞争力。

南京大学博士后　许立成

参考文献：

［1］Allen，F.，D. Gale，Financial Contagion ［J］. Journal of Political Economy 108，2000.

［2］Barth，J.，Caprio，G.，R. Levine. Bank Supervision and Regulation：What Works Best ［J］. Journal of Financial Intermediation，2003.

［3］Barth，J.，Caprio，G.，R. Levine. The Regulation and Supervision of Banks Around the World：A New Database ［W］. World Bank Working Paper，2001.

［4］Beck，T.，A. Demirgüç-Kunt，R. Levine. Bank Supervision and Corporate Finance ［J］. National Bureau of Economic Research Working Paper，No. 9620，2003.

［5］Becker，G. A Theory of Competition among Pressure Groups for Political Influence ［J］. Quarterly Journal of Economics 98，371-400，1983.

［6］Becker，G.，G. Stigler. Law Enforcement，Malfeasance，and the Compensation of Enforcers ［J］. Journal of Legal Studies 3，1-18，1974.

［7］Caprio，G.，Klingebiel，D，Episodes of Systemic and Borderline Financial Crises ［J］. World Bank database，2003.

［8］Dewatripont，M.，J. Tirole，The Prudential Regulation of Banks ［M］. Cambridge，MA，MIT Press，1993.

［9］Diamond，D.W.，P.H. Dybvig，Bank Runs，Deposit Insurance and Liquidity ［J］. Journal of Political Economy 91，401-419，1983.

［10］Djankov，Simeon，Glaeser，Edward L.，López-de-Silanes，Florencio，Shleifer，Andrei，The New Comparative Economics［J］. Policy Research Working Paper Series，The World Bank，2003.

［11］Goodhart，Charles，H.Philipp，T.Llewellyn David etc.：Financial Regulation：Why，How and Where Now ［M］. London；NewYork ：Routledge，1998.

［12］Gurley，J.G.，Shaw，E.S.，Money in a Theory of Finance ［M］. Washington，DC：Brookings Institution，1960.

［13］H.P. Minsky，Financial Instability Hypothesis. The Jerome Levy Economics Institute，Working Paper，No. 74，1992.

［14］King，R. G.，Levine，R.，，Finance and Growth：Schumpeter Might be Right ［J］. Quarterly Journal of Economics 108，717-38，1993.

［15］Levine，R.，Financial Development and Economic Growth：Views and Agenda ［J］. Journal of Economic Literature 35，688-726，1997.

［16］Morris，Stephen，Hyun Song Shin，Financial Regulation in a System Context ［M］. Brookings Papers on Economic Activity，2008.

［17］Olson，M. The Logic of Collective Action ［M］. Cambridge，MA：Harvard University Press，1965.

［18］Posner R. A. Rational Choice，Behavioral Economics and the Law ［J］. Stanford Law Review，50，1998.

［19］Rajan，R.G.，Zingales，L.，Financial Dependence and Growth［J］. American Economic Review 88，559-586，1998.

［20］Shleifer，A.，R.W. Vishny. The Grabbing Hand：Government Pathologies and Their Cures ［M］. Cambridge，MA：Harvard University Press，1998.

［21］Stigler，G. ，The Theory of Economic Regulation［J］. Bell Journal of Economics and Management Science 2，3-21，1971.

［22］Taylor，M.，Twin Peaks：A Regulatory Structure for the New Century［J］. Center for the Study of Financial Innovation12，London，1995.

［23］Tullock，G.，The Welfare Costs of Tariffs，Monopoly and the Theft ［J］. Western Economic Journal5，224-232，1967.

［24］江春，许立成. 金融监管与金融发展：理论框架与实证检验［J］. 金融研究，2005（4）.

［25］类承曜. 银行监管理论———一个文献综述［J］. 管理世界，2007（6）.

［26］李涛. 商业银行监管的国际比较：模式及影响［J］. 经济研究，2003（12）.

［27］刘明康. 中国特色银行业监管的理论与实践［J］. 中国金融，2011（13）.

［28］陆磊. 信息结构、利益集团与公共政策：当前金融监管制度选择中的理论问题［J］. 经济研究，2000（12）.

［29］沈坤荣，李莉. 银行监管：防范危机还是促进发展［J］. 管理世界，2005（10）.

［30］许成钢. 法律、执法与金融监管——介绍"法律的不完备性"理论［J］. 经济社会体制比较，2001（5）.

［31］许立成. 经济周期、宏观调控与银行监管［J］. 上海金融，2008（12）.

［32］于学军. 从渐进到突变：中国改革开放以来货币和信用周期考察（第三版）［M］. 中国社会科学出版社，2011.

［33］詹姆士·R.巴茨，杰瑞德·卡普里奥，罗斯·莱文. 反思银行监管［M］. 黄毅，张晓朴译. 中国金融出版社，2008.

［34］张晓朴. 金融监管体制选择：国际比较、良好原则与借鉴［W］. 银监会工作论文，2011（7）.

［35］中国人民银行. 中国人民银行六十年：1948~2008［M］. 中国金融出版社，2008.

我国银行业信用风险宏观压力测试的实证分析

——基于 SUR 方法

  Tobin（1981）提出了银行体系关键论，其核心思想是：银行危机是各种金融危机的核心。随着金融全球化，资金的流动导致全球金融市场具有高度的联动性，也致使金融危机发生的频率大大增加了。据世界银行统计，从 20 世纪 70 年代末到 21 世纪初，全球 93 个国家先后爆发了 112 次系统性危机。[1] 可见，目前宏观经济和金融环境的巨大波动已需要得到各个国家和金融系统的更多重视。银行作为各国金融系统中的重要组成部分，势必要提高对自身风险的监督管理，以应对各种经济波动造成的影响。

  在银行系统未来可能遭受各种宏观经济冲击的背景下，银行和监管当局都必须提早做好预防措施。宏观压力测试作为这类"前瞻性"工具，不仅可以通过设定"极端但可能"的宏观经济冲击让银行对自身信用风险的承受力提前做出评估，还可以帮助央行和监管当局及早识别银行体系的薄弱环节，提高对银行系统风险的评估能力；同时，监管当局还可以利用反向宏观压力测试来估算需要多少救助资金才能帮助银行渡过信用危机。由此可见，对银行信用风险进行宏观压力测试势在必行。

  本文尝试从实证角度对于国内银行的信用风险进行宏观压力测试，内容安排如下：首先是文献评述以及简绍本文所用的实证模型，其次是数据、变量与实证结果；再次是情景压力测试，最后是结论与政策建议。

一、文献综述与实证模型

  最早将宏观压力测试与信贷模型相结合的研究是 Wilson（1997）以及 Merton（1974）。Wilson 主要针对违约概率对宏观因素的联动性进行建模，在分

---

① 中国人民银行金融稳定分析小组. 中国金融稳定报告 [R]. 北京：中国金融出版社，2005.

析各工业部门违约概率对若干宏观经济变量的敏感度后模拟未来违约概率的分布路径，并估计资产组合的预期损失，最后模拟出了在宏观经济波动条件下的违约概率。Merton 则在模型中加入了股价对于宏观经济影响的反映，并在相应的评估模型中增加了资产价格的变动比率。他们的理论和实证模型为后来众多从事此领域的学者的研究奠定了基础。Drehmann、Manning（2004）和 Pesaran（2004）等又在利用 Merton 模型框架的宏观压力测试中对违约概率和宏观经济变量的非线性关系进行了进一步研究探索。

随后，IMF、OECD 等国际组织，尤其是来自挪威、澳大利亚、芬兰和英国等许多国外学者（Froyland 和 Lasen，2002；Virolainen，2004；Vlieghe，2001），在对 20 世纪八九十年代全球银行出现的不稳定性事件以及金融危机现象进行了大量的实证研究后，发现宏观经济因素的波动对各国银行的信用风险产生了重要影响。

本文利用构建的信用风险宏观经济变量模型进行样本外预测来判断未来宏观经济变量的走势，进而设计出"极端且可能"的压力情景，而非利用已有大量文献中采用的历史情景分析获得简单的假设情景，因此，更具客观性。在实证方法上，考虑到联立方程间的误差项可能存在异方差和同期相关，因此选择采用似乎不相关回归（SUR）对模型的参数进行估计，得出的结果是一致的且渐进有效，不会出现一些文献中采用最小二乘法估计时出现的错误。

本文将沿用 Wilson（1997）、Boss（2003）和 Virolainen（2004）研究成果中关于贷款违约率和宏观经济变量之间非线形关系的假设，利用 Logit 变换将银行贷款违约率转换成一个综合指标 y_t，并假设该综合指标 y_t 与各宏观经济变量之间服从线性关系；然后建立适合我国银行系统信用风险评估的宏观压力测试模型，如下所示。

$$y_t = \ln(\frac{1 - PD_t}{PD_t}) \tag{1}$$

$$y_t = \alpha + \partial_1 x_t + \cdots + \partial_{1+m} x_{t-m} + \beta_1 y_{t-1} + \cdots + \beta_n y_{t-n} + \mu_t \tag{2}$$

$$X_t = \gamma + \delta_1 x_{t-1} + \cdots + \delta_p x_{t-p} + \varphi_1 y_{t-1} + \cdots + \varphi_q y_{t-q} + \varepsilon_t \tag{3}$$

其中，X_t 是宏观经济变量，是一个 $M \times 1$ 向量；α 是截距项；$\partial_1 \cdots \partial_{1+m}$ 是 $1 \times M$ 矩阵系数；$\beta_1 \cdots \beta_n$ 是系数；μ_t 是随机扰动项；γ 是一个 $M \times 1$ 截距向量；$\delta_1 \cdots \delta_p$ 是 $M \times M$ 矩阵系数；$\varphi_1 \cdots \varphi_q$ 是 $1 \times M$ 矩阵系数；ε_t 是随机扰动项的 $1 \times M$ 向量。

式（2）假定银行业的信用风险指标与宏观经济状况明确相关。Wilson（1997）假设 y_t 只与 x_t 相关，但是本文假设的式（2）更为广泛，考虑了宏观经济冲击对银行信用风险的持续影响。[①]

式（3）是关于各宏观经济变量的时间序列模型。笔者考虑到宏观经济因素采取的时间序列数据，可能存在变量的滞后性，因此对各宏观经济变量进行 p 阶自回归分析，剔除模型中的序列相关性。通过式（3）还可以明确反映出银行表现对经济的回馈效应。

在本模型中，μ_t 和 ε_t 是模型的随机扰动项。如果 μ_t 和 ε_t 是无自相关性的，并分别服从方差和协方差矩阵 $\sum_\mu$ 和 $\sum_\varepsilon$ 的正态分布。如果 μ_t 和 ε_t 是相关的，方差与协方差矩阵为 $\sum_{\mu,\varepsilon}$。也就是说，干扰项的结构如下：

$$e_t = \begin{pmatrix} \mu_t \\ \varepsilon_t \end{pmatrix} \sim N(0, \sum), \quad \sum = \begin{pmatrix} \sum_\mu & \sum_{\mu,\varepsilon} \\ \sum_{\mu,\varepsilon} & \sum_\varepsilon \end{pmatrix} \tag{4}$$

式（4）允许非对角线元素 $\sum_{\mu,\varepsilon}$ 非零，表示方程间存在扰动项的同期相关性。

本文认为假设 μ_t 和 ε_t 是相关的是非常必要的，因为影响因变量的未进入模型的其他宏观经济因素的影响不能被完全忽略，而且通过探讨两个干扰项的同期相关性，我们可以更准确地评估银行体系对宏观经济产生的回馈效应。在随机扰动项同期相关的假设下，式（2）与式（3）所形成的方程组将会成为一个似乎不相关方程组（SUR）。

二、数据、变量与实证结果

（一）指标与数据的选取

银行贷款的违约率是银行业信用风险的衡量指标，本文选取所有商业银行的不良贷款率（Yt）作为被解释变量，表示贷款违约率，数据来源为中国银监会网站。宏观经济变量为国内生产总值增长率（RGDP）、居民消费价格指数（CPI）、6 个月期的存贷款基准利差（RS）、存款准备金率（DR）、国房景气指数（RE）、出口同比增长率（EX），数据来源于中国经济数据库（CEIC）。结合我国国情考虑，本文采纳了已有国内研究文献中较少考虑的存贷款利差、存款准备金率，并用国房景气指数代替常用的房地产销售价格指数作为衡量房地产

---

① Sorge（2004）指出，宏观经济冲击的影响可能持续若干年。

价格的指标。之所以采用存贷基准利差，是因为我国存、贷款基准利率的调整常常具有一定的相关性，如果同时作为解释变量会导致其中一种基准利率的影响不够显著，影响实证效果。采用国房价格指数代替传统的房屋销售价格指数，是为了更加全面地考虑房地产业发展变化的综合影响。

实证研究选取从 2004 年 1 月到 2011 年 12 月的季度数据，通过对原始数据的走势进行分析，对不良贷款率（Yt）、存款准备金率（DR）、存贷款利差（RS）三个变量进行去趋势化处理。

（二）变量的平稳性检验

在进行联立方程（1）到方程（2）的 SUR 估计前，先要对所有变量进行平稳性检验。本文采用 ADF 单位根检验来检验序列的平稳性，检验结果如表1所示。

表1　各变量的单位根检验结果

变量名	ADF Test Statistic	Critical Value*	滞后阶数	序列是否平稳
NYt	−0.654108	−3.661661 (1%)	0	否
D (NYt)	−5.317836	−3.670170 (1%)	0	是
RGDP	−1.540405	−3.661661 (1%)	0	否
D (RGDP)	−4.87075	−3.67017 (1%)	0	是
CPI	−3.3854	−2.9810 (5%)	0	是
NRS	−2.619984	−2.619160 (10%)	0	是
EX	−2.819522	−3.670170 (5%)	1	是
NDR	−3.243018	−2.963972 (5%)	1	是
RE	−3.709195	−3.67017 (1%)	1	是

从表1可以看出变量 NYt 和 RGDP 均为不平稳变量，因此本文选择其一阶差分变量 D（NYt）和 D（RGDP）设定模型。其他变量均为平稳变量，因此直接使用原序列或经去趋势化后的序列。

（三）SUR 模型估计结果及分析

通过 SUR 方法得出的实证结果如下：NYt 受 D（RGDP）的滞后二期值、CPI、RS 的滞后三期值、DR 以及 RE、EX 的滞后六期值以及 NYt 的滞后一期值影响显著，结果如表2所示。

从表2中可以看到式（2）中 NYt 与各宏观经济变量的正负符号正如预期。这说明国内生产总值增长率、通货膨胀率、6 个月期的存贷款利差、存款准备金率、出口同比增长率、国房景气指数的确是影响银行业不良贷款率的显著因

表 2　模型估计结果

解释变量	被解释变量						
	D (NYt)	D (RGDP)	CPI	NRS	NDR	EX	RE
截距	4.5534***	−0.0234***	29.511***	0.004589	−0.0484	0.0457	42.847***
D [NYt (−1)]	−0.5590***	−9.0839***	−8.3202**	—	−3.1871**	0.9041***	8.344*
CPI	−0.0371***						
CPI (−1)			0.7139***				
NRS (−1)							
NRS (−3)	0.24793**						
NDR	−0.0505***						
NDR (−1)				0.6978***	0.0088***		
RE	0.00979**						
RE (−1)							0.579***
EX (−1)						0.7824***	
EX (−6)	0.1157**						
D [RGDP (−2)]	0.02191***						
D [RGDP (−4)]		−0.3031**					
D [NYt (−5)]				0.2804**			
经过调整的 R^2	0.2797	0.2812	0.71442	0.3196	0.71084	0.7656	0.5608
DW, 统计	2.27	2.34	1.36	2.31	1.31	1.43	1.07

注：参数下方的 *** 表示该参数在 1% 的置信度下显著，** 表示该参数在 5% 的置信度下显著，* 表示该参数在 10% 的置信度下显著。

素。NYt 与各 RGDP、EX、RS 三个宏观经济变量的滞后值的关系显著，说明宏观经济变量的波动对银行贷款违约率的影响存在一定的滞后性；综合指标 NYt（−1）的系数为负，说明宏观经济冲击可对银行业的贷款违约率产生较为深远的影响。虽然有些宏观经济变量的系数较小，但其 t 值基本上都通过了 10% 的显著性检验，而本文认为个别宏观经济变量的系数较小的原因是由于被解释变量进行了一阶差分，同时一些指标进行了去趋势化造成的。

从表 2 中还可以发现，6 个月期的存贷款利差 NRS 对转换指标 NYt 的影响最大。因为存贷款利差的上升说明企业的融资成本增加，企业为了按期偿还本息，必须拿出更多的利润交给银行。但如果融资成本已经大于企业的盈利能力，那么企业就有违约的冲动，这就会增大商业银行的信用风险。

对 NYt 影响仅次于 NRS 的是出口增长率 EX，从表 2 中可以看到出口增长率与不良贷款率成反比，说明我国出口企业经营状况的好坏已直接关系到商业银行贷款违约率的大小。当出口形势严峻时，我国商业银行的不良贷款率有大幅提高的风险。由于结果表明出口增长率的滞后六期值对转换指标的影响显著，说明我国出口增长率的变动滞后一年半①的时间对我国银行业的信贷资产的质量产生影响。

而代表房地产状况的国房价格指数对转换指标 NYt 的影响力最弱，这可能是由于国房价格指数是反映房地产行业状况的综合指标，虽然目前房价得到了一定的控制，但是并未极度下跌，因此尚未出现大批房地产商或住房按揭贷款者违约的现象，其对银行业不良贷款率的影响就并不如本文当初预期的那样显著了。但是结果仍然说明了房地产行业的兴衰与银行业的信用风险息息相关。

实证结果还验证了我国的存款准备金率与不良贷款率的正相关关系、通货膨胀率与不良贷款率的正相关关系以及国内生产总值增速与不良贷款率之间的负相关关系。当存款准备金率提高时，说明借贷市场上资金面趋紧，因此银行的融资成本升高，企业的盈利受到挤压，增大了银行的信用风险；通货膨胀率的提高反映出企业生产成本的上升，同理当企业利润被削薄时，也会增加贷款违约的可能性。相反，GDP 增长预示着整个社会的宏观经济比较景气，企业的盈利普遍向好，因此银行贷款的违约率会随之下降。

三、情境压力测试

（一）情境的设定

本文选择情境分析作为执行压力测试的方法，具体过程为通过比较受压情况与基准情况的贷款违约率来衡量宏观经济因素的波动对银行业信用风险的影响。本文选择的波动经济变量为 RGDP、CPI 和 RE，并假定其他经济变量保持不变；对于宏观压力情境的选择，已有大部分文献的做法通常是通过历史经验数据或未来宏观经济走势判断进行人为设定的。本文采用对未来宏观经济走势判断的方法来设定压力情境，因为这样更具客观性。

在构造极端情境之前，本文先利用式（2）和式（3）所构成的方程组对不良贷款率和六个宏观经济变量进行样本外预测，预测的样本区间为 2012 年第一季度到 2014 年第一季度，将其作为我们构建压力测试时的基准情境。

其中，RGDP、CPI 和国房价格指数 RE 的预测结果如图 1 所示。

图 1 的三幅图表示的是基准情境下，各宏观经济变量的走势。对于受压情境下宏观经济变量的波动幅度，本文根据目前的宏观经济形势和国家的宏观政

---

① 本文选取的指标是以季度为时间单位的，因此六个季度代表一年半的时间。

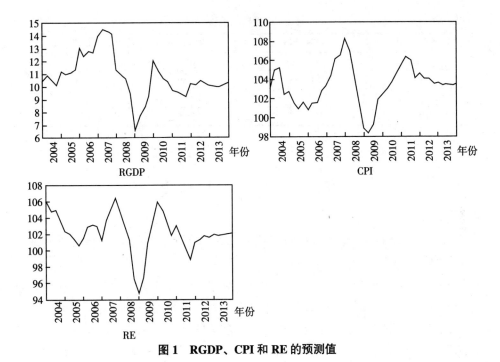

图1 RGDP、CPI 和 RE 的预测值

策调控方向来制定两种宏观压力测试情境：严重情境和危机情境。

严重情境：以 2011 年第四季度为基准，在未来两年内，GDP 同比增速下降至 6%，国房价格指数下降 15%，CPI_t 同比上涨 0.2%。

危机情境：以 2011 年第四季度为基准，在未来两年内，GDP 同比增速下降至 3%，国房价格指数下降 30%，CPIt 同比上涨 10%。

（二）执行宏观压力测试

用上述假设的压力情境中的宏观经济变量取代前文中运用样本区间外预测得出的 RGDP、RE 和 CPI 的值，并代入由式（2）和式（3）组成的方程组进行 SUR 求解。再次进行模型模拟后即可得出：严重情境和危机情境下，我国银行业不良贷款率的预测值。以非宏观压力测试下的模型预测出的 2014 年第一季度的不良贷款率作为基准情境，与情境一（严重情境）和情境二（危机情境）得出的结果进行比较，如表 3 所示。

从表 3 中可以看到，与基准情境相比，在严重情境和危机情境下我国银行业的不良贷款率都有较大幅度的提高：严重情境下不良贷款率上升了 50%，危机情境下我国不良贷款率则上涨了近三倍，说明我国银行信用风险受宏观经济冲击的后果较严重。

表3　宏观压力测试结果

	基准情境	严重情境	危机情境
GDP	8.06	6	3
RE	101.08	83.89	68.89
CPI	103.54	100.2	110
NPL	1.34%	3.35%	6.12%

四、结论及政策意义

本文通过构建宏观压力测试的 SUR 模型对中国银行业所面临的信用风险进行宏观压力测试，得出的结论如下。

（1）国内生产总值增长率、通货膨胀率、6 个月存贷款利差、存款准备金率、国房景气指数和出口增长率是影响中国商业银行信用风险的显著因素。其中，通货膨胀率、存款准备金率和不良贷款率的滞后一期值对商业银行信用风险具有正向的影响，而国内生产总值、6 个月的存贷款利差、出口增长率和国房价格指数对于商业银行信用风险的影响是负向的。

（2）在对商业银行信用风险的影响程度方面，6 个月的存贷款利差是对商业银行信用风险影响最大的宏观经济因素，出口增长率、存款准备金率、通货膨胀率、国内生产总值增速对我国银行业不良贷款率的影响程度依次降低，国房景气指数则是对商业银行信用风险影响最小的宏观经济因素。

（3）中国商业银行目前的抗风险能力不强，银行体系的稳定性受到宏观经济冲击的影响较大。虽然目前我国宏观经济仍然比较稳定，但是一旦未来出现大的经济波动，我国商业银行的信用风险将会大大提高。鉴于此，我国商业银行应当提高警惕并做好防范措施，在加快银行体系内部改革的同时加强与监管当局的合作，提高抵抗风险的能力，最终构建良好的金融生态环境。

招商银行博士后　王　雯
厦门国际银行　陈　晞
厦门大学　叶　宇

参考文献：

［1］Bunn P，A Cunningham，M Drehmann. Stress Testing as a Tool for Sssessing Systemic Risk［J］. Financial Stability Review：Bank of England，2005，（6）：116–260.

［2］Drehmann M，M. Manning. Systematic Factors Influencing UK Equity Returns ［C］. Mimeo：Bank of England，2004.

［3］Drehmann，M.A Market Based Stress Test for the Corporate Credit Exposures of UK Banks ［D］. Mimeo，2005.

［4］Froyland E，K Larsen. How Vulnerable Are Financial Institutions to Macroeconomic Changes? An Analysis Basedon Stress Testing ［J］. Economic Bulletin，2002，（11）：127 – 169.

［5］James Tobin. The Monetarist Counter –revolution Today：An Appraisal ［J］. The Economic Journal，1981：29–42.

［6］Merton R. On the Pricing of Corporate Debt：The Risk Structure of Interest Rates ［J］. Inance，1974（7）：449–470.

［7］Pesaran M H，H. Schuermann，B J. Treutler. Macroeconomic Dynamics and Credit Risk：A Global Perspective ［J］. Wharton Financial CenterWorking paper，2004：3 – 13.

［8］Sorge M，K. Virolainen. A Comparative Analysis Ofmacro Stress：Testing Methodologies with Application to Finland ［J］. Journal of Financial Stability，2006（2）：113– 151.

［9］Virolainen K. Macro Stress：Testing with a Macroeconomic Credit Risk Model for Finland ［J］. Bank of Finland，mimeo，2004（1）：1 – 66.

［10］Vlieghe G. Indicators of Fragility in the UK Corporate Sector ［J］. Bank of England Working Paper，2001：146.

［11］Wilson TC. Portfolio Credit Risk I I ［J］. Risk，1997（10）：56– 60.

［12］华晓龙. 基于宏观压力测试方法的商业银行体系信用风险评估 ［J］. 数量经济技术经济研究，2009（4）.

［13］谭晓红，樊纲治. 我国商业银行宏观压力测试研究——基于四类银行的 SUR 模型 ［J］. 投资研究，2011（12）.

［14］徐明东，刘晓星. 金融系统稳定性评估：基于宏观压力测试方法的国际比较 ［J］. 国际金融研究，2008（2）.

［15］中国人民银行金融稳定分析小组. 中国金融稳定报告 ［R］. 北京：中国金融出版社，2005.

地方政府债务风险度量和监管研究

近几年，我国地方政府债务扩张明显，尤其是 2008 年，为了应对突发的金融危机，中央政府出台"四万亿"的财政刺激政策，所需资金中 1.18 万亿元来自中央财政，其余 2.82 万亿元由地方政府自行承担。由于"分税制"改革，地方政府财权被严重削弱，同时我国法律规定，地方政府不得直接举债，因此很多地方政府通过各种途径进行债务融资。如何合理度量、预测地方债务风险以及对此进行有效监管就成为一个急需解决的重要问题。本文在回顾以往研究的基础上，从我国地方政府债务的现状及成因入手，通过模糊评价模型分析我国的地方政府债务指标体系，并在此基础上提出监管建议。

一、研究综述

（一）国内外地方政府债务度量和监管研究综述

Schick（2002）列出各国地方政府举债方式主要有两种：一是发行地方政府债券；二是向金融机构借款。大多数国家规定，只有联邦政府或中央政府可以举借外债，地方政府通常只能举借内债。Polackova（1998）的政府债务矩阵模型认为，政府债务可以用两对概念的组合来表示，即政府债务可以是直接的或者或有的，显性的或者隐性的。Brixi 和 Mody（2000）针对地方政府债务风险提出了四种管理模式：市场约束模式、共同管理模式、制度约束模式和行政控制模式。Sundaresan（2002）也提出了一些地方政府债务的风险控制机制，例如实施规模控制、建立偿债准备金制度、建立风险评估和预警制度。Krumm 和 Wong（2002）提出了地方政府债务管理应高度透明，此举有利于提高政府债务控制能力，防止地方政府债务恶性膨胀。Ramaswamy（1998）说明了出现地方政府债务风险后，各国化解的方法主要有：第一，地方政府自行处理。第二，中央政府重组地方政府债务。第三，由中央政府行政接管。

(二) 国内地方政府债务度量和监管研究

在国内学者关于债务风险的研究中，一方面集中于债务风险度量和指标选择以及模型建立。其中，很多学者提出了一定的风险测度和预警模型（冉光和、李敬、温涛、王定祥，2005；裴育、欧阳华生，2006）并设定了一定的资产负债水平和债务偿还能力指标，也包括地方债务偿债率与财政集中度之间的弹性系数等指标来监控地方政府债务风险（朱智强，2007）。同时，数理经济学视角的测算违约债务规模和合理设置偿债准备金的总体思路也被提出来并辅以深入论述（郭玉清，2006）。

另一方面也有部分学者从制度建设的角度分析和讨论地方政府债务管理的发展问题。这些学者从制度上分析了我国目前的制度下所存在由地方债务引发的问题（马骏、刘亚平等，2005），包括积极寻求跨越式发展和债务膨胀之间的平衡问题（封北麟，2009），以及推动地方政府直接发债的现实需要（曾婕，2007），但同时也应加强风险防范机制的建立（管洪，2006），特别是要建立风险控制的框架（张海星，2009）。此外，也有学者初步探索了如何运用未来预算管理来控制地方政府债务风险（韩增华，2010）。

(三) 风险度量研究成果评述

目前，我国的风险评估研究尚不完善，存在些许问题，主要表现在重视单个评估指标的选择，轻视综合指标体系的构建。单个指标虽能很好地体现债务风险的某个方面，然而并不足以全面反映债务的风险水平，其评价力度远远不足。本文在借鉴前人研究的基础上，不但合理地选取了债务风险评价指标，而且对其进行了有效组织，构建了经济意义合理、逻辑性强的债务风险综合评价体系，实现了全国范围内地方政府债务风险水平的横向比较。

另外，在研究方法方面，本文针对指标信息的模糊性采用了模糊综合评价法，以期更为客观、合理地描述债务风险水平；笔者为了全面、系统地揭示债务风险，借鉴了分层评价的体系构建方法，赋予了指标体系更为清晰的经济含义。

二、我国地方政府债务现状及成因

（一）我国地方政府债务现状

1. 地方政府债务的界定

在 2010 年地方政府性债务情况专项审计调查中，国家审计署对地方政府性债务定义为：地方政府（含政府部门和机构）、经费补助事业单位、公用事业单位、融资平台公司等为公益性（基础性）项目建设直接借入、拖欠或因提供担保、回购等信用支持形成的债务。其中，因直接借入、拖欠形成的债务为直接债务；因提供担保、回购等信用支持形成的债务为担保债务。

同时，国家审计署还认定：融资平台公司为竞争性项目建设举借的，且政府未提供担保的债务；经费补助事业单位、公用事业单位、融资平台公司为竞争性项目建设提供担保形成的债务不属于政府性债务。

2. 地方融资平台债务

在地方政府债务中，有个不容忽视的部分，即地方融资平台的部分负债。根据银监会的统计，截至 2010 年 6 月底，地方融资平台贷款达 7.66 万亿元；根据债券市场的统计，截至 2010 年 6 月底，城投债（含中期票据和短期融资券）余额为 4882.5 亿元。截至 2010 年 6 月底，地方融资平台公开的可计算的总债务已超过 8.15 万亿元。

根据审计署和清查结果显示，截至 2010 年 6 月底地方融资平台 7.66 万亿元贷款中，能够依靠项目现金流偿还本息的融资平台贷款规模占全部贷款余额的 24%；第一还款来源不足，必须依靠第二还款来源覆盖本息的贷款，有 4 万亿元左右，占比约 50%；贷款项目借款主体不合规，财政担保不合规或本期偿还有严重风险，如贷款挪用和贷款做资本金，占比约 26%，约 2 万亿元。

（二）我国地方政府债务风险特点及表现形式

1. 我国地方政府债务风险的特点

（1）区域性。这主要是指我国各地区地方政府债务风险程度不尽相同，中西部欠发达地区的债务风险程度明显大于东部发达地区。

（2）复杂性。我国地方政府债务风险产生的原因错综复杂，既有经济体制转轨未完成的因素，又有现行财政体制的弊病，还有地方政府对其债务缺乏管理等因素。

（3）层次性。这主要体现在各等级政府之间的风险差异，省一级的债务风险相对较小，风险随着政府级别的下降而递增。

（4）传递性。地方政府作为中央政府的派出机构，其难以弥补的债务负担最终往往要由中央政府承担一部分。从这个意义上说，我国下级政府的所有债务均构成上级政府的隐性债务。

2. 我国地方政府债务风险的表现形式

从规模风险来看，目前我国地方政府债务融资渠道分散，总量难以把握。但从对某些地区的典型调查来看，地方政府债务的规模较大，有的甚至已超过了地方财政的承受能力。

从结构风险来看，主要表现在直接隐性债务风险，直接显性债务风险，或有隐性债务风险和或有显性债务风险。

从效率风险来看，主要指地方政府融资后并不能高效地管理债券资金，可能使偿债资金不能从债务资金的投资项目中有效获得的风险。

最后，外在风险也会产生于地方政府面对无法清偿的到期债务所采取的主要手段，包括挪用其他财政支出资金，增加税费或进一步加重债务负担，向上级政府转嫁债务。

（三）我国地方政府债务的成因分析

我国地方政府债务形成的原因主要包括以下三个方面：

1. 地方政府债务的主要原因

城市化建设的资金需求是地方政府债务的主要原因。从 20 世纪末开始我国经济建设进入快速发展时期，城市化进程加速。城市化进程涉及的基础设施建设需要大量、低成本、可长期使用的资金，而地方财政每年用于基础设施建设的财力有限，投资资金的需求远远超过了政府当期可动用的财力。通过政府性债务的模式，可以有效地解决资金短缺问题，积极促进本地城市基础设施建设。

2. 地方政府债务的客观因素

地方财力保障不足是地方政府债务的客观因素。1994 年我国实施分税制后，中央财政占财政总收入的比重逐渐增加。随着地方政府对公共服务职能的强化，使得地方政府的财力需求不断提高。地方政府靠有限的可用财力，难以应付日常运转以及公共服务和民生建设的支出。在现行的体制下，地方政府要想发展需要依靠债务融资。

3. 新增地方政府债务的原因解析

贯彻经济刺激计划的需要、快速增长的投资项目资金需求是地方政府债务的新增原因。2008 年底，国家"4 万亿"经济刺激计划出台，地方政府按规定需承担中央投资项目中的一部分资本金，但由于地方财政收入有限，加之刺激计划实施以来，各类、各种名义的上马项目较多，地方政府资金缺口巨大。为了贯彻经济刺激计划，加大投资项目建设以保持当地经济发展速度不下滑，再加上中央政府投资项目的配套资金要求，迫使地方政府加大投资力度，大量举债。

三、我国地方政府债务风险度量

（一）风险度量的模糊评价模型及其适用性

模糊评价模型的主要特征以及我国地方政府债务的基本性质，决定了地方政府债务风险的度量比较适合使用模糊评价模型。模糊评价模型借助模糊数学的一些概念，对实际的综合评价问题提供了一些评价的方法。具体而言，模糊评价是以模糊数学为基础，应用模糊关系合成的原理，将一些边界不清、不易定量的因素定量化，从多个因素对评价事物隶属等级状况进行综合性评价的一种方法。模糊评价法的特点在于，评判逐对象进行，对评价对象有唯一的评价值，不受被评价对象所处对象集合的影响。

一般的，令 $U = \{u_1, u_2, \cdots, u_m\}$ 表示为了评价对象而设计的 m 个指标；指标通常依具体问题来设定，比如，在本文中，为了度量地方政府债务风险，选用一些与债务风险密切相关的指标。$V = \{v_1, v_2, \cdots, v_n\}$ 表示每个指标具有 n 个等级，通常有三五个等级。对某个特定的指标而言，其所处的等级通常情况下是根据评判者主观设定的，没有明确的界限，这就是评价的"模糊性"所在。对 U 中某个指标 u_i，根据评判者对评判对象的认识，给出 u_i 处在某个等级 v_j 的可能性，或称为隶属度，用 r_{ij} 表示。于是指标 u_i 就有一个隶属度向量：

$$r_i = (r_{i1}, r_{i2}, \cdots, r_{in}) \tag{1}$$

当对 m 个指标都做出模糊评价后，就可将 m 个向量组合在一起，形成如下评价矩阵：

$$R = (r_{ij})_{m \times n} = \begin{bmatrix} r_{11} & r_{12} & \cdots & r_{1n} \\ r_{21} & r_{22} & \cdots & r_{2n} \\ \vdots & \vdots & \ddots & \vdots \\ r_{m1} & r_{m2} & \cdots & r_{mn} \end{bmatrix} \tag{2}$$

该矩阵也称模糊关系矩阵。若将其中的 r_{ij} 标准化，则可以将 r_{ij} 看作是指标 u_i 处在等级 v_j 水平的概率，而且该概率是主观概率。在得到了模糊关系矩阵 R 之后，尚不足以对评价对象做出评判。因为影响评判对象的指标有 m 个，各个指标对评价对象的综合评价的影响程度有差别。必须确定各个因素的权重之后才能恰当地汇总各个指标所包含的信息。为此，引入 U 上的一个模糊子集 W，或称为权重分配集，$W = \{w_1, w_2, \cdots, w_m\}$，其中 $w_k > 0$，且 $\sum w_k = 1$。

模糊关系矩阵 R 中的行反映了与评价对象响应的某个指标对各等级模糊子集的隶属程度。用模糊权重集 W 对 R 中的信息进行综合，就可以得到该评价对象从总体上看对各等级模糊子集的隶属程度，即模糊评价的结果向量。为此，用模糊子集 B 表示模糊评价，又称决策集，即 $B = \{b_1, b_2, \cdots, b_n\}$。通过 W 和 R 而求出 B，称为模糊变换，记为 $B = W \times R$。为了将多维的 B 降到一维，即确定评价对象所处的等级，则需要将各种等级参数与评判结果 B 进行综合考虑。此时，需要设定各个等级 v_j 的参数向量 $C = \{c_1, c_2, \cdots, c_n\}$。最终的评价结果是 $p = B \times C^T$。p 即为衡量评价对象的最后的综合的参数。

选择模糊评价模型来度量地方政府债务风险的原因之一，是由于各个风险程度等级划分所对应的指标值区间是主观划定的，所以量化评价问题没有唯一的答案，从而是个模糊的问题。原因之二，在于需要将反映债务风险程度的多个指标的评价信息综合起来，得到最终的综合评价，而模糊评价模型提供了综合各个指标的信息的方法。

（二）债务风险度量与建模分析

1. 指标体系

对于一般的经济体而言，负债风险主要源于到期债务的本息清偿保障程度。一般从短期偿债能力、长期偿债能力及现金状况来评估企业的负债风险。

由于融资平台类公司相对特殊的经营方式与定位，其与当地政府的经济发展状况有着更高的一致性。对于相关负债的考量，仍然应该从最根本的角度去衡量其风险：第一，必须有良好的现金及相关周转资产以保证每年的利息偿还；第二，在现金收入稳定的前提下，必须有优质的足额资产以保证本金的偿还。在此基础上，结合实证研究，笔者考虑选择若干指标来衡量政府的债务风险。

从地方政府经济运行状况的角度考量政府借债的承受能力，这里以负债资产比率这一指标，辅以财政赤字率、居民个人偿债率、债务增速与 GDP 增速比例，共同衡量当地经济总量所能承担的负债情况。从地方政府财政收支考量，选取地方政府债务依存度这一指标，辅以财政支出补偿系数、非税收入比率，来衡量本级政府的收支受到负债的实际影响。从政府偿债的实际风险角度考量，选取地方政府债务偿还比率这一指标，辅以利息支出比率、偿债额度增速，共同衡量实际的偿债压力。总而言之，基本的指标体系如图 1 所示。

在地方政府经济运行状况类指标中，负债资产比率与地方政府债务风险水平有正向的关系。负债资产比率越高，表明政府的财政支出中债务支撑的部分越高；

因此，政府未来财政支出中用于偿还债务本息的支出就会越高。这种情况下，政府未来的现金流就会加大，从而风险也会相应增加。财政赤字比率衡量地方政府财政赤字（或盈余）占当地 GDP 的比重，一定程度上反映了政府财政收支与当地经济发展的相互联系程度；只有当地经济快速健康成长，政府才会有稳健上升的财政收支，从而在一定程度上降低债务风险。居民个人偿债比率是指地方政府当年偿债支出与当地居民人均纯收入的比率，选择该指标是因为政府偿债资金的重要部分来自于当地的税收，而税收状况与居民的收入水平密切相关。所以，该指标越高，说明债务风险水平越高。债务增速指标以 GDP 增速为计量单位，衡量单位 GDP 增速所对应的地方政府债务增速，若该指标过高，表明地方政府债务的增加可能没有足够的地方经济基础来支持，所以债务风险会越高。

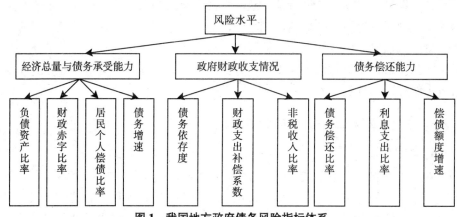

图 1　我国地方政府债务风险指标体系

2. 地方政府债务风险度量

根据以上设定的指标体系，笔者获得了我国东部某发达城市甲与西部欠发达地区某城市乙的地方政府债务风险指标的值，并利用前文所述模型进行分析。

表 1　城市甲和城市乙的政府债务风险指标

指标	城市甲	城市乙
负债资产比率	0.39	0.47
财政赤字比率	0.024	0.548
居民个人偿债比率	0.0054	0.0115
债务增速	5.08	8.74
债务依存度	0.12	0.33
财政支出补偿系数	1.13	4.09
非税收入比率	0.76	0.84
债务偿还比率	0.016	0.046

续表

指标	城市甲	城市乙
利息支出比率	0.00042	0.00162
偿债额度增速	0.74	0.49

通过给定权重向量 W 和评价集 V(V = {安全，轻险，中险，重险})，在得到了两个城市的风险指标和风险水平的模糊关系矩阵后，就可以根据权重分配集计算出两个城市的政府债务风险水平的分布，即 $B_n = W \cdot R_n$，n = 甲，乙。比较 $B_{甲}$ 中的各个数值可以发现，对应于安全的评价是 0.294，对应于轻险的评价是 0.335，对应中险的评价是 0.2818，而对应于重险的评价仅仅为 0.0892。由此可以发现，城市甲的政府债务风险水平主要偏向于安全和轻险等级，风险水平不是很高。而在 $B_{乙}$ 中，对应于安全的评价是 0.2285，对应于轻险的评价是 0.2735，对应于中险的评价是 0.3217，而对应于重险的评价则达到了0.1723。于是可以发现，城市乙的政府债务水平也是主要偏向于轻险和中险等级，风险水平也不是很高。

B_n(n = 甲，乙) 分别是四维的向量，虽然可以根据某个向量知道对应的城市的政府债务风险水平，但是当需要比较两个城市的政府债务风险水平时，却无法直接根据 B_n 向量做出比较判断，向量之间无法比较大小。此问题的本质在于需要将四维的向量合理地转换为一维的实数以便做出比较。与模糊变换类似，这里的变换也有多种方式，比如可以取各个向量的欧几里得范数或其他范数，也可以根据风险管理和预警的目的，给各个评价等级赋予一定的权重，进而对各个 B_n 求加权平均。在本文中，基于风险管理的审慎的原则，将采用 B_n 的最大值范数对应的风险评价等级作为甲、乙两个城市政府债务风险的评价。城市甲的评价分布中最大值对应的等级是轻险，所以城市甲的政府债务风险水平为轻险级别；相应地可以发现，城市乙的政府债务风险水平为中险级别。

根据模型结果，这里所选择的两个城市政府债务样本在风险指标上有比较明显的差别。城市甲处在我国东部发展较快地区，经济状况比较好，所以当地政府的债务会有比较高的未来经济发展前景作为支持；与此相应，该地方政府的债务风险水平比较低。城市乙处在我国西部的经济欠发达地区，经济状况相对较差，所以当地政府的债务风险水平也相对较高。依据我国当前的区域经济发展基本状况，可以发现所选择两个城市具有较高的代表性。换言之，我国的两个具有明显差异且能代表大多数样本的地方政府债务样本，在债务风险评价系统中有明显差异的风险评级，这表明这里的债务风险度量方法既具备一定的稳健性，也比较适合我国地方政府债务风险的度量。

四、我国地方政府债务管理的监管建议

根据以上分析，结合我国目前的地方政府债务管理实际情况，本文认为目前应当从监管内容、监管指标和监管方向来完善地方政府的债务管理。

（一）监管内容

对于地方政府贷款，首先是对地方政府的贷款融资要有授权制度，以约束、规范其行为；其次是总量控制，对地方政府融资平台贷款金额要有一个限额，严格控制其过度融资；最后是遵循商业化和差异化的原则，要按照商业贷款方式运作，合理确定信贷条件，确保风险和收益相匹配。

对于地方政府债券，第一，控制地方政府借债规模，建立各级政府债务统计、汇总、预警和控制机制；第二，除了对能够实现自收自支、未来有还款能力的高速公路、收费性一般公路、自来水、煤气等项目外，计划、财政、规划和国土等部门应当对政府借债发放工资和做事业，借债上无收益的公共性建设项目，以及日后需要财政进行补贴的准公共性建设项目实行审批制度；第三，除了上级宏观部门控制外，完善地方人大对政府借债的监督、制约、否决和批准程序；第四，讨论适度修改《预算法》；第五，加快建立公共型财政、中央与地方财权事权划分及界定、城市清理乱收费、政府后勤社会和企业化、精简政府机构和人员等方面的改革步伐。

对于地方投融资平台，应完善中国财税体制，平衡地方政府事权和财权，降低地方政府对外融资的依赖性。在防范风险的同时，也需要对不同地区进行分类对待，分类监管。还应区分不同类型的融资平台，实行分类管理。最后，也要引入市场约束，鼓励地方融资平台通过资本市场进行融资，减少银行系统风险的积聚。

（二）监管指标

本文所构建的地方政府债务风险指标体系，是以地方政府财政收支表和宏观经济统计数据为基础的。所以，通过密切关注指标体系内各个指标的变化，根据本文所使用的模糊评价模型，即可基本了解当地政府债务所处的风险水平。

具体而言，负债资产比率、财政赤字比率、债务依存度、债务偿还比率和财政支出补偿系数等是衡量当地政府财政收支情况的静态指标，在不同的经济发展目标下有不同的取值区间，能在一定程度上反映当地政府的财政政策是否积极、稳健或消极。债务增速、偿债额度增速是反映地方政府财政收支的动态指标，分别与债务整体风险水平呈正、负相关关系。非税收入比率在我国当前的地方政府财政收入情况下，对衡量当地政府债务风险有比较特殊的意义，地方政府的财政收入中，依靠土地出让等手段获得的部分占据了很大的比重，税收收入与之相比则逐渐成为比较次要的财政来源。

（三）监管方向

1. 透明公开化

由于目前许多地方债务管理缺乏透明度，增大了其与监管部门和广大民众间信息的不对称性，进而弱化了外部监督，增加了腐败的可能性以及资金使用效率低下的概率。所以，有必要在规范债务管理的同时，提高其透明度，从国际经验来看，规范而且完备的信息和信息披露制度的建立是增强政府防范债务风险能力最有效的措施。这是因为，所有反映政府债务规模的指标都是建立在财政数据的可靠性和完整性的基础上的。为了建立起充分的信息披露制度需要做好如下几方面工作。

（1）建立和完善地方政府债务信息系统：准确的地方债务信息系统是实施有效地方政府债务风险管理的基础。全面清查各级地方政府所欠的债务，摸清债务链及债务规模的真实情况，从而可以根据实际情况来编制各级地方政府的资产负债表，这样才能公开地方政府的债务信息。

（2）建立包含或有债务的政府综合财务报告制度：从我国的实际情况来看，我国应该按 IMF 的要求，将有关或有债务的情况体现在政府的财务报告之中，并在预算内反映这类财政风险。

（3）建立信息披露制度：统计了地方政府债务信息之后就要增加地方财政与地方债务的透明度，这样就需要建立起规范的信息披露制度。信息披露可采取以下三种形式来进行：一是下级政府对上级政府的披露，二是政府对立法机关的披露，三是政府向社会披露政府负债的情况。

2. 严格制度化

（1）建立地方政府投融资责任制度，严格管理地方政府担保行为，同时在地方政府严重资不抵债、不能有效清偿的情况下，探索实施地方政府财政破产制度并追究主要领导人的责任。

（2）建立专门的地方政府债券信用评级机制，这种机制的缺位是制约地方政府直接发债的一个重要"瓶颈"，应建立有较高独立性、可以对地方政府进行信用评估的机构。

（3）建立合理的中央政府审批机制。相关部门可以采取一定条件下的审批制，对于偿债信用不好或者当年发债数额严重超标的地区采取审批限制。当然，标准的制定应该科学，比如以当年发债额与当年财政收入比等作为参考指标。

（4）健全公众监督机制，严格偿债保障措施。严格偿债保障措施可以增强投资者的信心，同时也有利于偿付风险的有效揭示和预先防控。

五、结　语

金融危机之后，我国采取了积极的财政政策刺激经济的发展，地方政府也在这个过程中承担了相比以前较为沉重的债务。本文梳理了当前我国地方政府的债务状况以及债务的成因，选取相应地方负债情况指标并通过模糊分析法度量了我国两个城市的地方债务情况，指出地方政府的债务处于轻险的状态，并未如外界预料的产生较大的风险，且在模拟中发现除利息支出和居民个人偿债比率外，其他八个观测指标的极端变化都能带来债务整体水平的变化，可以作为监管参考。同时，根据以上实证模拟结果分析了当前我国地方债务监管的环境，阐述了地方债务的监管方式和方向，从透明公开和严格制度两个方面提出了相应的改革建议。

中国社会科学院金融研究所博士后　侯宇鹏

参考文献：

［1］Brixi. Mody Dealing with Government Fiscal Risk：An overview ［J］. World Bank，2000.

［2］Krumm，Wong. Analyzing Government Fiscal Risk Exposure in China ［D］. University of Washington，2002.

［3］Polackova，Haha. Government Contingent Liabilities：A Hidden Risk to Fiscal Stability ［J］. *Policy Research Paper* The World Bank，Washington，D.C.，1998.

［4］Ramaswamy，Krishma. Analysitcal Techniques Applicable to Government Management of Fiscal Risk ［J］. The Wharton School，1998.

［5］Schick，Allen. Budgeting for Fiscal Risk ［D］. University of Maryland，1999.

［6］Sundaresan，Suresh. Institutional and Analytical Framework for Measuring and Managing Government's Contingent Liabilities ［D］. Columbia University，2002.

［7］安国俊. 地方政府融资平台风险与政府债务 ［J］. 中国金融，2010（7）.

［8］樊丽明，李齐云等. 中国地方财政运行分析. 经济科学出版社，2001.

［9］封北麟. 地方政府投融资平台与地方政府债务研究 ［J］. 中国财政，2009

（18）．

　　［10］管洪. 县域政府负债风险控制研究 ［D］. 西南大学优秀博士论文，2006.

　　［11］郭玉清. 地方政府违约债务规模及偿债准备金研究——控制和化解地方财政风险的数理经济学视角 ［J］. 山西财经大学学报，2006（3）.

　　［12］韩增华. 预算管理视角下的地方政府债务风险控制 ［J］. 石家庄经济学院报，2010（1）.

　　［13］何开发. 中国财政风险 ［M］. 中国时代经济出版社，2002.

　　［14］黄丽珠. 解决地方债务风险的可行性选择 ［N］. 金融时报，2004 年 3 月 16 日.

　　［15］贾康. 地方财政问题研究 ［M］. 经济科学出版社，2004.

　　［16］贾兰兰，蒲松. 政府或有负债的风险探析 ［J］. 财政研究，2001（8）.

　　［17］考燕鸣，王淑梅，王磊. 地方政府债务风险预警系统的建立及实证分析 ［J］. 生产力研究，2009（16）.

　　［18］寇铁军，张海星. 中国地方政府财政风险评价及预警系统研究 ［J］. 投资研究，2004（2）.

　　［19］刘尚希. 财政风险：从经济总量角度分析 ［J］. 管理世界，2005（7）.

　　［20］马骏，刘亚平. 中国地方政府财政风险研究："逆向软预算约束"理论的视角 ［J］. 学术研究，2005（11）.

　　［21］裴育，欧阳华生. 地方债务风险预警程序与指标体系的构建 ［J］. 当代财经，2010（7）.

　　［22］冉光和，李敬，温涛，王定祥. 地方政府负债风险的测度与预警研究——基于粗糙集理论的方法及应用 ［D］. 北京大学中国经济研究中心经济发展论坛工作论文，2005.

　　［23］陶雄华. 析中国地方政府债务的债券化 ［M］. 中国经济信息网，2003（2）.

　　［24］王美涵. 中国财政风险实证研究 ［M］. 中国财政经济出版社，1999.

　　［25］魏加宁等. 关于中国的地方债务问题及其对策思考 ［R］. 国研报告，2004.

　　［26］曾婕. 地方政府债务分析 ［D］. 西南财经大学优秀硕士论文，2007.

　　［27］张冠宇. 地方政府债务治理 ［J］. 现代经济信息，2009（11）.

　　［28］张海星. 地方政府债务的监管模式与风险控制机制研究 ［J］. 宁夏社会科学，2009（5）.

　　［29］中央财经领导小组办公室课题组. 我国地方政府债务风险和对策 ［J］. 经济研究参考，2010（14）.

　　［30］朱智强. 地方政府债务风险评价及防范机制探析 ［J］. 科学与管理，2007（5）.

第二篇

金融运行

我国证券业顺周期性实证分析

一、引　言

2007 年 3 月爆发的美国次贷危机，是 21 世纪以来源于最发达国家并席卷全球的第一场国际金融危机，并引发了全球性的经济衰退。此次金融危机充分表明，虽然在世界范围内由于通货膨胀高企而发生经济金融危机的概率已经大幅下降，但仅仅保持低通胀和稳定的宏观经济仍不足以保障金融稳定；同时，仅仅实施微观审慎监管而忽视对宏观系统性风险的关注也不足以防范系统性的金融危机。也就是说，过去以控制通货膨胀为目标的货币政策加上以资本监管为核心的微观审慎监管，尚不足以维护金融体系的稳定。

理论和实证研究都表明，经济主体在消费、投资和信贷投放等方面存在显著的顺周期特征，而现行的很多制度安排（资本监管制度、贷款损失准备制度、信用评级制度、薪酬激励制度、会计准则等）不仅没有降低这种顺周期性，反而强化了经济主体的顺周期行为。更为严重的是，顺周期行为能够从正、负反馈两种机制加剧实体经济和金融体系的失衡，形成和放大系统性金融风险，并最终触发经济金融危机。加强宏观审慎监管，并将其与微观审慎监管进行有机结合，将成为后危机时代各国金融监管的主要发展趋势。采取适当的逆周期政策和建立适当的逆周期机制，被一致认为应成为宏观审慎监管框架的重要组成部分。

国际证券业监管界对顺周期效应也十分重视，普遍认为顺周期效应对证券业领域存在系统性影响。证券公司业务的频繁波动对证券市场的影响巨大。在"坚挺"（Hard）市场环境下，证券业务增长迅猛，费率走高、盈利状况良好，风险得到释放；在"疲软"（Soft）阶段，证券业务委靡，费率下跌，盈利能力下降，风险逐渐积聚。不仅如此，证券公司业务的周期变化还会影响实体经济领域的风险分散机制；更关键的是，消费者永远无法预知一家高速成长的证券公司会在经济周期中的什么时候突然崩塌。在这次金融危机中，美国证券业遭受重创：华尔街五大投资银行中两家倒闭、一家被收购、两家改组为银行控股公司，曾经风光无限的投资银行似乎走到了末路。我国证券公司虽然起步较晚，但经过二十几年的发展已取得长足的进步，并已开始参与一定范围的国际竞争。但是，从整体来看，与美国投资银行相比，中国证券公司规模小、股权结构比较集中、内部控制和监督机制较弱；与国外证券公司几百亿美元的注册资本相比，国内证券公司资本力量对比的悬殊，导致国内证券公司在抵御风险和影响证券市场方面都处于劣势；同时国内证券公司对于资本市场变化的反应迟钝，对于业务创新和制度创新的研究不足，使得其业务主要集中在经纪、承销、自营这三个传统领域，而业务的高度趋同性，又使证券公司的经营成本呈现逐年上升的趋势。粗放式经营方式和完全依赖二级市场的单一盈利模式，已经把很多证券公司的生存之路维系在股市的系统风险之上，一旦行情突变，证券公司的整体经营状况将面临毁灭性打击。

在 2010 年 4 月 13 日"北大赛瑟论坛"上，中央银行行长周小川指出，金融危机往往起源于泡沫的积累及其破灭。经济学家通常着重强调阐述宏观层面的周期性，然而，在微观层面上，目前市场结构蕴涵了一些值得关注的顺周期效特征，在应对当前危机、改革金融体系时应该予以解决。在现有的市场结构中，需要在微观层面安排更多的逆周期机制（即负反馈环），以确保金融体系更为稳健。证券业是金融体系中的三大组成部分之一，与银行业、保险业相同，证券业也存在着顺周期性，需要证券监管机构采取逆周期监管措施，缓解顺周期性，降低危机成本。我国证券业的经营理念、行为模式和风险暴露具有较高的同质性，导致证券业体系具有更强的内在顺周期性并进一步增加了潜在的系统性风险。但对于顺周期效应在证券公司领域的具体表现，目前国内外学术界还未展开全面讨论，尚未形成较为清晰的认识，仅就顺周期效应对这一领域可能产生的影响，从资本要求、会计方法和薪酬管理等方面尝试进行初步定性讨论，还没有进行定量分析。因此，尽快研究建立我国证券业的逆周期机制，逐步完善我国的宏观审慎监管框架，有助于抑制证券业不稳定的成本，更好地平衡政府干预和市场纪律，对促进经济平稳和可持续发展具有重要理论价值和现实意义。

二、文献综述

顺周期性是指在时间维度上，金融体系上与实体经济形成的动态正反馈机制（Positive Feedback Mechanisms）放大繁荣和萧条周期，加剧经济的周期性波动，并导致或增强金融体系的不稳定性（FSF，2009）。人们很早就认识到了金融体系的顺周期性。对顺周期来源的解释最早始于 Irving Fisher（1933），他认为金融体系影响经济周期最主要的渠道是所谓的"金融加速器"（Financial Accelerator），其根源是借贷双方信息的不对称和与此相关的代理成本。对此，Bernanke 和 Gertler（1995）、Kiyotaki 和 Moore（1977）等进行了大量的理论模型研究；与此相关的实证分析也大量出现，如 Craig 等（2004）通过实证研究认为，亚洲银行体系具有较强的顺周期性，而房地产价格变化是其中的重要因素。在 2008 年国际金融危机发生之前，关于金融体系顺周期性的研究主要集中于资本监管，特别是新资本协议中信用风险内部评级法的顺周期性。相关的讨论和意见促使巴塞尔委员会采用平滑权重函数等方式对新协议的顺周期性进行了一定程度的缓解。但由于缺乏实证经验，在此次危机之前，理论界和实务界对新协议的顺周期效应可能对经济发展产生的负面影响程度仍存在较大分歧。不少人认为，通过新协议的第二支柱、提高银行风险管理水平等方式，可以将其控制在合理的范围之内。同时，在资本监管之外，也有一些学者开始关注金融体系其他方面的顺周期问题。Borio 等（2003）第一次从金融机构内部因素和外部规则两方面较为系统地分析了金融体系顺周期性的来源及其与金融稳定的关系，并提出了一系列可以考虑的政策措施和工具。Watanabe（2007）、Borio 和 Shim（2007）也在研究宏观审慎监管框架下，分析了金融体系的顺周期性问题，提出了一些政策建议。此次国际金融危机之后，关于金融体系顺周期性的研究有了迅速发展和突破。一是从集中于研究资本监管的顺周期性扩展到全面、系统地研究金融体系顺周期性的形成机制和相关因素；在资本监管方面，也从集中于研究信用风险内部评级法的顺周期性扩展到交易账户市场风险内部模型法以及资本的风险覆盖范围不足所导致的顺周期性。二是从较纯粹的理论和实证研究扩展到政策研究，研究重点从是否具有顺周期性发展到如何缓解金融体系的顺周期性和建立什么样的逆周期政策机制。三是关注这一问题的群体从理论研究人员扩展到国际组织、各国政府、中央银行和监管当局，顺周期性成为其关注和力求解决的一个焦点问题。

我国目前关于金融体系顺周期问题的研究非常有限，并且多集中于对银行业顺周期效应研究。滑静和肖庆宪（2007）对商业银行信贷行为与经济周期的相关性进行了实证分析，认为我国商业银行信贷具有明显的顺周期特征。孙天琦、张观华（2008）对于银行资本、经济周期和货币政策的关系做了文献综述，王胜邦等（2008）认为顺周期程度取决于银行采用的内部模型方法和预测时间，并且指出了一些解决顺周期效应的措施。鹿波（2009）、周欣等（2010）、孙敏慧等（2010）、杨雨等（2010）、彭建刚等（2010）、张宗新等

（2011）、苗文龙（2011）等也进行了相关研究。

对金融系统的顺周期性，有三个主要改革方向：第一，建立逆周期资本缓冲机制，通过引入针对宏观系统性风险的具有逆周期特征的资本要求，促使银行在经济上行阶段增加资本，建立缓冲，供其在经济下滑、贷款损失增加时使用（G20，2009；FSF，2009；IMF，2009；FSA，2009）。第二，建立前瞻性和逆周期的贷款损失拨备，通过采用跨周期的拨备计提方法，提高拨备计提的前瞻性（G20，2009；IMF，2009；FSF，2009；FSA，2009；Panetta 等，2009；Borio 等，2003）。第三，改革公允价值会计准则。必须进一步明确在不活跃市场运用公允价值原则的指引，限制其在不活跃市场中的运用，防止由于市场的低流动状态而出现的低价出售行为作为估值的基础。同时，也应当对这些使用公允价值存在困难的金融工具建立估值储备或进行估值调整，增强信息披露透明度。Naoyuki Yoshinot、Omohiro Hirano、Kakeru Miura（2009）基于理论视角分析了如何根据各国具体国情及经济周期变化情况来构建动态适度资本以实现资本监管的逆周期。我国学者王胜邦等（2008）、李文泓等（2011）也提出了一些解决问题的方案。

目前，国内外学者对证券业逆周期监管研究的文献还比较少，相关研究仅仅局限于一些理论探讨，鲜有实证分析。我国学者刘超等（2010）认为逆周期监管制度安排是确保具有顺周期性的金融系统可持续、稳健运行的有效手段。证券业在外部信用评级、内部财务管理及激励机制、证券公司的主要业务及证券投资基金等方面均具有顺周期性，为使我国证券业稳健运行，应从信用评级机制、内部财务管理和激励机制、证券公司主要业务、证券投资基金、投资者教育方面进行逆周期监管。陈峥嵘（2011）对当前我国证券公司经营模式和监管政策的"顺周期效应"及其具体表现做一番探讨，以期构建新的、有效的证券公司业务模式和盈利模式，加强和改善证券公司监管。

综上所述，国内外的学者对于证券公司的顺周期研究还比较匮乏，已有的研究则大多停留在定性分析阶段，缺少基于中国实际数据的实证研究。因此本文运用我国 2003~2011 年的证券公司经营数据，对我国证券公司进行实证分析，检验是否存在顺周期效应。2003~2011 年，我国经济经历了前期增长加速、金融危机带来增长减速以及后金融危机时期复苏等阶段，因此可以认为这是一个较完整的经济周期。

三、模型设计及数据来源

(一) 实证模型

参照 Estrella（2004）、Ayuso（2004）等的研究设计计量模型，利用协整、向量自回归方法和格兰杰因果检验等方法对我国证券业顺周期效应进行实证检验。考察证券市场的"疲软"和"坚挺"。从目前我国证券业数据管理的具体情况来看，采用佣金难以获得足够规范和长度的时间序列数据。因此，本文采用两种模型来研究证券业周期与经济周期的关系：一种为证券数量周期模型，以佣金作为证券数量的代理变量；一种为证券质量周期模型，以无清偿能力风险指数 IRI 作为证券质量的代理变量。

（1）证券数量周期模型：佣金与宏观经济变量的周期关系。

模型（1）研究证券数量与经济总量之间的协整关系：

$$COMM_t = \beta_0 + \beta_1 GDP_t + \varepsilon_t \tag{1}$$

模型（1）是研究佣金与经济总量 GDP 周期关系的基础模型。考虑到 GDP 与消费（Const）、投资（Invest）、外贸（Trade）具有内生加总关系，除了了解佣金与 GDP 的周期关系外，对各经济子系统与证券系统的周期关系进行分析也具有重要价值。考虑到 GDP 与投资、消费、对外贸易存在多重共线性，本文将模型（1）修正为模型（2）。

模型（2）研究证券数量与宏观经济变量周期的协整关系：

$$COMM_t = \beta_0 + \beta_1 Const + \beta_2 Invest_t + \beta_3 Trade_t + \varepsilon_t \tag{2}$$

本文通过模型（2）将该领域的研究拓展到投资、消费和外贸领域，是基于以下考虑：第一，消费增长可能导致与消费相关的行业投资增长；第二，投资增长可能导致相关行业投资的增长；第三，外贸增长可伴随国内生产及物流相关行业投资的增长。同时，以上子系统的增长往往伴随人均收入的增加，间接引致各种投资需求的上升。以上关系需通过模型（2）进行验证。

（2）证券质量周期模型：证券风险与宏观经济变量的周期关系。

模型（3）研究证券风险与经济增长率、佣金之间的周期关系：

$$IRI_t = \beta_0 + \beta_1 gr\_GDP_t + \beta_2 gr\_COMM_t + \varepsilon_t \tag{3}$$

证券风险是证券业务质量的重要指标。本文用无清偿能力风险指数 IRI（Insolvency Risk Index）来代理证券风险，构建模型（3）来研究证券风险与经济总量的相依关系。美国经济学家 Thmothy H. Hannan 和 Geralda A.Hanweck

（1988）将银行无力偿还到期债务、面临失去清偿能力和持续经营能力而不得不破产倒闭这样一种不确定性称为证券公司的无清偿能力风险（Insolvency Risk）。同时，Thmothy H.Hannan 和 Geralda A.Hanweck 还将证券公司的资产收益率、资本充足率、资产收益率的标准差三个变量结合起来，创立了无清偿能力风险指数 IRI，并使用它作为衡量证券公司无清偿能力风险大小的指标。该指数的计算公式表示如下：

$$IRI = \frac{E(ROA) + CAP}{\sigma(ROA)}$$

其中，E(ROA) 表示证券公司的预期资产收益率，CAP 表示证券公司的资本充足率，σ(ROA) 表示证券公司资产收益率的标准差。

这个指数包括资产收益率（最广为接受的证券公司经营效益的会计计量尺度）、账面资本充足率（证券公司安全稳定与否的行业尺度）和资产收益率的标准差（金融中风险的标准衡量尺度）三个变量。得到的无清偿能力风险指数是以资产收益率标准差倍数表示的一个衡量尺度，衡量的是证券公司出现负的账面价值前，证券公司的会计收益可以下降多少。直观地看，风险指数衡量的是证券公司可以弥补会计损失的账面价值的多少，因而，较低的风险指数意味着证券公司的风险较大，较高的风险指数意味着证券公司较安全。

通过模型（3）研究证券质量周期与经济增长率（gr_GDP）之间的关系，同时还研究无清偿能力风险指数 IRI 与佣金之间的周期关系。这一关系的本质，事实上反映了证券质量和证券数量之间的周期关系。与模型（2）一致，本文在模型（3）的基础上将解释变量替换为消费增长率（gr_Cons）、投资增长率（gr_Cons）、对外贸易增长率（gr_Trade）、通货膨胀率（CPI）、市场名义利率（Interest）、股票指数（Stock）及佣金增长率（gr_COMM），研究证券风险与其他宏观经济变量增长率的周期关系。如模型（4）的表述：

模型（4）研究证券风险与其他宏观经济变量的周期关系：

$$IRI_t = \beta_0 + \beta_1 gr\_Const + \beta_2 gr\_Invest_t + \beta_3 gr\_Trade_t + \beta_4 CPI_t + \beta_5 Intreset_t + \beta_6 Stock_t$$
$$+ \beta_7 gr\_COMM_t + \varepsilon_t \tag{4}$$

（二）数据来源

本文以中国证券业协会公布的 2011 年度证券公司总资产排名前 20 家证券公司作为研究样本，包括中信证券、海通证券、国泰君安、华泰证券、广发证券、招商证券、银河证券、国信证券、申银万国、中信建投、光大证券、东方证券、齐鲁证券、安信证券、中金公司、平安证券、长江证券、中投证券、方正证券、国元证券。文中涉及的数据来源于中国证监会、各证券公司网站公布的季度统计数据，从 2003 年 1 月至 2011 年 12 月共 36 个时间序列观察值。本文涉及的宏观经济数据来源于 Wind 数据库宏观经济模块。

四、实证结果和解释

针对模型 1，首先检验了佣金与 GDP 季度数据的单整性。根据 ADF 检验结果，LNCOMM 和 LNGDP 为一阶时间序列变量，可以执行协整回归。通过添加残差滞后项逐步调整序列相关，得到模型（1）的估计结果如表 1 所示。

表 1　佣金与 GDP 的协整模型——模型（1）

	C	LNGDP	R^2	Adj-R^2	F	DW
LNCOMM	10.271 (49.175***)	1.227 (8.314***)	0.998	0.976	587.25***	2.28

在表 1 中，佣金变量与 GDP 变量呈现显著的正相关关系。这一结果说明佣金的波动与经济总量 GDP 的波动呈现同期正相关性，也就是说，佣金随 GDP 上升而上升、随 GDP 下降而下降。从波动关系的强度上看，GDP 上升 1 个百分点，佣金将提升 1.227 个百分点。

表 2　佣金与宏观经济变量协整模型——模型（2）

	C	LNConst	LNInvest	LNTrade	R^2	Adj-R^2	F	DW
LNCOMM	−3.272 (−3.541**)	0.875 (6.413***)	−0.005 (−1.778)	0.418 (2.892***)	0.981	0.967	988.72***	1.972

表 2 结果说明，佣金和消费、外贸呈现显著的同向波动。其中，消费变量的估计系数为 0.875，外贸的估计系数为 0.418；也就是说，消费每增长 1%，佣金将提高 0.875 个百分点，对外贸易每增长 1%，佣金将提高 0.418 个百分点。然而，佣金与同期投资却无显著的相依关系。根据结果，可以得到一些重要结论：GDP 包含的投资、消费、对外贸易三变量经济子系统与证券业系统也具有顺周期性关系。其中，证券业与消费子系统的周期性关系非常密切，相关性强度也居各子系统之首。我国过去十多年中，外贸增长与证券业之间呈现显著的顺周期性关系，这一现象说明，我国外贸增长对经济增长的拉动作用间接导致了证券业上升。但在目前的经济发展水平上，证券业与当期投资的相关关系并没有想象中那样显著和强烈。我国投资主体是政府，和西方国家以私人投资为主体的模式不同，政府投资低效性显著，可能会导致出现这样的结果。当

然，模型（2）仅仅考察了证券业与当期宏观经济变量的波动关系，并不说明系统之间的连续多期的因果关系，我国以政府投资为主体的模式，特点是以大型工程为主，建设周期较长，系统之间可能会有因果关系和滞后影响，这个问题也能够通过建立新的动态模型进行研究。

本文选择无清偿能力风险指数 IRI 作为证券质量的代理变量。首先，通过模型（3）研究无清偿能力风险指数 IRI 与当期经济总量（以 GDP 代表）增长率是否存在协整关系。另外，为了考察证券业质量与证券业数量的协同关系，我们还在模型（3）中增加了佣金增长率作为考察对象。对各指标进行的单位根检验表明，各指标均为平稳时间序列。实证结果如表 3 所示。

表3　IRI 与 GDP、佣金协整模型——模型（3）

	C	gr_GDP	gr_COMM	R²	Adj-R²	F	DW
IRI	0.264 (9.731**)	0.115 (3.195)	−0.082 (−2.736***)	0.824	0.733	7.651***	2.128

从结果看，无清偿能力风险指数 IRI 与当期 GDP 增长率之间无显著的协整关系；证券业风险与 GDP 增长率之间无明显的顺周期或逆周期效应。相反，无清偿能力风险指数 IRI 与当期佣金增长率之间呈现显著的负相关关系。也就是说，无清偿能力风险指数 IRI 与当期佣金增长率之间反向变动：佣金增长越快，无清偿能力风险指数 IRI 则显著下降；佣金增长越慢，无清偿能力风险指数 IRI 则显著上升。这一关系展示了证券业数量与证券业质量之间反向波动的现象。

表4　IRI 与宏观经济变量协整模型——模型（4）

	C	gr_Const	gr_Invest	gr_Trade	R2	Adj-R2	F	DW
IRI	0.218 (5.714**)	0.012 (2.719)	0.037 (3.628)	0.025 (3.176)	0.523	0.496	9.817**	1.988
	CPI	Interest	Stock	gr_COMM				
IRI	0.019 (1.015*)	0.117 (2.748**)	0.206 (4.988***)	−0.174 (−4.751**)				

模型（4）的结果中，消费增长率、投资增长率、贸易增长率均不显著。也就是说，证券业质量与以上当期宏观经济指标并无显著的规律波动关系，这一结果与证券业数量的波动关系有所不同。证券业质量与通货膨胀率（CPI）弱相关，通货膨胀率（CPI）估计系数为正，也就是说通货膨胀加剧，经济过热，证券业风险性加剧。市场利率指标估计系数显著为正，这一结果表明，证

券业风险性与当期市场利率呈现显著的正向波动特征：随市场利率上升而上升，随市场利率下降而下降。这说明证券业质量事实上是逆利率周期的，利率上升周期中，证券业质量逐步下滑；利率下降周期中，证券业质量逐步上升。这也证明了我国金融市场具有较强的金融特性，和市场利率关系非常密切。模型（4）中加入了佣金增长率作为考察对象，事实上是对模型（3）证券业质量、证券业数量季度交互关系的一种稳健性检验。从估计系数看，佣金增长率的估计系数显著为负，这一结果表明了证券业质量与证券业数量之间存在显著的反向波动关系，证券业数量的高增长，必然导致当期证券业质量下降，也就印证了"高风险、高收益"的说法。

五、结论和政策建议

本文的研究结果表明，我国证券公司业务存在明显的顺周期效应，这种顺周期性使得证券公司的经营顺经济周期出现波动，并进一步放大宏观经济的波动，这种顺周期性随着我国证券业规模的不断扩大存在进一步增强的趋势。因此，我国有必要将证券业行业纳入宏观审慎监管框架，构建逆周期监管机制。通过实证研究，我们得出了如下结论：

（1）证券业数量波动与经济总量波动呈现正相关。佣金是顺 GDP 周期变化的，随 GDP 的上升而上升，随 GDP 的下降而下降。证券业数量波动随总消费、外贸顺周期波动，与投资无显著周期关系。

（2）证券业质量波动与经济增长率无显著的波动相依关系。证券业质量波动与证券业数量波动逆周期变化。也就是说，证券业数量的加速增长伴随质量的加速下降，数量增长是以放弃质量为代价的，这一波动关系值得关注。

（3）证券业质量波动与投资增长、消费增长、贸易增长波动无显著顺周期性或逆周期性；证券业风险性与通货膨胀率弱性正相关，说明通货膨胀加剧、经济过热情况下，证券业风险加剧。证券业风险性与利率顺周期性显著，市场利率上升证券业风险性加剧，市场利率下降证券业风险性下降。

我国证券业存在着顺周期性，需要缓解这种顺周期性对证券业的影响，降低证券业的风险。因此，应借鉴国际金融监管界提出的一系列逆周期监管措施，对我国证券业实施逆周期监管，从而提高我国证券业逆周期监管的效率。基于以上的分析结论，本文提出如下逆周期监管的政策建议：

（1）对证券公司实施逆周期动态监管指标体系，通过经济繁荣时的保守监管与经济低迷时的宽松监管来降低证券公司的顺周期性对经济的正反馈影响。

（2）调整目前仅对证券公司经营"过差"时进行重点监管的思路，对证券公司增长"过快"时适当采取提醒、约谈等手段，防止证券公司经营出现较大波动。

（3）将经营决策风险引入薪酬机制，使高管薪酬遵循风险和收益相匹配的原则，并将高管薪酬与公司长期绩效挂钩，建立起动态、持续、跨周期的业绩考核和薪酬分配制度，平滑经济周期波动对公司员工薪酬的影响，使短期激励和长期激励相结合，避免管理层为了追求短期薪酬最大化而采取短期化行为。

（4）根据经济周期性变化，对证券公司业务进行指导，指导证券公司在风险计量模型和风险参数选择上采取逆周期做法。在经济上行时，不可过度乐观，要采取谨慎措施，谨慎选择投资组合，鼓励证券公司采取较为保守的风险计量模型和风险参数，对证券投资对象所蕴涵的风险进行充分的估计，减少证券公司承担的潜在的风险，实施审慎的风险管理。在经济下行时，鼓励证券公司增强信心，适当采取相对激进的风险计量模型和风险参数，实施积极的公司风险管理。

还有其他一些逆周期监管工具也值得进一步探讨，如对信用评级机构的逆周期监管策略、准备金计提规则的逆周期监管、公允价值的逆周期监管、偿付能力中资本要求的逆周期监管；引入杠杆率监管指标，控制证券业系统性风险；利用压力测试评估证券体系风险；对证券投资基金的逆周期监管；建立资本充足率的逆周期乘数；确定合理的逆周期资本缓冲范围；建立动态拨备制度；根据经济发展需要及时调整相关监管政策；关注宏观经济走势，加强对系统性风险的预警和提示；设置"防火墙"，防范风险跨业跨境传递等方面。

浪潮集团博士后、山东大学博士后、山东财经大学　李红坤

参考文献：

［1］Ayuso, J., Perez, D, Saurina, J. Are Capital Buffers Pro-cyclical? Evidence from Spanish Panel Data ［J］. Journal of Financial Intermediation, 2004, 13: 249-264.

［2］Bernanke, B., Gertler, M. Inside the Black Box: The Credit Channel of Monetary Policy ［J］. Journal of Economic Perspectives, 1995, 9 (4): 27-48.

［3］Borio, C. Towards a Macroprudential Framework for Financial Supervision and Regulation ［J］. CESifo Economic Studies, 2003 (2): 181-215.

［4］Estrella. The Cyclical Behavior of Optimal Bank Capital ［J］. Journal of Banking and Finance, 2004, 28 (6): 1469-98.

［5］Kiyotaki, N, Moore.J. Pro-cyclicality of Financial System and Financial Stability:

Issues and Policy Options ［J］. Journal of Political Economy , University of Chicago Press, 1997, 105（2）: 211 - 248 , April.

［6］Panetta, F, Angelini, P., et al. Financial Sector Pro -cyclicality: Lessons from Crisis［J］. Journal of Banking and Finance, 2009（34）: 679-692.

［7］Watanabe, W. Prudential Regulation and the "Credit Crunch": Evidence from Japan［J］. Journal of Money, Credit and Banking, 2007, 39（2-3）: 639-665.

［8］滑静, 肖庆宪. 我国商业银行亲周期性的实证研究 ［J］. 上海理工大学学报, 2007.

［9］姜凌, 冯晓菲. 美国投资银行业的无清偿能力风险分析 ［J］. 国际金融研究, 2010.

［10］李文泓, 罗猛. 巴塞尔委员会逆周期资本框架在我国银行业的实证分析［J］. 国际金融研究, 2011.

［11］刘超, 孟涛. 证券监管的策略因应: 自顺周期与逆周期生发 ［J］. 改革, 2010.

［12］苗文龙. 中国银行体系亲周期特征与金融稳定政策［J］. 数量经济技术经济研究, 2010.

［13］孙天琦, 张观华. 银行资本、经济周期和货币政策文献综述 ［J］. 金融研究, 2008.

［14］王胜邦, 陈颖. 新资本协议内部评级法对宏观经济运行的影响: 亲经济周期效应研究［J］. 金融研究, 2008.

［15］曾刚. 巴塞尔新协议顺周期性特征研究评述［J］. 经济学动态, 2010.

我国上市公司内部人交易的时机选择和市场反应研究

上市公司内部人股票交易是指上市公司董事、监事、高管以及持有一定比例股票的大股东通过二级市场买卖自己公司股票的行为。

2006年，新《公司法》和新《证券法》开始允许内部人在二级市场买卖自己公司的股票，伴随着股权分置改革的完成，内部人交易在全流通的市场上快速发展，已颇具规模。随着内部人交易常态化，市场对其信息优势的担心及对其行为进行有效监管的诉求不断加强。相关监管部门也认识到内部人交易有可能诱发机会主义行为，并最终损害资本市场的公平和效率，因此发布了一系列的法律法规对内部人交易的禁售期、公告义务、交易规则等做了细化，力图最大限度地降低其负面效应。然而面对各种严格的监管措施，违规内部人交易仍不断出现，其套利模式等也发生了改变，更加隐蔽和多元化，加大了监管的难度。作为一个新生事物，我们对内部人交易的了解还不够深入和全面。必须首先搞清楚内部人交易具体的市场效应，即它是否在交易中利用了内部信息，从而获取了与风险不匹配的丰厚超额收益，对其他投资者的利益造成了损害。在此基础之上，才能够有的放矢地采取更有效的监管措施。

本文采用事件研究法和多元回归的方法分析了2007~2011年我国沪市内部人交易的时机选择和市场反应，结果发现：上市公司的内部人交易可以获得显著的超额收益，其行为具有精确的择时能力，内部人在市场低位增持而在高位减持公司股票。其交易行为受到公司规模、交易规模、公司所处行业、内部人信息层级以及性质等因素的影响。

本文的研究具有重要的意义。首先，内部人交易是否存在超额收益是验证强式有效市场假说的重要突破口。如果内部人在交易中获取了明显而丰厚的超额收益，则意味着市场是非强式有效的，内部人可以利用其私有信息精准选择交易时机，获取超额收益。其次，将为监管部门加强对内部人交易的监管提供经验证据，也为提出更有效的监管和防治措施提供了广阔的思路。最后，将对投资者建立更加有效的投资组合，提高投资效率起借鉴作用。

一、文献综述

国外近期对内部人交易的研究主要集中在其短期效果上。Lakonishok 和 Lee（2001）采用 1975~1995 年美国三大交易所的资料，对内部人交易和公告日后 5 天内的市场反应进行检验，仅发现了较微弱的市场反应。Friedrich 等（2002）利用交易前后 20 天短时间窗口，检验 1986~1994 年英国公司董事交易的超额收益情况。结果发现：超额收益呈现买入前持续为负，买入后持续为正（卖出相反）的模式。然而考虑交易成本后，超额收益并不显著。由于美国和英国股市具有较长的监管历史，针对这两个市场所得到的研究结论也较为统一。学者们对于欧洲、美洲和亚洲其他国家的研究却得到了不一致的结论。

近年来，还有许多学者进行了跨国研究。Fidrmucet 等（2010）对 16 个国家的研究表明，在公司治理较好的国家市场对内部人交易的反应却较大。Aussenegg 和 Ranzi（2008）对欧洲 7 个具有不同法律体系的国家中市场对董事、监事交易的反应进行研究。结果表明大陆法系国家内部人和外部人信息不对称程度较高。Dardas 和 Guttler（2011）对 2003~2009 年 8 个欧洲国家 2782 家公司高管交易的短期效果进行研究发现：德国、瑞典、爱尔兰和英国的公司存在显著的内部人交易效应；其大小受到公司规模等因素影响；买入的超额收益高于卖出交易。

国内关于内部人交易的研究起步较晚。曾庆生（2007）以 2006 年 1 月到 2007 年 6 月沪深股市内部人卖出股票的交易为对象，研究发现从短窗口来看，内部人卖出股票时有很强的时机把握能力。朱茶芬等（2011）利用公开披露的减持公告数据，从短时间窗口考察大股东减持的时机选择能力以及减持披露后的市场反应机制。

综上所述，国外文献已得到很多有意义的结论，为本课题的开展提供了理论、方法上的指导；国内文献主要存在以下几个方面的缺陷：①研究实证样本区间较短，不能完整反映内部人交易行为的特点；②主要针对某类内部人交易行为的某一方面展开，缺乏系统研究。

二、假设检验

如果内部人增持本公司股票，意味着股票估值偏低或公司前景看好。增持股票的成本较高，法律规定买入股票后半年之内不能卖出，因此他们是以财富为赌注，承担较大的机会成本，所传递的信息较为可信。而减持股票，则意味着估值偏高或公司前景不佳。然而，内部人还可能因为流动性需求而出售股票，其所释放的信息较为复杂。我们提出如下假设：

假设一：内部人增持（减持）本公司股票所引起的市场反应为正（负），市场对内部人增持行为的反应强于对内部人减持行为的反应。

Lakonishok 和 Lee（2001）指出小规模公司的内部人交易引发的市场反应大于大规模公司内部人交易所引发的市场反应。Aussenegg 和 Ranzi（2008）也发现在欧洲许多股市中存在着公司规模与内部人交易所引发市场反应之间的负向关系。

假设二：小规模公司内部人交易的市场反应大于大规模公司内部人交易的市场反应。

不同行业的内部人交易所包含的信息有可能不同。Aboody 和 Lev（2000）研究发现高科技行业，如医疗、IT 等的内部人交易会引发较强的市场反应。这一现象可能是在高科技公司中由于公司经营项目的不确定性更大，因此该行业包含着较大的信息不对称。

假设三：不同行业公司内部人交易所引发的市场反应不同。

当公司的实际控制人具有国有性质时，由于终极所有者缺位，内部人控制问题较民营控股公司可能更为严重，信息不对称程度可能更高；此外，由于国有经济的战略需要，国资委对国有股东还采取了一定的行业指导。因此，股权性质会对内部人交易的市场反应产生影响。

假设四：当公司的实际控制人具有国有性质时，内部人交易所引发的市场反应较大。

Fidrmucet 等（2006）和 Betzer 和 Theissen（2009）的研究结果分别发现在英国和德国股市中，内部人交易的规模越大所引起的市场反应越强。

假设五：规模越大的内部人增持（减持）本公司股票的行为所获得的短期超额收益越大。

Seyhun（1986）提出的信息阶级假说指出信息层级越高的内部人应当具有更多、更精准的内部信息，其把握交易时机的能力更强。这一结论随后被许多学者多次验证。然而，Jeng 等（1999）和 Fidrmuc 等（2006）对美国、英国内部人交易进行研究的结果却与之相反。

假设六：信息层级较高的内部人交易所引起的市场反应较强。

三、样本选择和数据来源

基于数据的获取，笔者选择 2007~2011 年沪市 A 股上市公司的内部人交易为研究对象，数据来自于万德（Wind）数据库。为了集中在有经济意义的事件上，减少微量交易的影响，剔除了小于 1000 股的交易数据，同时剔除了交易日有误及会计资料缺失的数据。本文采用"公司人日"作为分析的基本单位，即同一个公司的同一内部人在同一交易日进行的交易，合并为一个样本，用买入数量减去卖出数量，得到净交易数量。本文有效样本数据 7251 个，其中管理层交易样本 4416 个，大股东交易样本 2835 个。

四、研究方法

本文采用事件研究法检验内部人交易所引起的市场反应及该交易包含的信息含量。以交易日为准，建立 [−20，20] 共 41 日的窗口来分析超额收益的模式。实证中采用 Fidrmuc、Goergen 和 Renneboog（2006）以及 Dardas 和 Güttler（2011）等提出市场模型方法来计算超额收益。

每股超额收益的计算公式为：

$$AR_{i,t} = R_{i,t} - R_{in,t} \tag{1}$$

其中，$AR_{i,t}$ 为 t 日股票 i 的超额收益，$R_{i,t}$ 为 t 日股票 i 的收益率，$R_{in,t}$ 为 t 日股票 i 的正常收益率。本文采用 [−200，−21] 共 180 个交易日的估计窗口期，通过 CAPM 模型来计算股票 i 在 t 日的正常收益率，计算公式为：$R_{in,t} = \alpha_i + \beta_i R_{M,t}$，其中，$R_{M,t}$ 为市场收益率。实证中采用上证综合指数作为市场收益率。

本文采用公式（2）和（3）分别计算事件期第 t 日的平均超额收益 $\overline{AR_t}$，及给定事件期 $[t_1，t_2]$ 的累计超额收益 $CAR[t_1，t_2]$。

$$\overline{AR_t} = \frac{1}{N} \sum_{i=1}^{N} AR_{i,t} \tag{2}$$

$$CAR[t_1，t_2] = \sum_{t=t_1}^{t_2} \overline{AR_t} \tag{3}$$

其中，N 为样本数量。同时，采用 Barber 和 Lyon（1997）提出的 t 检验来检验平均超额收益 $\overline{AR_t}$ 以及累计超额收益 CAR 的显著性，t 检验统计量符合自由度为 t−1 的 student−t 分布。

五、实证结果分析

根据我国证券法的定义，上市公司的内部人包括上市公司的管理层（董事、监事、高管）以及持有一定比例股票的大股东。由于管理层具有自然人属性，而大股东绝大多数为公司法人，二者在信息获取能力、参与公司管理程度和行为目的等方面有着明显差异，以及考虑到我国股票市场大小非减持现象频发。因此本文将样本分为管理层和大股东样本来进行探讨。

（一）内部人交易的收益模式

表1列出了管理层和大股东在交易日前后各 20 个交易日内的平均日超额收益和累计平均超额收益及其 t 统计检验值。

表1　内部人交易日前后超额收益

单位：%

| t | 管理层 | | | | 大股东 | | | |
| | 增持 | | 减持 | | 增持 | | 减持 | |
	$\overline{AR}_t$	CAR [−20, t]	$\overline{AR}_t$	CAR [−20, t]	$\overline{AR}_t$	CAR [−20, t]	$\overline{AR}_t$	CAR [−20, t]
−20	−0.1872*** [−2.8950]	−0.1872*** [−2.8950]	0.2381*** [3.5888]	0.2381*** [3.5888]	−0.3503*** [−2.8930]	−0.3503*** [−2.8930]	0.1377** [2.1994]	0.1377** [2.1994]
−10	−0.2666*** [−4.7479]	−0.9334*** [−4.4450]	0.2495*** [3.9257]	2.5983*** [11.7057]	−0.1085 [−0.1461]	−1.8364*** [−4.3715]	0.1751*** [2.7631]	0.8403*** [3.8011]
−5	0.2973*** [4.6698]	−0.7735*** [−3.0235]	0.3307*** [4.5417]	4.0517*** [14.4611]	−0.0190 [−0.1461]	−1.6641*** [−3.3928]	0.1652** [2.5702]	1.4763*** [5.5069]
−1	−0.3889*** [−6.2179]	−1.5166*** [−5.4094]	1.1410*** [16.1065]	6.8590*** [20.4626]	−0.0375 [−0.2769]	−2.5623*** [−4.5749]	0.6559*** [9.2956]	2.9810*** [9.4861]
0	−0.4210*** [−3.7210]	−1.9376*** [−6.2560]	1.7196*** [11.3077]	8.5786*** [23.2785]	0.9853*** [3.7333]	−1.5770** [−2.5373]	0.4366*** [5.1462]	3.4176*** [10.4581]
1	0.0062 [0.0267]	−1.9313*** [−5.0456]	−0.0423 [−0.5710]	8.5363*** [22.8215]	0.7184*** [4.9134]	−0.8586 [−1.3423]	−0.3020*** [−4.3419]	3.1156 [9.2563]
5	−0.0244 [−0.2491]	−0.7667 [−1.4026]	−0.1082 [−1.5011]	8.1331*** [19.3952]	0.2235* [1.7433]	−0.1624 [−0.2203]	−0.0836 [−1.2837]	2.6649*** [7.1888]
10	0.0773 [0.8375]	0.1801 [0.2169]	0.0372 [0.5697]	8.2939*** [16.0138]	0.2335* [1.8362]	0.1850 [0.2309]	−0.1577** [−2.4770]	2.2717*** [5.6557]
20	−0.1638** [−2.8420]	0.2674 [0.2654]	−0.0605 [−0.9064]	7.7268*** [12.1052]	−0.0822 [−0.6746]	−0.9994 [−1.0812]	−0.0815 [−1.3092]	1.8626*** [3.9717]

说明：***、**、*分别表示在 1%、5%以及 10%的显著水平之下统计显著，括号内数值为 t 值。

在管理层增持样本中，在买入之前的 20 个交易日，每日平均超额收益基本为负，累计超额收益为-1.52%；而买入之后的 20 个交易日大多可获得显著为正的超额收益，累计超额收益达到 2.21%。在管理层减持样本中，在卖出之前的 20 个交易日均可获得显著为正的平均超额收益，且越靠近交易日超额收益越显著，累计超额收益高达 8.58%；在卖出之后，大多数交易日平均超额收益为负值，累计超额亏损达到了-0.31%。

与管理层样本类似，大股东增持本公司股票之前 20 个交易日内，日平均超额收益均为负值，累计超额收益为-2.56%；而买入之后的 20 个交易日中，前 12 个交易日均可获得正的超额收益，从第 13 个交易日开始平均超额收益转为负值，买入后累计超额收益达到 0.58%。在大股东减持样本中，在卖出之前的 20 个交易日均可获得显著为正的平均超额收益，且越靠近交易日超额收益

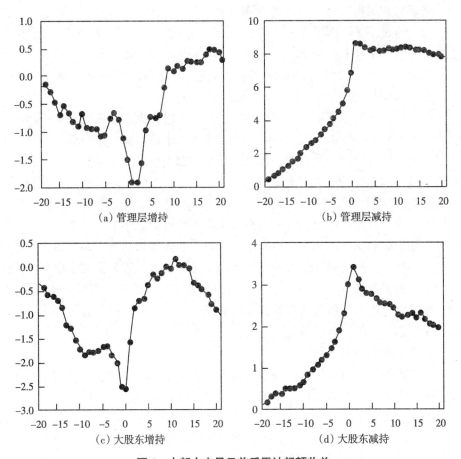

（a）管理层增持　　　　　　　　（b）管理层减持

（c）大股东增持　　　　　　　　（d）大股东减持

图 1　内部人交易日前后累计超额收益

越显著，累计超额收益高达 2.98%；在卖出之后，绝大多数交易日平均超额收益显著负值，累计超额亏损达到了 -1.56%。

由图 1 可以更加直观地揭示出内部人在买卖本公司股票时的时机把握能力，他们均在累计超额收益的低点买入了本公司股票，并且在买入之后累计超额收益呈显著的上升趋势；在累计超额收益最高的时点卖出了本公司股票，并且减持股票后累计超额收益呈显著下降趋势。

（二）内部人交易超常收益影响因素分析

上述结果的产生还有可能归因为公司规模或者其他的公司特征等因素，因此下文通过计算交易日后 5 日的超额收益对内部人是否真的具有信息方面的优势进行了进一步的分析。

1. 公司规模及账面市值

笔者分别根据公司规模及账面市值比的大小将样本分为大（高）、中、小（低）3 个组来控制风险因素的影响。按规定我国上市公司应在每年 4 月 30 日之前披露当年的年报，因此在每年 4 月 30 日按公司最新年报披露的股东权益以及公司总股本来计算公司规模和账面市值比。剔除了账面市值比为负的样本，得到 4393 个管理层及 2830 个大股东样本。

统计结果如表 2 所示，表明在控制了公司规模和账面市值比后，不同分组的内部人交易会引发市场反应不同。上述结果基本符合第二条假设，即小规模公司内部人交易的市场反应大于大规模公司内部人交易的市场反应，这种现象在管理层内部人交易当中更为显著。

2. 行业因素

本节主要分析了行业因素对内部人交易市场反应的影响，表 3 列出了引起最大市场反应的三类内部人交易样本所属行业及其统计结果。结果表明：不同行业的内部人交易所引发的市场反应不同。无论主体是管理层或大股东，无论交易是增持或减持，信息技术业类公司内部人交易所引发的市场反应都较大。这一现象可能由于高科技公司经营项目的不确定性较大，包含着更多信息不对称。实证结果与第三条假设基本一致。

3. 公司股权性质

本节考察了公司股权性质对于内部人交易的影响。根据实际控制人的不同将样本分为非国有和国有控股上市公司。国有控股上市公司包括实际控制人为中央国家机关、中央国有企业、国资委、地方政府、地方国资委以及地方国有企业等的上市公司。非国有控股上市公司是指排除国有控股上市公司之外的所有上市公司，包括民营、外资、集体、社会团体及其他控股的公司。结果列于

单位：%

表 2 内部人交易的短期超额收益——公司规模、账面市值比

	全样本		低 B/M		中 B/M		高 B/M	
	管理层	大股东	管理层	大股东	管理层	大股东	管理层	大股东
全样本	1.1645/2100 (-0.4459)/2293	1.4239/666 (-0.7556)/2164	0.3064/604 (-1.2691)/709	0.1499/309 (-1.3264)/556	1.3277/785 (-0.4351)/979	1.6551/200 (-0.7534)/887	1.7133/711 (0.5013)/605	2.0948/157 (-0.1677)/721
小规模	4.9458/426 (-0.3357)/891	3.5924/277 (-0.5369)/571	1.9607/142 (-2.2612)/179	-1.1940/220 (-2.0388)/30	4.1645/149 (-0.8899)/351	3.0068/24 (-0.6938)/245	9.0428/135 (1.1580)/361	8.3695/33 (0.7092)/296
中规模	-0.4399/856 (-0.3216)/899	0.4045/139 (-0.8277)/994	-2.4859/132 (-0.6073)/284	-0.3864/28 (-0.2361)/293	-0.2764/373 (-0.0975)/428	0.5066/64 (-1.0171)/371	0.1557/351 (-0.4008)/187	0.7367/47 (-1.1398)/330
大规模	0.8587/818 (-0.8632)/503	1.2360/250 (-0.9139)/599	0.7115/330 (-1.3113)/246	1.0571/61 (-2.0250)/233	1.9957/263 (-0.3594)/200	2.0218/112 (-0.4462)/271	-0.2544/225 (-0.6979)/57	0.2346/77 (0.4769)/95

注：表格中数值为增持样本统计结果，括号内数值为减持样本统计结果，"/"下面的数字为样本数量。

表 3　内部人交易的短期超额收益——行业因素

	增持			减持		
	农林牧渔业	社会服务业	信息技术业	传播文化	电力、煤气及水	信息技术业
管理层	4.3896**	4.5561***	2.2657***	−1.6965**	−4.0078***	−1.3851**
	[2.0094]	[3.6622]	[2.8058]	−2.1929	[−2.3493]	[−5.1002]
	建筑业	信息技术业	制造业	传播文化	电力、煤气及水	农林牧渔业
大股东	2.1022*	4.7352**	2.4090***	−1.4315	−1.8601*	−2.1462
	[1.7470]	[2.3292]	[4.3442]	−1.3447	[−1.9178]	−1.6444

说明：***、**、* 分别表示在 1%、5%以及 10%的显著水平之下统计显著，括号内数值为 t 值。

表 4，当控股股东为国有时，无论交易主体是管理层或大股东，无论交易是增持或减持，其市场反应均较大。我国股市内部人交易符合上文第四条假设。

表 4　内部人交易的短期超额收益——股权性质因素

	增持			减持		
	全样本	非国有	国有	全样本	非国有	国有
管理层	1.1623***	0.8912	1.4698***	−0.4520**	−0.0883	−1.0306***
	[2.5336]	[1.1877]	[2.9999]	[−2.0076]	[−0.2717]	[−3.8327]
大股东	1.4242***	1.1904**	1.5239***	−0.7466***	−0.6649**	−0.7946***
	[3.9717]	[2.2744]	[3.2576]	[−4.5014]	[−2.4451]	[−3.8368]

说明：***、**、* 分别表示在 1%、5%以及 10%的显著水平之下统计显著，括号内数值为 t 值。

4. 交易规模

本文参考 Fidrmuc、Goergen 和 Renneboog（2006）的方法，按照交易市值将内部人交易分为大交易和小交易规模两类。结果列于表 5。高管大规模增持、减持交易的市场反应分别高于全样本 0.53 和 0.20 个百分点；大股东大规模增持、减持交易的市场反应分别高于全样本 0.07 和 0.39 个百分点。上述实证结果与假设五一致，可能由于大规模内部人交易所引发的投资者关注度更高，投资者相信大规模的内部人交易包含着更多、更有效的信息。

表 5　内部人交易的短期超额收益——交易规模因素

	增持			减持		
	全样本	大交易规模	小交易规模	全样本	大交易规模	小交易规模
管理层	1.1623***	1.6957***	−0.6261*	−0.4520**	−0.6492**	−0.3849
	[2.5336]	[2.8324]	[−1.9488]	[−2.0076]	[−2.3324]	[−1.3458]
大股东	1.4242***	1.4910*	1.4018***	−0.7466***	−1.1323***	−0.6219***
	[3.9717]	[1.9283]	[3.4765]	[−4.5014]	[−3.2973]	[−3.2859]

说明：***、**、* 分别表示在 1%、5%以及 10%的显著水平之下统计显著，括号内数值为 t 值。

（三） 内部人交易信息层级假说

按照职位的不同，将管理层样本按其主体所属职位分为董事、高管和监事三个类别，并统计其交易发生前 20 日至前 1 日、交易发生后 1 日到后 5 日及交易发生后 1 日至后 20 日的累计超额收益，结果列于表 6。由于一部分内部人的职务信息无法获得，剔除缺失数据后，共有 4289 笔数据，其中增持 2059 笔，减持 2230 笔。分析可知，董事内部人交易把握时机的能力最强，其前 20 日累计超额收益分别高于高管和监事样本；市场对董事交易也更为关注，其交易后 5 日的累计超额收益均高于其余两类内部人。

表 6 管理层内部人交易信息层级

	减持				增持			
	CAR−20—1	CAR1−5	CAR1−20	计数	CAR−20—1	CAR1−5	CAR1−20	计数
董事	7.1549***	−0.8307	−1.0956**	965	−1.8576***	1.4217	3.7365*	811
	[14.8879]	[−1.1914]	[−2.2425]		[−4.1410]	[1.4041]	[1.5597]	
高管	6.2950***	−0.4298	−1.3103*	847	−1.5635***	1.1479**	1.4794**	882
	[10.1938]	[−1.0046]	[−1.6823]		[−3.8784]	[2.1381]	[2.2000]	
监事	6.6430***	−0.1969	0.2077	418	−0.1945	0.2824	0.4832	366
	[9.7253]	[−0.8933]	[0.0984]		[−0.2614]	[0.7881]	[0.7351]	
全样本	6.8705***	−0.4459**	−0.8552*		−1.4252***	1.1645***	2.3124**	
	[20.4741]	[−1.9835]	[−1.6241]		[−5.1106]	[2.5396]	[2.3686]	

说明：***、**、* 分别表示在 1%、5% 以及 10% 的显著水平之下统计显著，括号内数值为 t 值。

其次，如果进行交易的大股东位列前 5 大股东的前两位，则定义为控股股东样本（其对公司的控股比例的平均值达到了 23.58%）；其余样本定义为非控股股东样本。在此基础上，本文统计交易发生前 20 日至前 1 日及后 1 日至后 20 日的累计超额收益，列于表 7。由结果可知，控股股东内部人交易把握时机的能力最强，交易发生前 20 日的累计超额收益高于非控股股东样本；市场也更加关注控股股东群体的交易，其市场反应均高于非控股股东内部人交易。

表 7 大股东内部人交易信息层级

	CAR[−20，1]			CAR[1，20]		
	全样本	控股股东	非控股股东	全样本	控股股东	非控股股东
减持	2.9810***	3.1585***	2.5872***	−1.5551***	−2.0564***	−0.5041
	[9.4861]	[8.2694]	[4.6681]	[−4.8896]	[−5.3625]	[−0.8879]
增持	−2.5623***	−3.8234***	−0.1443	0.5776	0.8214	0.2874
	[−4.5749]	[−5.5831]	[−0.1507]	[0.9243]	[1.1610]	[0.2365]

说明：***、**、* 分别表示在 1%、5% 以及 10% 的显著水平之下统计显著，括号内数值为 t 值。

上述结果符合上文中提出第六条假设的结论。信息层级较高的内部人，对公司的内在价值和业绩前景判断最为可靠，因此，其信息优势最为明显，交易决策最受关注。

六、结　论

本文以 2007~2011 年沪市上市公司内部人在二级市场买卖本公司股票的交易为对象，采用事件研究法实证分析内部人交易的时机选择能力和所引发的市场反应。结论如下：①内部人增持（减持）本公司股票会引发正（负）向的市场反应，市场对增持反应较强。②内部人股票交易具有精准的时机选择能力，增持股票之前，累计超额收益为负；减持股票之前，累计超额收益为正。③小规模公司内部人交易的市场反应大于大规模公司，这种现象在管理层内部人交易当中更为显著。④不同行业的内部人交易所引发的市场反应不同。信息技术业类的公司内部人交易的市场反应较大。⑤当上市公司控股股东为国有性质时，其交易所引发的市场反应较大。⑥投资者相信大规模的内部人交易包含更有效的信息，因此对其更加关注。⑦董事和控股股东内部人交易具有最准确的时机把握能力，能引发最强烈的市场反应，因为他们是公司重大战略决策的主要制定者，对公司的内在价值和业绩前景拥有最为直接、可靠的内部信息，因此其信息优势最为明显，其交易决策最受关注。

上海证券交易所博士后　李　丹

参考文献：

［1］Bajo, E., Petracci, B., Do What Insiders Do: Abnormal Performances After the Release of Insiders［J］. Studies in Economics and Finance, Vol. 23, 2006, pp. 94-118.

［2］Betzer, A., Theissen, E., Insider Trading and Corporate Governance: The Case of Germany［J］. European Financial Management, 2009, Vol. 15, pp. 402-429.

［3］Cheuk, M. Y., Fan, D. K., So, R. W., Insider Trading in Hong Kong: Some Stylized Facts［J］. Pacific Basin Finance Journal, Vol. 14, No.1, 2006.

［4］Dardas, K., Guttler, A., Are Directors' Dealings In Formative? Evidence from European Stock Markets［J］. Financial Market and Portfolio Management, 25 (2), 111-148, 2011.

［5］Degryse, H., De Jong, F., Lefebvre, J., An empirical Analysis of Legal Insider

Trading in the Netherlands [J]. SSRN Working Paper, No. 1430283, 2009.

[6] Eckbo, E., Smith, D., The Conditional Performance of Insider Trades [J]. Journal of Finance, Vol. 53, 1998, pp. 467-498.

[7] Fidrmuc, J. P., Korczak, A., Korczak, P., Why are Abnormal Returns After Insider Transactions Larger in Better Investor Protection Countries [J]. SSRN Working Paper, No. 1344042, 2010.

[8] Fidrmuc, Jana P., Marc Goergen, L. U. C. Renneboog[J]. Insider Trading, News Releases, and Ownership Concentration, The Journal of Finance 61, 2006, 2931-2973.

[9] Givoly, D., Palmon, D., Insider Trading and the Exploitation of Inside Information: Some Empirical Evidence [J]. Journal of Business, 58 (1), 1985.

[10] Knewtson, H.S. CEOS, CFOs, and COOs: Why Are Certain Insiders' Trades More Informative [J]. SSRN eLibraty 2011.

[11] Lakonishok, J., Lee I., Are Insider's Trades Informative [J]. Review of Financial Studies, Vol. 14, 2001, pp. 79-111.

[12] Rozeff, M. S., Zaman, M. A., Market Efficiency and Insider Trading: New Evidence [J]. Journal of Business, Vol. 61, 1988, pp. 25-44.

[13] Seyhun, H. Insiders' Profits, Costs of Trading, and Market Efficiency [J]. Journal of Financial Economics 16, 1986, 189-212.

[14] Zingg, A., Lang, S., Wyttenbach, D., Insider Trading in the Swiss Stock Market [J]. Swiss Journal of Economics and Statistics, Vol. 143, 2007, pp. 331-362.

[15] 曾庆生. 公司内部人具有交易时机的选择能力吗？——来自中国上市公司内部人卖出股票的证据 [J]. 金融研究, 2008 (10): 117-135.

[16] 朱茶芬. 信息优势、波动风险与大股东的选择性减持行为 [J]. 浙江大学学报 (人文社会科学版), 2009 (6): 19-28.

中国证券投资基金的"羊群行为"

——基于 LSV 模型的实证分析

一、问题的提出

证券投资基金常常被认为是代表基金投资人利益、进行专业化理财的理性投资人，有助于抑制股票市场的"羊群行为"，是推动市场稳定、健康发展的中坚力量。然而，在全球金融危机后，西方主要发达国家股市实现恢复性增长的背景下，我国股市却再一次陷入过去"暴涨暴跌"、"牛短熊长"的怪圈中。基金业的快速发展对股市稳定是否起到了应有的作用？我国证券投资基金业内是否存在加剧股市波动的"羊群行为"？如果存在，这种"羊群行为"与股市周期有什么关系？基金"羊群行为"与基金类型，与上市公司行业板块、上市公司股本规模有何关系等。笔者将以 2006 年第一季度至 2012 年第二季度的 22 个季度数据为样本对以上问题进行实证分析。

二、文献回顾

"羊群行为"是证券市场中常见的一种投资策略。Scharfstein 和 Stein (1990) 将"羊群行为"定位为在某种环境中，投资者违反贝叶斯理性人的后验分布法则，单纯地跟随其他人进行投资决策，而忽略了私有信息。Banerjee (1992) 和 Bikhchandani (2000) 对"羊群行为"也给出了类似的界定。

关于证券投资基金的"羊群行为"实证研究方面，主要有两类不同的研究方法：一类是基于股票交易数量测度的"羊群行为"，另一类是基于股票交易价格离散度的实证方法。基于股票交易数量测度方法主要体现在 LSV 模型和 PCM 模型。Lakonishok、Shleifer 和 Vishny（LSV）（1992）通过构建模型衡量 1985~1989 年美国 341 位基金经理在买卖股票上的趋同性时发现，这些基金经理管理的 769 只免税权益基金从整体上看并没有表现出明显的"羊群行为","羊群行为"只是体现在小盘股上。Wermers 等发现 LSV 模型在估计某只股票的"羊群行为"程度时，只考虑了市场买卖双方投资者的数量，没有考虑交易股票的数量。因此，Grinblatt、Titman 和 Wermers（1995）设计了关联交易的组合变化测量法（PCM），PCM 模型同时考虑了基金买卖方向和股票交易强度来度量机构投资者的"羊群行为"。随后 Wermers（1999）在 LSV 模型的基础上区分买入"羊群行为"和卖出"羊群行为"，并以 1975~1994 年的美国共同基金为样本，运用 LSV 方法对其"羊群行为"特征进行检验发现，美国共同基金存在显著的"羊群行为"特征，且成长型基金相比收入型基金具有更强的"羊群行为"特征。

基于股票交易价格离散度的实证方法主要是 CSSD 模型和 CSAD 模型。Christie 等（1995）从股价分散度的角度提出了分散度方法，利用截面收益标准差（Cross-Section Standard Deviation，CSSD）检验美国股市，并得出美国股市不存在显著的"羊群行为"的结论。Chang 等（2000）拓展了 CSSD 模型，用截面收益的绝对偏差（Cross-Sectional Absolute Deviation，CSAD）与市场收益之间的关系来度量"羊群行为"，研究结果表明美国、日本、中国香港等国家和地区不存在显著的"羊群行为"。

国内学者对基金"羊群行为"的实证分析主要是借鉴国外学者提出的"羊群行为"的测度模型，对我国基金市场的"羊群行为"特征进行测度，但方法多集中于 LSV 模型。施东晖（2001）以 1999 年第一季度至 2000 年第三季度共 9 个季度期间的基金资产净值前 10 名的股票为样本，研究发现我国证券投资基金整体上存在较严重的"羊群行为"。伍旭川、何鹏（2005）对我国 2001 第四季度到 2004 第一季度的 40 只开放式基金进行了检验，研究表明我国开放式基金存在较强的"羊群行为"特征；"羊群行为"在小盘股上的表现要强于大盘股；"羊群行为"呈现行业特征。祁斌（2006）等使用经典的 LSV 方法，对我国证券投资基金的"羊群行为"进行了实证研究，研究结果表明，我国证券投资基金整体上具有较明显的"羊群行为"特征；成长型基金呈现出显著的"羊群行为"特征，且"羊群行为"与上市公司流通股本呈现"U"形关系。陈国进、陶可（2010）根据上证 180 指数成分股数据和 Topview 投资者日持股数据对机构投资者和个人投资者的"羊群行为"差异进行分析。其研究结果表明，机构投资者的"羊群行为"可能是充分利用信息的结果，而个人投资者的"羊群行为"则掺杂着更多的非理性因素。蔡庆丰等（2011）以证券分析师评级调整事件为研究对象，研究发现我国证券分析师的评级调整行为存在明显的羊群行为，且证券分析师的"羊群行为"会进一步加剧机构投资者的"羊群行为"。

三、"羊群行为"实证检验方法介绍及评价

检验"羊群行为"的实证方法有多种，且不同方法各有利弊，但迄今为止，LSV 模型及其修正模型是应用最广的检验方法，为了与以往研究相比较，笔者采用 LSV 模型以及经 Wermers 扩展的 LSV 模型来对中国证券投资基金的"羊群行为"进行检验分析。

（一）Lakonishok，Shleifer，Vishny（LSV）模型

Lakonishok、Shleifer 和 Vishny（1992）提出的"羊群行为"检验模型，其核心思想是通过测量证券投资基金对特定股票是否存在整体相同的交易倾向来判定证券投资基金投资策略中是否存在"羊群行为"的。具体讲就是通过对同一时期中的单只股票，证券投资基金的买方力量与整个时期中证券投资基金的平均买方力量偏离的程度来衡量"羊群行为"度。如果该时期中对某一股票有一半的证券投资基金买入，同时另一半的证券投资基金卖出，则说明不存在"羊群行为"，否则，说明存在"羊群行为"。LSV 的"羊群行为"的测度指标为：

$$HM_{i,t} = |P_{i,t} - E(P_{i,t})| - AF_i \tag{1}$$

其中，$P_{i,t}$ 是在 t 时期买入股票 i 的基金个数占买入和卖出该股票基金数量的比例，即 $P_{i,t} = \dfrac{B_{i,t}}{n_{i,t}}$，$n_{i,t} = B_{i,t} + S_{i,t}$。$B_{i,t}$ 是在 t 时期中买入（增持）股票 i 的证券投资基金个数，$S_{i,t}$ 是 t 时期中卖出（减持）股票 i 的证券投资基金个数，$E（P_{i,t}）$

是 $P_{i,t}$ 的期望值，用公式 $E(P_{i,t}) = \dfrac{\sum\limits_{i=1}^{n} B_{i,t}}{\sum\limits_{i=1}^{n} B_{i,t} + \sum\limits_{i=1}^{n} S_{i,t}}$ 计算。

AF_i 为调整因子，当交易股票 i 的基金数量趋向无穷大时，$P_{i,t}$ 会趋于均值 $E（P_{i,t}）$，此时调整因子也趋于 0；但一般情况下，对股票 i 的交易是有限的，调整因子会大于 0，需要通过调整因子 AF_i 来调整误差。AF_i 即：当"H0：不存在'羊群行为'"的零假设下，$\left|\dfrac{B_{i,t}}{B_{i,t}+S_{i,t}} - E(P_{i,t})\right|$ 的期望值。由于 $B_{i,t}$ 以概率

$P_{i,t}$ 服从二项式分布，$B_{i,t} \sim B\,(n_{i,t},\ p_{i,t})$ 所以在已知 $B_{i,t}$ 时，当 $n_{i,t}$ 较大时，$AF_i^{①} =$

$$\frac{\sqrt{p_{i,t}(1-p_{i,t})}}{\sqrt{n_{i,t}}} \sqrt{\frac{2}{\pi}}。$$

LSV 模型中当 $HM_{i,t}$ 显著不为零时，说明证券投资基金的投资行为中存在"羊群行为"，而且 $HM_{i,t}$ 越大，"羊群行为"程度越高。

LSV 模型对"羊群行为"的检查简便易行并广为学术界应用，但 LSV 模型没有具体区分买入"羊群行为"和卖出"羊群行为"，无法研究在证券投资中哪种"羊群行为"更严重，而且也存在无法捕捉买卖家数相同情况下的基金"羊群行为"的缺陷。

（二）Wermers 的扩展与修正模型

针对 LSV 模型没有具体区分买入"羊群行为"和卖出"羊群行为"的不足，Wermers（1999）对 LSV 模型进行了扩展，设计了买入"羊群行为"测度指标 $BHM_{i,t}$ 和卖出"羊群行为"测度指标 $SHM_{i,t}$，其表述如下：

$$BHM_{i,t} = HM_{i,t}\,|\,P_{i,t} > E(P_{i,t}) \tag{2}$$

$$SHM_{i,t} = HM_{i,t}\,|\,P_{i,t} < E(P_{i,t}) \tag{3}$$

$BHM_{i,t}$ 为基金买入"羊群行为"度，计算在 t 时期净买入股票 i 的证券投资基金比例大于所有样本基金净买入股票的平均比例时的"羊群行为"度；与之相反，$SHM_{i,t}$ 计算在 t 时期净买入股票 i 的证券投资基金比例小于所有样本基金净买入股票的平均比例时的"羊群行为"度，即为基金卖出"羊群行为"度。通过比较第 t 期，$BHM_{i,t}$ 和 $SHM_{i,t}$ 的算术平均值大小，可以反映出该期证券投资基金买入"羊群行为"和卖出"羊群行为"哪个更严重。

针对 LSV 模型中无法捕捉买卖家数相同情况下的基金"羊群行为"的缺陷，Wermers 等（1995）提出组合变动测度模型（Portofio-Change Measure），简称 PCM 模型，表示如下：

---

① 因为若 $\varepsilon \sim N\,(0,\ 1)$，则 $E\,(|\varepsilon|) = \sqrt{\dfrac{2}{\pi}}$，设 $B_{i,t}$ 以概率 $p_{i,t}$ 服从二项式分布，所以在已知 $B_{i,t} \sim B$ $(n_{i,t},\ p_{i,t})$，且 $n_{i,t}$ 较大时，有 $\dfrac{B_{i,t} - n_{i,t}p_{i,t}}{\sqrt{n_{i,t}p_{i,t}(1-p_{i,t})}} \sim N\,(0,\ 1)$，$AF_i = E\left|\dfrac{B_{i,t}}{n_{i,t}} - p_{i,t}\right| = E$ $\left|\dfrac{\sqrt{p_{i,t}(1-p_{i,t})}}{\sqrt{n_{i,t}}} \dfrac{B_{i,t} - n_{i,t}p_{i,t}}{\sqrt{n_{i,t}p_{i,t}(1-p_{i,t})}}\right| = \dfrac{\sqrt{p_{i,t}(1-p_{i,t})}}{\sqrt{n_{i,t}}} E\left(\left|\dfrac{B_{i,t} - n_{i,t}p_{i,t}}{\sqrt{n_{i,t}p_{i,t}(1-p_{i,t})}}\right|\right) =$ $\dfrac{\sqrt{p_{i,t}(1-p_{i,t})}}{\sqrt{n_{i,t}}} \sqrt{\dfrac{2}{\pi}}$

$$\rho_{i,\tau}^{\wedge I,J} = \frac{(\frac{1}{N})\sum_{i=1}^{N}(\Delta\omega_{i,t}^{I})(\Delta\omega_{i,t-\tau}^{I})}{\rho^{\wedge I,J}(t)} \tag{4}$$

$$\rho^{\wedge I,J}(t) = \frac{1}{T}\sum(\frac{1}{N})\sqrt{\sum(\Delta\omega_{i,t}^{I})^2\sum(\Delta\omega_{i,t-\tau}^{I})^2} \tag{5}$$

以上公式中 $\rho_{i,t}^{\wedge I,J}$ 是测度资产组合 I 和 J 在滞后 τ 的权重变化的一致性。I，J 分别表示两个时期的投资组合，τ 表示这两个组合之间的时间间隔，$\Delta\omega_{i,t}^{I}$ 表示时间间隔 [t-1，t] 时期内，投资组合 I 中股票 i 的持有比重变动，N 表示 [t-1，t] 时期内投资组合 I，J 中所包含的股票数目。

PCM 模型的主体思想是通过对某一只股票的持有比例的变动来衡量基金"羊群行为"。这个模型虽然克服了 LSV 模型中仅仅考虑了市场中证券投资基金买卖方的数量，而忽略了基金交易股票数量的缺陷。但是，它也带来了新的问题：首先，该指标是以买卖股票的权重为基准确定的，如此，则大的基金通常就会得到较大的权重，这会给基金"羊群行为"的衡量带来较大的误差。其次，当股票价格变动时，即使基金公司并未采取任何交易，基金的持股比重也会发生变化，尤其是当市场上的各只股票价格变动差异巨大时，这种测量误差更大，所以该指标也存在着难以弥补的缺陷。

通过对这两种检验基金"羊群行为"模型的分析，再考虑我国股市经常大幅波动的现实环境，笔者认为采用 PCM 模型衡量基金"羊群行为"的准确度可能会受到较大影响。LSV 方法则具有其他模型不具备的优势：第一，数据的可获得性。LSV 模型之所以被广泛运用到"羊群行为"的检验中，其中一个非常重要的原因就是 LSV 法所使用的数据较易获得。第二，模型计算的精确性。尽管 LSV 模型是一个比较保守的估计模型，但是它能够较为灵敏地测度"羊群行为"。第三，研究结论的可比性。目前国内外对"羊群行为"的研究主要运用 LSV 模型，采用 LSV 模型进行研究可以与国内外的其他研究成果进行比较，以便更加深入地了解我国证券投资基金当前的"羊群行为"的特性。

由此，笔者认为虽然 LSV 方法有一些不尽如人意之处，但出于以上几点考虑本文将采用目前最流行的 LSV 模型对我国证券投资基金"羊群行为"进行实证分析，同时采用 Wermers 的扩展方法对买入和卖出"羊群行为"进行检验。

四、数据来源及数据处理

根据我国基金信息披露制度，能够获得的最大密度数据就是基金季报中提供的季度投资组合数据，因此笔者以 Wind 资讯数据库中基金季报十大重仓股为研究对象，并且假定这些股票的买卖都是一次性完成的，从而根据基金在相邻季度持股数量的变化来计算基金对该股票的买卖数量。另外，由于新股申购导致基金买入股票的趋同并非"羊群行为"所致，因此予以删除。同时，为提升研究的精确性，笔者将参与股票交易的基金数量限制在 5 只（含）以上。

具体数据处理过程：相邻两个季度中，增持股票 i 的基金被认定为买入方基金，减持股票 i 的基金，则被认定为卖出方基金。统计该季度所有股票的买入方基金数量和卖出方基金数量，分别计算出 $P_{i,t}$，E（$P_{i,t}$）和调整因子 AF_i 后，按照式（1）计算出该季度基金买卖所有样本股票的"羊群行为"度后计算平均值，运用式（2）和式（3）分别计算该季度买入"羊群行为"度和卖出"羊群行为"度的平均值。计算整体"羊群行为"度则是将各个季度样本数据累计起来，通过以上方法运用式（1）、式（2）、式（3）计算样本区间内的整体"羊群行为"度。

五、"羊群行为"的实证检验与分析

（一）我国证券投资基金"羊群行为"的存在性分析

对于我国证券投资基金"羊群行为"的存在性研究，笔者考虑到开放式基金中指数型基金会影响研究的精确性和科学性，因此剔除指数型基金，最终选取 Wind 基金分类中普通股票型基金（截至 2012 年二季度共计 333 只）为研究对象。

1. 实证检验结果

应用上述方法，分别对被 5 只以上基金重仓的股票（共 2609 只、次）进行分析，各个季度以及样本区间内我国证券投资基金的"羊群行为"度计算如表 1 所示。

表 1 我国证券投资基金"羊群行为"的测度

样本区间	BHM		$\overline{HM}$	样本数量
601	0.131*** (3.620)	0.244*** (3.757)	0.171*** (5.095)	34
602	0.155*** (3.484)	0.272*** (5.450)	0.215*** (6.259)	43
603	0.192*** (4.221)	0.220*** (4.323)	0.208*** (6.046)	42
604	0.160*** (3.579)	0.235*** (4.754)	0.203*** (5.924)	45
701	0.126*** (2.973)	0.210*** (4.072)	0.171*** (5.012)	49

续表

样本区间	$\overline{BHM}$		$\overline{HM}$	样本数量
702	0.156*** (4.254)	0.214*** (4.478)	0.181*** (6.178)	58
703	0.165*** (4.406)	0.284*** (7.080)	0.226*** (7.980)	65
704	0.104** (2.686)	0.225*** (4.690)	0.161*** (5.154)	57
801	0.096*** (3.678)	0.128** (2.738)	0.108*** (4.533)	61
802	0.130*** (3.793)	0.219*** (5.013)	0.174*** (6.214)	71
803	0.131*** (4.801)	0.250*** (4.951)	0.184*** (6.622)	74
804	0.187*** (5.870)	0.186*** (4.982)	0.186*** (7.660)	85
901	0.216*** (6.199)	0.251*** (8.335)	0.236*** (10.391)	90
902	0.155*** (5.031)	0.232*** (6.149)	0.202*** (7.718)	74
903	0.217*** (6.795)	0.154*** (4.974)	0.191*** (8.372)	83
904	0.199*** (6.679)	0.187*** (5.602)	0.193*** (8.628)	95
1001	0.183*** (6.684)	0.204*** (6.467)	0.192*** (9.328)	113
1002	0.195*** (8.548)	0.290*** (8.668)	0.235*** (11.951)	135
1003	0.190*** (7.862)	0.285*** (10.106)	0.234*** (12.459)	146
1004	0.190*** (7.665)	0.280*** (10.518)	0.230*** (12.511)	157
1101	0.194*** (8.437)	0.243*** (9.355)	0.218*** (12.554)	160
1102	0.146*** (6.368)	0.186*** (6.437)	0.168*** (8.912)	159
1103	0.181*** (8.078)	0.218*** (7.445)	0.199*** (10.919)	167
1104	0.152*** (7.178)	0.251*** (8.737)	0.196*** (11.079)	182
1201	0.099*** (4.881)	0.171*** (6.959)	0.136*** (8.397)	179

样本区间	$\overline{BHM}$		$\overline{HM}$	样本数量
1202	0.199*** (9.552)	0.289*** (10.997)	0.242*** (14.325)	185
总体平均	0.177*** (31.987)	0.223*** (32.130)	0.200*** (44.910)	2609

注：括号中给出的是 t 统计量，上标为 * 表示该"羊群行为"度在 10%的水平上显著不为 0，** 为在 5%的水平上显著不为 0，*** 为在 1%的水平上显著不为 0，其他表示不显著。

2. 数据分析

第一，我国证券投资基金从 2006 年第一季度至 2012 年第二季度间总体样本的平均"羊群行为"度的检验值 0.200。这意味着平均看来，对于某一只股票，如果有 100 只基金对其进行交易，较之基金交易行为不存在"羊群行为"，处于单边市场中的基金数目要多出 20 只。表一实证结果还表明，在 22 个季度数据中，除了 2007 年第四季度的买入"羊群行为"度和 2008 年第一、二季度的卖出"羊群行为"度在 5%的水平下显著外，其余"羊群行为"度均是在 1%的水平下显著，这表明我国证券投资基金的"羊群行为"并非偶然，而是一种普遍现象。

第二，通过运用 Wermers 的检验方法对基金的买入和卖出"羊群行为"进行检验。实证结果表明，我国证券投资基金在整体样本空间的卖出"羊群行为"度为 0.223，大于买入"羊群行为"度 0.177，且买卖"羊群行为"度均在 1%的水平下显著。这一结果表明，我国证券投资基金在抛售重仓股时趋同性更强，这可能是由于重仓股遭抛售时基金遭受份额缩水的压力，因此争相抛售套现所致。

（二）我国证券投资基金"羊群行为"与股市周期的关系

在基金"羊群行为"与股市周期的关系检验中，笔者将前述 2006 年第一季度至 2012 年第二季度的区间按照股市周期的波峰、波谷分为三个周期六个阶段。具体为：

第一个周期上涨阶段：2006 年一季度上证股指开盘 1163.87 点上涨至 2007 年三季度收盘时的 5552.30 点。

第一个周期下降阶段：2007 年四季度开盘 5683.31 点下跌至 2008 年四季度收盘时的 1820.81 点。

第二个周期上涨阶段：2009 年一季度开盘 1849.02 点上涨至 2009 年四季度收盘时的 3277.13 点。

第二个周期下降阶段：2010 年一季度开盘 3289.75 点下跌至 2010 年二季度收盘时的 2655.66 点。

第三个周期上涨阶段：2010 年三季度开盘 2681.25 点上升到 2011 年一季度收盘时的 2928.11 点。

第三个周期下降阶段：2011 年二季度开盘 2932.48 点上升到 2012 年二季度收盘时的 2225.43 点。

1. 实证检验结果

根据这一划分，笔者分别对各个时间段的买入"羊群行为"、卖出"羊群行为"、平均"羊群行为"度进行算术平均值计算，结果如表 2 所示。

表 2　不同时期我国证券投资基金"羊群行为"度

样本区间	$\overline{BHM}$	$\overline{SHM}$	$\overline{HM}$	股指变化	
				开盘	收盘
第一个周期上升阶段 (0601~0703)	0.155***	0.240***	0.196***	1163.87	5552.30
第一个周期下降阶段 (0704~0804)	0.129***	0.202***	0.163***	5683.31	1820.81
第二个周期上升阶段 (0901~0904)	0.186***	0.242***	0.219***	1849.02	3277.13
第二个周期下降阶段 (1001~1002)	0.199***	0.209***	0.203***	3289.75	2655.66
第三个周期上升阶段 (1003~1101)	0.191***	0.269***	0.227***	2681.25	2928.11
第三个周期下降阶段 (1102~1202)	0.156***	0.223***	0.188***	2932.48	2225.43
总体平均 (0601~1003)	0.177***	0.223***	0.200***	—	—

注：上标为 * 表示该"羊群行为"度在 10% 的水平上显著不为 0，** 为在 5% 的水平上显著不为 0，*** 为在 1% 的水平上显著不为 0，其他表示不显著。

2. 数据分析

第一，我国证券投资基金各阶段"羊群行为"度与股市周期趋势完全相同。2006 年一季度至 2007 年三季度是研究样本区间中的第一个周期的上涨阶段，基金的平均"羊群行为"度高达 0.196；2007 年四季度到 2008 年四季度，这一时间段股市陷入熊市，基金的平均"羊群行为"度也相继下跌至 0.163。2009 年一季度到 2009 年四季度，救市政策的出台促成第二轮牛市行情，基金的平均"羊群行为"度再次上升，高达 0.219；2010 年一季度至 2010 年二季度，受房地产政策打压以及通胀预期等的影响，股市回调，基金"羊群行为"度也相应回落至 0.203；2010 年三季度至 2012 年三季度股市步入研究区间的第三个周期，基金"羊群行为"度仍然与股市处于同周期波动。如图 1 所示。

第二，我国证券投资基金的"羊群行为"不论是牛市背景还是熊市背景，

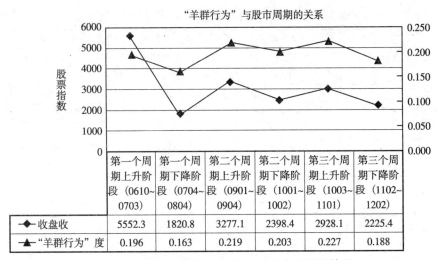

图1　我国证券投资基金"羊群行为"与股市行情关系

卖出"羊群行为"度（$\overline{SHM}$）均高于买入"羊群行为"度（$\overline{BHM}$）。这说明了我国证券投资基金的"羊群行为"在卖出时更加明显，且这种特征与股市周期没有关系。

第三，我国证券投资基金"羊群行为"度并没有随着我国资本市场的发展而降低。从表2数据可知，我国证券投资基金无论是买入"羊群行为"、卖出"羊群行为"还是平均"羊群行为"，从总体上讲不仅没有改善的趋势反而有扩大的态势。2010年三季度至2011年一季度时段，基金"羊群行为"尤其是卖出"羊群行为"度加剧，达到0.269的历史高点。这说明了，超常规发展证券投资基金使得基金行业的人才队伍跟不上整体基金行业发展的需要，许多年轻的基金经理尚处于简单模仿其他基金投资策略的阶段。

（三）我国证券投资基金"羊群行为"与基金类型的关系

对我国证券投资基金"羊群行为"与基金类型关系的研究，笔者按照Wind基金投资风格将基金划分为成长型基金、价值型基金和平衡型基金，分别研究不同类型基金的"羊群行为"特征。

1. 实证检验结果

按照上文对基金重仓股的筛选方法，笔者对我国证券投资基金2006年一季度至2012年二季度的以上三种类型的基金重仓股筛选。经筛选后获得有效数据分别为成长型基金有效数据1229组，平衡型基金有效数据2975组，价值型基金有效数据494组。实证检验结果如表3所示。

表3　不同投资风格类型基金"羊群行为"度比较

	买入羊群度	卖出羊群度	平均羊群度
成长型基金羊群行为度	0.185***	0.293***	0.234***
T值	21.315	29.615	34.930
样本数量	669	560	1229
平衡型基金羊群行为度	0.185***	0.209***	0.197***
T值	35.774	33.372	48.421
样本数量	1480	1495	2975
价值型基金羊群行为度	0.106***	0.147***	0.127***
T值	8.403	10.697	13.543
样本数量	237	257	494

注: 上标为 * 表示该"羊群行为"度在10%的水平上显著不为0, ** 为在5%的水平上显著不为0, *** 为在1%的水平上显著不为0, 其他表示不显著。

2. 数据分析

实证结果表明, 成长型基金、平衡型基金和价值型基金均存在显著的"羊群行为"。从买入"羊群行为"度和卖出"羊群行为"度表现来看, 三类基金的卖出"羊群行为"度均大于买入"羊群行为"度, 这与前文中分析的"羊群行为"存在性的分析结论一致。从三类基金"羊群行为"度的表现看, 成长型基金的买入"羊群行为"度、卖出"羊群行为"度和平均"羊群行为"度均是三者中最大的; 价值型基金的买入、卖出和平均"羊群行为"度均最小; 平衡型基金的三类"羊群行为"度居中, 这与 Wermers (1999) 的检验结果一致。这一特征可以从基金风格定位得出解释: 成长型基金注重上市公司的业绩成长性记录, 主要投资于升值潜力大的小公司和一些新兴行业的股票。由于这些领域的股票往往具有较强的周期性和鲜明的概念性, 因此基金对这类股票的投资更表现为追涨杀跌的短期策略, 这种短期策略很容易导致"羊群行为"的产生。价值型基金是以追求上市公司稳定的主营业务收入为目标, 其投资目标主要是大盘蓝筹股以及债权类工具。因此, 这类基金的投资短期内变化不大, 其"羊群行为"度也是最小的。平衡型基金的投资风格则介于成长型基金和价值型基金之间, 因此其投资策略以及相应的"羊群行为"度也介于两者之间。

(四) 我国证券投资基金"羊群行为"与上市公司行业板块的关系

1. 实证检验结果

在分析我国证券投资基金"羊群行为"的行业特征时, 笔者采用我国证监会的分类方法, 将股票分为采掘业、电力煤气及水的生产和供应、房地产业、建筑业、交通运输与仓储、批发与零售业、信息技术业、制造业、金融与保险业、综合类、文化传播业、农林牧渔业、社会服务业等13类股票。笔者将2006年一季度至2012年二季度普通股票型基金重仓股按照上述13个行业划分开来，研究普通股票型基金对不同行业重仓股的"羊群行为"特征。其检验结果如表4所示。

表4　按目标股行业分类的基金"羊群行为"测度

行业	$\overline{BHM}$	$\overline{SHM}$	$\overline{HM}$
采掘业	0.239***	0.263***	0.251***
T值	10.267	11.415	15.359
文化传播业	0.231***	0.285***	0.255***
T值	3.722	3.746	5.344
电力、煤气、水的生产与供应	0.327***	0.281***	0.303***
T值	4.246	5.498	6.782
房地产业	0.166***	0.246***	0.203***
T值	7.792	8.369	11.265
建筑业	0.167***	0.249***	0.204***
T值	4.787	5.296	7.089
交通运输与仓储	0.176***	0.220***	0.200***
T值	5.767	6.508	8.678
金融与保险业	0.158***	0.142***	0.149***
T值	11.122	9.417	14.442
农林牧渔业	0.296***	0.557***	0.391***
T值	3.812		6.279
批发与零售业	0.155***	0.220***	0.187***
T值	7.649	7.762	10.712
社会服务业	0.140***	0.189***	0.163***
T值	3.994	4.132	5.756
信息技术业	0.174***	0.207***	0.189***
T值	7.735	7.324	10.637
制造业	0.172***	0.235***	0.203***
T值	21.654	22.591	30.902
综合类	0.140***	0.268***	0.198***
T值	3.142	5.062	5.608
全部	0.177***	0.223***	0.200***

注：上标为 * 表示该"羊群行为"度在10%的水平上显著不为0，** 为在5%的水平上显著不为0，*** 为在1%的水平上显著不为0，其他表示不显著。

2. 数据分析

第一，根据表4数据，按行业分析，我国13个行业数据有8个行业的平均"羊群行为"度高于总体"羊群行为"度，占全行业的61.54%。这一特征说明我国证券投资基金"羊群行为"呈现行业板块特征，也说明了我国股市呈现板块轮动效应的原因可能是由于"羊群行为"所致。但是"羊群行为"的行业特征如此显著，笔者认为这可能是由于国内企业创新不足，同行业内各个企业间技术差异不大，特征相近所致。这一点可以从农林牧渔业和电力煤气水的生产与供应业等"羊群行为"度最高的行业特征中得出结论。

第二，证券投资基金的"羊群行为"主要集中在采掘业、电力煤气及水的生产和供应、房地产业、建筑业、制造业、农林牧渔业等传统行业内。金融行业、批发零售、社会服务、信息技术以及综合类的"羊群行为"度与其他传统行业相比相对较低，其原因可能由于金融类上市公司股本规模大，流动性强受大盘股效应影响所致。

（五）我国证券投资基金"羊群行为"与上市公司股本规模的关系

1. 实证检验结果

这一部分的分析，笔者将所有股票季度样本按截至 2012 年二季度 A 股的流通股本从大到小分为五组：

流通股本规模小于 2 亿股的归结为小盘股；[①] 流通股本在 2 亿~5 亿股的样本界定为中小盘股；流通股本在 5 亿~10 亿股的界定为中盘股；流通股本在 10 亿~50 亿股的界定为大盘股，50 亿股以上归为超级大盘股。同样，笔者将 2006 年一季度至 2012 年二季度普通股票型基金重仓股按照以上五类股本规模划分开来，研究普通股票型基金对不同股本规模重仓股的"羊群行为"特征。实证结果如表 5 所示。

表 5　基金"羊群行为"与上市公司股本规模关系

股本规模	$\overline{\text{BHM}}$	$\overline{\text{SHM}}$	$\overline{\text{HM}}$
50 亿股以上	0.148***	0.176***	0.163***
T 值	14.331	14.385	20.155
10 亿股至 50 亿股	0.170***	0.216***	0.194***
T 值	19.394	20.069	27.624
5 亿股至 10 亿股	0.174***	0.267***	0.217***
T 值	13.524	15.144	19.925

---

① 一般认为股本小于 1 亿股的为中小盘股，但本文出于样本选择条件比较严格：不仅要求所选样本为基金前十名重仓股，而且要求同时被 5 只以上基金共同重仓持有。如此流通股本为 1 亿股以下的样本数量太少不足以进行计量分析。为便于分析，这里将小盘股界定为流通股本 2 亿股以下者。2008 年国家发改委下达课题成果《加快转变发展方式问题研究》。

续表

股本规模	$\overline{BHM}$	$\overline{SHM}$	$\overline{HM}$
2 亿股至 5 亿股	0.200***	0.249***	0.223***
T 值	13.210	12.769	18.234
2 亿股以下	0.294***	0.276***	0.287***
T 值	11.004	6.299	12.137

注：上标为 * 表示该"羊群行为"度在10%的水平上显著不为0，** 为在5%的水平上显著不为0，*** 为在1%的水平上显著不为0，其他表示不显著。

2. 数据分析

从表5数据中分析可以发现，无论基金投资的样本股是小盘股、中小盘股、中盘股、大盘股还是超级大盘股，均存在显著的"羊群行为"。除小盘股外，卖出"羊群行为"度均大于买入"羊群行为"度且"羊群行为"度与股票规模呈反向变化，即流通股本越小的目标股票，"羊群行为"度越高（如图2所示）。

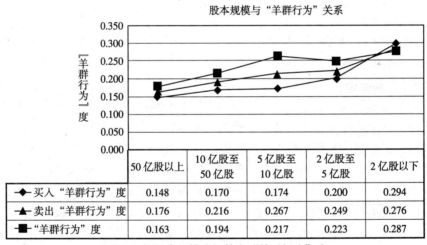

图2　按股本规模分析基金"羊群行为"度

我国证券投资基金"羊群行为"度与上市公司股本规模呈反向关系，这一研究结论与祁斌（2006）等的"U"形关系不同，但与国外学者Wermers（1990）实证结论一致。笔者认为，我国证券投资基金"羊群行为"表现出明显的规模特征其原因主要为：第一，随着中小规模企业上市的提速，尤其是创业板的成立，大量新股上市。在新股不败的神话下，一旦有机会基金公司就会到一级市场博一回，尽管笔者的分析剔除了新股的买入"羊群行为"，但一旦"炒新"获利基金公司会集中卖出套现，发生卖出"羊群行为"，增加了中小盘的总体"羊群行为"度。第二，由于我国证券投资基金考评体系注重短期业绩，基金经理面临很大的业绩压力，基金经理会倾向于通过拉升其资产组合中权重股窗饰业绩，这样必然表现出投资策略趋同的"羊群行为"。近年来大批成立的基金盘子小，要想窗饰业绩就必须投资于盘子较小的中小盘股票，这种小盘基金频繁的业绩窗饰行为必然加大投资于中小盘股票基金的买入"羊群行为"度，这也是导致小盘股买入"羊群行为"度大于卖出"羊群行为"度的主要原因。第三，由于股票的流动性与股票的股本规模成正相关，小盘股中个别基金的买入与抛售行为更容易引起个股股价的剧烈波动，股价的大幅变动会对其他基金经理释放信号，对其投资心理产生影响，导致其采取跟随策略防止落后。相反，对于大盘股、超级大盘股而言，由于盘子巨大，股票流动性较强，单个基金对股价影响有限，不会引发其他基金的跟随行动。

六、结　论

通过对我国证券投资基金在 2006 年一季度至 2012 年一季度共 22 个季度的"羊群行为"进行实证分析结果表明：第一，我国证券投资基金存在显著的"羊群行为"，且卖出"羊群行为"度大于买入"羊群行为"度；第二，我国证券投资基金各阶段"羊群行为"度与股市周期趋同；第三，我国证券投资基金中成长型基金"羊群行为"度大于价值型基金的"羊群行为"度，平衡型基金"羊群行为"度则介于两者之间；第四，我国证券投资基金"羊群行为"呈现行业板块特征，且"羊群行为"主要集中于采掘业、电力煤气及水的生产和供应、房地产业、建筑业、制造业、农林牧渔业等传统行业内；第五，我国证券投资基金随着目标股票规模的减小，"羊群行为"度增大。笔者认为，可以从基金评价体系和基金制度缺陷角度来阐述我国证券投资基金"羊群行为"形成的原因。一方面，由于我国证券投资基金评价体系尚不健全，评价体系对短期业绩排名的注重促使基金经理采取类同的投资策略"抱团取暖"。另一方面，基金运行制度中的内部人控制和基金托管人对基金管理人监管缺位等公司治理结构的缺陷加重了基金投资人与基金管理人的委托代理问题。严重的委托代理问题使得理性的基金经理们舍弃投资人的利益，采取违背基金契约的投资行为，进而导致基金业普遍的"羊群行为"。因此，要从根本上扭转这种局面，必须从完善基金制度建设和健全基金评价体系等方面着手。

中央财经大学博士后　李奇泽

参考文献：

［1］Scharfstein D S，Stein J C.Herd Behavior and Investment ［J］. American Economic Review，1990：465-479.

［2］Banerjee. A Simple Model of Herd Behavior ［J］. Quarterly Joural of Economics，1992，797-817.

［3］Bikhchandani，Hirshleifer，Welch. A Theory of Fads，Fashion，Custom and Cultural Change as Informational Cascade ［J］. Journal of Political Economy，1992，992-1026.

［4］Lakonishok，Shleifer，Vishny.The Impact of Intitutional Trading on Stock Prices. ［J］. Journal of Financial Economics，82，1992：23-43.

［5］GR INBLATT M，TITMAN S，WERMERS R. Momentum Investment Strategies，Portfolio Performance，and Herding：A Study of Mutual Fund Behavior［J］. American Economic Review 85，1088-1105. Economic Review，1995，85：1088-1105.

［6］Wermers，Russ.Mutual Fund Herding and the Impact on Stock Prices ［J］. Journal of Finance，1999（2）：581-622.

［7］William Christie ，Roger Huang Following the Pied Piper ：Do Individual Returns Herd Around the Market? ［J］. Financial Analysts Journal，1995，(July-August)：31-37.

［8］Chang，et al. An Examination of Herd Behavior in Equity Market：A International Perspective ［J］. Journal of Banking and Finance，October，2000（24）：1651-1679.

［9］施东晖. 证券投资基金的交易行为及其市场影响 ［J］. 世界经济，2001（10）.

［10］伍旭川，何鹏. 中国开放式基金"羊群行为"分析 ［J］. 金融研究，2005（5）.

［11］祁斌，袁克，胡倩，周春生. 我国证券投资基金"羊群行为"的实证研究 ［J］. 基金研究，2006（12）：49-57.

［12］陈国进，陶可. 机构、个人投资者"羊群行为"差异研究 ［J］. 山西财经大学学报，2010（10）：57-64.

［13］蔡庆丰，杨侃，林剑波. 羊群行为的叠加及其市场影响——基于证券分析师与机构投资者行为的实证研究 ［J］. 中国工业经济，2011（12）.

补充医疗保险的障碍期权定价
方法及其应用

一、引 言

补充医疗保险（Supplemental Medical Insurance）是基本医疗保险的一种补充，是为补偿被保险人基本医疗保险支付限额以上的医疗服务费用提供保障的一类医疗保险，包括大额医疗费用保险、企业补充医疗保险和公务员医疗补助等，是基本医疗保险的有利补充。补充医疗保险是一种特殊的医疗保险形式，与一般医疗保险相比，它在起付线、支付限额和补偿比例方面都有其自身的特点。由于补充医疗保险的风险较大，管理难度高，保费测算比较复杂，导致社会保险机构、商业保险公司大规模地承保此类业务还有一个过程。补充医疗保险的定价除了具备普通医疗保险定价特点外，还具有发生额度大，发生概率小，能得到的基础数据少和"厚尾"特点，使得其在测算和应用上有一定的难度。现有的补充医疗保险定价方法，如经验频数法、限制性 Pareto 分布法和极值理论法等，主要沿用非寿险精算的损失分布法。周为（1998）提出利用医疗保险损失分布模型测算纯保费的方法。任仕泉（2001）给出了用条件数学期望来研究统筹医疗保险的纯保费和安全附加费的测算方法。陈滔（2007）提出利用限制性 Pareto 分布测算高额医疗费用纯保费。邹公明等（2002）对医疗保险精算的分类归属问题进行了界定。尽管非寿险精算的损失分布模型法符合精算原理，但由于免赔额、共同保险和最高保障限额的限制，大多数情况下其得不到显示表达式，或者表达式能够求得但很复杂，其有效性和实用性尚待检验。王心旺等（2003）揭示了现有医疗保险精算方法存在的缺陷。黄全等（2007）、张英洁等（2008）对我国医疗保险精算方法进行了综述。国外学者一般以本国医疗卫生制度为背景进行研究（如国际 ILO 模型和美国 HCFA 模型），具有较强的地域性，限制这些精算方法在我国的应用（Getzen，2000；Katrien，2007）。

传统精算方法认为，医疗保险不可能以一个指标来客观地衡量风险大小，医疗保险的损失分布不可能用一个随机变量表示出来，为测算纯保费必须作出两项假定：一是赔付频率，二是平均赔付额，只有准确估计平均赔付额和相应的损失频率，才能在此基础上测算出保险费。由于不可能找到一个像寿险精算中死亡率那样的衡量风险大小的指标，同时赔付额也不表现为统一的随机变量，使医疗保险精算缺乏通用、标准、统一的精算模型与方法。从理论上，纯保费是期望索赔频率与期望索赔金额的乘积，但在补充医疗保险精算中，由于免赔额、赔偿限额和共同保险的使用，纯保费的计算就不简单地是损失次数分布和损失金额的均值。在索赔频率和索赔额度都是随机变量的情况下，医疗保险总索赔的分布只能采用卷积的计算方法。由于分布的复杂性而且由于参保个体数目巨大，通过卷积的方法求数量众多的随机变量和的分布不太现实，从而限制了基于损失分布模型的保费测算方法在补充医疗保险中的应用和推广。补充医疗保险精算方法的局限性已经成为制约我国医疗保险发展的原因之一，迫切需要吸收其他学科的先进方法和技术手段，以推动我国医疗保险精算事业的发展。

保险精算技术作为经济学的一个分支，其发展不仅源自于保险业自身的理论和实践，也深受经济学和其他金融理论发展的影响。20 世纪 70 年代中期以后，伴随着金融理论的蓬勃发展和期权定价模型的快速推进，保险研究已深受主流金融理论的影响，其分析方法和研究范式越来越遵循现代金融理论框架（孙祁祥，2002）。在默顿（Merton，1977）提出期权定价模型在保险中的应用之后，Doherty 和 Garven（1986）提出期权定价模型在财产和责任保险领域中的应用。Cummins（1988）进一步将保单可以看作一种与期权类似的衍生金融资产（或有索求权），其支付依赖于其他资产的价值，在无套利和风险中性假设下，保单价值可由期权定价理论来确定，并以超额损失再保险为例介绍了保险的基本期权模型。Brennan 和 Schwartz（1976）分析了人寿保险合同中的隐性期权问题，认为具有灵活到期日的保单价值本质上是一种百慕大（Burmuda）看跌期权，其给出了定价公式并作了实证检验。

尽管期权定价在保险领域的应用已开始引起有关学者的重视，但期权定价模型在保险领域的应用还存在争议（Dillman，1999；Goovaerts，2008）。这表现在：其一，定价基础不同。期权定价的基础是建立在市场完备、有效基础上的无套利均衡，通过构建对冲组合转移风险。保险精算是建立在市场不完全基础上的收益风险均衡，通过大数法则，将单个独立的风险汇集成风险池，实际承担风险而不是对冲风险。其二，定价原理不同。保险费是保险人承担的超过免赔额之上的损失期望现值。保险业之所以存在是因为人们愿意以高于他们期望索赔额的价格获得保障，因此保险公司收取高于期望理赔额的保费。期权定价是数学与金融的完美结合，表面上它是超过执行价格的贴现期望值，其实质在公式后面隐藏着很深的无套利均衡理念，期权价格是卖出期权承担风险的最小成本，这一点完全不同于保险精算。其三，期权只能执行一次，而保险可以多次索赔，导致期权定价模型难以在保险中应用。正是这些争议的存在一定程度上延缓了期权定价理论在保险市场领域的应用和推广。

综上所述，期权定价与精算定价还存在一定差异，如何克服这些差异、缓解争议，进而建立适合于医疗保险精算特点的期权定价模型是当前理论和实践亟待解决的课题，对这一问题进行深入研究无疑具有重要的理论价值和实践意义。本文其余部分结构如下：针对医疗保险领域不能应用期权定价模型的理论争议，利用供需均衡分析方法取代金融市场的无套利均衡分析方法，将期权定价与精算定价整合于一般经济学研究框架，提出医疗保险精算的供需均衡原理，从理论上扫清期权定价模型在医疗保险领域的应用障碍；进而利用补充医疗保险的自身特点，将障碍期权思想引入补充医疗保险保费定价中，先假定在较短的保险期间最多索赔一次，将纯保费的定价问题转化为期权定价问题，进而利用棘轮期权定价方法确定有多次执行机会的年医疗保险纯保费，设计和构建补充医疗保险障碍期权定价模型；最终利用社保局实际数据进行保费测算和实证分析，为补充医疗保险精算定价提供一种新颖的分析方法。

二、医疗保险精算的供需均衡原理

为了论证保险精算定价、期权定价与一般经济学供需均衡原理的兼容性，本文将通过规范经济分析证明，无论是期权定价的无套利均衡原理还是保险精算的最优保险原理，本质上都属于西方主流经济学坚持的一般经济均衡分析。数理经济学家瓦尔拉斯（1874）将保险作为消除所有其他经济活动中固有的不确定性的一种手段，在完全确定的条件下提出了一般经济均衡理论。在此基础上，阿罗（1953）、德布鲁（1959）提出了不确定性经济的供需均衡模型，他们用泛函分析中的不动点定理严格证明了均衡的存在性。博尔奇（1962）提出了帕累托最优风险交易博尔奇的定理。1973 年以后，现代金融理论在很大程度上离开了一般经济均衡分析，以无套利均衡取代一般均衡研究框架。但无套利均衡分析方法，只适用于金融市场完备时的期权定价问题，而保险市场是不完备的市场，在不完全的保险市场里，保险产品不能被动态复制，不能有效地进行套期保值而对冲风险，因而也不能通过无套利均衡分析定价。特别是保险市场缺乏流动性，存在卖空限制，甚至没有可以对冲的标的资产，导致保险领域的期权模型缺乏构建完美资产组合的基础，在一定程度上影响了期权定价理论在保险领域的推广和应用。

本文重新在一般经济均衡框架内研究保险市场与金融市场的均衡。根据一般经济学的供需均衡原理，一旦医疗保险市场出现价格失衡，就会有无数的市场参与者调整自己的行为，如果纯保费高于期望均衡保费，则导致保险市场供给增加，一旦供给增加超过需求必然促使纯保费回落；反之，如果纯保费小于期望均衡保费，则保险市场需求增加，一旦需求增加超过供给必然促使市场保费回升。竞争的结果会驱动市场重新回到期望均衡水平。这就是保险市场的供需均衡原理。在医疗保险中，由于极易产生道德风险问题，通常采取免赔额或共同保险形式，以利于在一定程度上减少道德风险。帕累托最优保险正是附免赔额的保险形式。本文将在非预期效用假设下研究帕累托最优保险定价公式。经济学家已经证明，大多数传统保险精算理论是不需要预期效用假设而普遍适用的（Gollier，1996）。假设未来损失 S 为随机变量，M 是损失的 S 最大可能值，X 为免赔额，且 $X \in [0, M]$，保险人希望收到的最小保费 P^- 大于等于期望损失 S，则有

$$P^- \geq E[(S-X)^+] \tag{1}$$

而被保险人希望支付的最大保费小于等于期望收益，则有

$$P^+ \leq E[(S-X)^+] \tag{2}$$

只有当保险人希望收到的最小保费 P^- 等于被保险人希望支付的最大保费 P^+，都等于期望收益和损失时，医疗保险市场才达到均衡，此时有

$$P^+ = P^- = P = E[(S-X)^+] \tag{3}$$

这就证明了医疗保险市场供需均衡原理的存在。从理论角度分析，保险人（社会保障机构）实质上被视为是风险中性的。对任意风险 S，如果不考虑额外附加费用，纯保费（承保损失的数学期望）已足够。在完全信息条件下，对任意风险 S，考虑免赔额的纯保费即公平保费正是保险人承担损失的期望值。由于保费确定在未来损失发生之前，需要将未来的期望损失进行贴现，得到 t 时刻的公平保费 C_t 为

$$C_t = e^{-r(T-t)} E[(S-X)^+] \tag{4}$$

式（4）采用无风险利率折算是因为本文提出的供需均衡原理不使用预期效用关于风险偏好的假设，从这个角度上说，以供需均衡为基础的精算定价也属于一种风险中性定价方法。由于纯保费是按承保损失的期望值收取的保费，它取决于未来潜在损失 $S-X$，以及相应损失的 概率分布 $F(S)$，因此可以从保险标的可能遭受的损失以及相应概率分布入手确定收取的保费，这就是以供需

均衡原理为基础的纯保费定价方法。在离散情形 F，F(S) 为阶梯函数，其在 S 处的跳为 $f_s(S)$；在连续情形下，F(S) 有密度函数 $f_s(S)$，根据供需均衡原理，得到纯保费的定价公式为：

在离散情形：

$$C_t = e^{-\tau(T-t)} \sum_{S \geqslant X} (S - X) f_s(S) \tag{5}$$

在连续情形：

$$C_t = e^{-\tau(T-t)} \int_X^{\infty} (S - X) f_s(S) dS \tag{6}$$

已有研究表明，在医疗保险中，尽管相互独立的风险单位的损失概率可能各不相同，但当风险汇集的加入者足够多时，平均损失的分布接近于正态分布，可以用正态分布的概率值来估计结果超过某给定值的概率（Katrien，2007）。本文将实践证明，如果假定损失分布服从参数 μ，σ² 的对数正态分布，在风险中性条件下，利用式（6）连续情形纯保费定价公式，根据供需均衡原理而不是无套利均衡原理可以推导出经典的 Black-Scholes 期权定价公式，将期权定价与精算定价统一于一般经济学供需均衡研究框架，从理论上证明帕累托最优保险定价公式与期权定价的一致性，缓解期权定价模型在保险领域的应用障碍。

应该承认，供需均衡原理无法完全取代无套利均衡原理。与金融市场的无套利均衡不同，由一般均衡分析主导的保险市场，一旦价格失衡，就会有市场参与者调整自己的行为来重建均衡，但每位市场参与者只能根据自己的供需状况做有限的调整。套利则不然，一旦出现套利机会，由于没有卖空限制，每一位套利者都会尽可能大构筑套利头寸，会推动市场迅速重建均衡。无套利均衡比一般均衡所产生的市场推动力大得多，导致金融市场效率要高于保险市场效率，因此通过期权定价模型计算的价格可以作为评估金融市场价值的基础，而根据供需均衡原理计算的纯保费精算定价不能作为保险市场定价的基础，作为市场定价基础的帕累托最优保费需要在纯保费的基础上加上一个安全附加费作为风险补偿。这样，一方面验证了没有附加的保费将肯定导致破产的保险原理，另一方面也验证了保险市场不同于金融市场，最优保费是高于期望理赔额的保费。

三、补充医疗保险的障碍期权定价模型

本节将期权定价模型引入补充医疗保险精算中，设计和构建了含有免赔额、赔偿限额和共付比例的补充医疗保险障碍期权定价模型。针对期权只能执行一次，而保险可以多次索赔的问题，如果先假定在一个足够短的时间区间（例如一个月）至多索赔一次，则短期纯保费只取决于期望损失额，而与损失频率无关，这样就可以将补充医疗保险精算定价问题转化为期权定价问题，进而利用棘轮期权定价方法确定有多次执行机会的年医疗保险纯保费，克服传统医疗保险费率厘定需要同时考虑医疗保险期内出险的次数和出险造成的损失分布的弊端。通过对医疗费用损失分布进行分析预测，只用一个随机变量表示保险人承担的损失，进而根据一定的损失概率确定损失的期望值，这就是利用期权定价模型测算纯保费的数理基础。考虑到补充医疗保险的障碍期权特征，本文根据障碍期权与补充医疗保险的同构关系，利用医疗保险精算的供需均衡原理给出一种计算补充医疗保险的障碍期权定价方法。

障碍期权是一种新型期权，它在普通期权的基础上嵌入了一个障碍价格，当标的资产价格触及障碍价格时，期权合约失效或生效，如果标的资产价格在期满前一直没有触及障碍价格，则等价于普通期权（Rubinstein，1991）。补充医疗保险作为基本医疗保险制度的一个重要方面，一般规定"基本医疗保险"的"封顶线"即为补充医疗保险的起付线，起付线以上的高额医药费由补充医疗保险承担，但补充医疗保险一般仍规定一个给付上限，如每年的补偿金额不超过 15 万元人民币或 20 万元人民币。如果将补充医疗保险的起付线看成是期权的执行价格，也就是免赔额，规定起付线以上的部分由保险公司和投保人按比例承担；将补充医疗保险的给付上限看成是设置一个障碍价格，当医疗费用超过最高限额（障碍价格）时，原期权失效但给予一定补偿，由于补充医疗保险有发生概率小、一旦发生则损失额较大的特点，可以先假定被保险人在保险期内最多索赔一次，这样，补充医疗保险就相当于一种特殊的向上敲出看涨期权。向上敲出看涨期权是指设置一个远高于当前原生资产价格和执行价格的障碍价格，如果原生资产价格超出障碍价格则期权失效，但根据规定可给予一定的现金补偿（Heynen，1994）。

设 $C(S(t), t)$ 表示在 t 时刻投保人支付的保险费，其中 $S(t)$ 为投保人累积医疗费用，S_t 表示 t 时刻投保人人均累计医疗费用，S_T 表示期末投保人累积医疗费用，到期日为 $T > t$。起付线为期权的执行价格 X，规定在保险有效期内，当投保人期末的医疗费用累积额 S_T 低于执行价格 X 时，投保人不执行期权（由基本医疗保险承担）；当投保人期末医疗费用的累积额超过起付线时投保人执行期权，保险人对超过部分 $S_T - X$ 按比例 α 赔付 （0 < a < 1），并规定最高给付上限 （障碍价格） 为 B，当累积医疗费用超过 B 时，只赔付 B，即一旦投保人期末的医疗费用累积额 S_T 触及障碍价格 B 时期权失效，但给予相应的现金补偿。

根据补充医疗保险障碍期权特征，向上敲出看涨期权的到期现金流量（期权到期价值）以公式表示如下：

$$c = \begin{cases} 0, & 0 \leq S_T < X \\ \alpha(S_T - X), & X \leq S_T < B \\ B - X, & B \leq S_T < \infty \end{cases} \tag{7}$$

根据医疗保险精算的供需均衡原理以及式 （6） 纯保费定价公式，在风险中性条件下，t 时刻的期权价格可根据到期现金流量的期望值以无风险利率 r 折现到初始 t 时刻，其表达式为

$$C(S(t), t) = e^{-r(T-t)} \int_X^B \alpha(S_T - X)f(S_T)dS_T + e^{-r(T-t)} \int_B^\infty (B - X)f(S_T)dS_T \tag{8}$$

式 （8） 就是基于供需均衡原理的补充医疗保险障碍期权定价模型，是一个具有现金补偿 （最高赔付上限为 B） 的向上敲出看涨期权定价模型。

由于医疗保险中常常使用对数正态分布，设人均医疗费用服从参数分别为 μ、σ^2 的对数正态分布。在风险中性条件下，期望收益率 μ 应等于无风险利率 r。给定现行人均累计医疗费用 S_t，期末投保人累积医疗费用 S_T 的条件分布是以均值 $E[\ln S_T | S_t] = \ln S_t + (r - \frac{\sigma^2}{2})(T - t)$，方差 $Var[\ln S_T | \ln S_t] = \sigma^2(T - t)$ 的对数正态分布，则在给定现行人均累积医疗费用 S_t 的情况下，期末投保人累积医疗费用 S_T 的概率密度函数记为

$$f(\ln S_T) = \frac{1}{\sqrt{2\pi(T-t)}\sigma} \exp\left\{ \frac{\left[\ln S_T - \ln S_t - (r - \frac{\sigma^2}{2})(T - t)\right]^2}{2\sigma^2(T - t)} \right\} \tag{9}$$

将式 （9） 代入式 （8），根据凑微分法整理，得出补充医疗保险障碍期权定价模型为

$$C(S(t), t) = \alpha S_t(N(d_1) - N(d_2)) - \alpha Xe^{-r(T-t)}(N(d_3) - N(d_4)) + Be^{-r(T-t)}N(d_4) \tag{10}$$

式中：$N(\cdot)$ 为标准正态分布累积分布函数

$$d_1 = \frac{\ln(S_t / X) + (r + \frac{\sigma^2}{2})(T - t)}{\sigma\sqrt{T - t}}, \quad d_2 = \frac{\ln(S_t / B) + (r + \frac{\sigma^2}{2})(T - t)}{\sigma\sqrt{T - t}}$$

$$d_3 = \frac{\ln(S_t / X) + (r - \frac{\sigma^2}{2})(T - t)}{\sigma\sqrt{T - t}}, \quad d_4 = \frac{\ln(S_t / B) + (r - \frac{\sigma^2}{2})(T - t)}{\sigma\sqrt{T - t}}$$

若令 $B = 0$，$\alpha = 1$，即相当于不设障碍价格，没有最高赔付上限；不考虑共同保险，不设赔付比例，运用本文推导方法可直接推出经典 Black–Scholes 期权定价公式。至此，本文运用医疗保险的供需均衡原理而不是运用金融领域的无套利均衡原理推导出了经典的期权定价模型，扫清了期权定价模型在医疗保险领域的应用障碍，为医疗保险精算提供了一种新颖的分析方法。

对于有多次索赔机会的补充医疗保险，可以先假定在足够短的时间区间，例如一个月，至多索赔一次，进而建立每月可以执行一次、一年有 12 次执行机会的棘轮期权，实现保险的多次索赔问题。棘轮期权是一系列的未来生效期权，每个期权到期，会建立一个新期权，则每月执行一次的一年期棘轮期权就有 12 次执行机会，相应的补充医疗保险纯保费就是所有未来生效看涨期权的价值总和。即

$$C_{\text{棘轮期权}} = \sum_{i=1}^{n} \left[\alpha S_t(N(d_{1,i}) - N(d_{2,i})) - \alpha X e^{-r(T_i - t_i)}(N(d_{3,i}) - N(d_{4,i})) \right.$$
$$\left. + B e^{-r(T_i - t_i)} N(d_{4,i}) \right] \tag{11}$$

式中，n 是结算次数，t_i 是距第 i 个期权生效日也是执行价格确定日的时间，T_i 是距第 i 个期权到期日的时间。积分上下限为

$$d_{1,i} = \frac{\ln(S_t / X) + (r + \frac{\sigma^2}{2})(T_i - t_i)}{\sigma\sqrt{T_i - t_i}}, \quad d_{2,i} = \frac{\ln(S_t / B) + (r + \frac{\sigma^2}{2})(T_i - t_i)}{\sigma\sqrt{T_i - t_i}}$$

$$d_{3,i} = \frac{\ln(S_t / X) + (r - \frac{\sigma^2}{2})(T_i - t_i)}{\sigma\sqrt{T_i - t_i}}, \quad d_{4,i} = \frac{\ln(S_t / B) + (r - \frac{\sigma^2}{2})(T_i - t_i)}{\sigma\sqrt{T_i - t_i}}$$

四、应用分析

本部分选取成都市部分企业职工医疗费用数据，利用本文给出的定价公式，测算补充医疗保险的纯保费，检验本文模型的合理性与可行性。补充医疗保险纯保费的测算需要调查被保险人或相近人群的医疗费用资料作为基础数

据，然后利用统计方法确定被保险人群的医疗费用分布，只有通过检验证明人均医疗费用分布符合对数正态分布，才能利用障碍期权定价模型测算补充医疗保险纯保费。为方便与传统定价方法相对比，本文采用文献［3］的样本数据，选取 2002 年成都市部分企业职工住院医疗费用的数据计算补充医疗保险纯保费。

首先，对样本是否符合对数正态分布进行假设检验。运用 χ^2 拟合优度检验法进行非参数假设检验。原假设 H_0：人均医疗费用符合对数正态分布；备择假设 H_1：人均医疗费用不符合对数正态分布。先对样本数据取对数，选取 $k-1$ 个实数将所有样本划分为 k 个区间，确定各区间的频数 n_i，用 p_i 表示 $\ln S_i$ 落入各区间的概率，利用皮尔逊构造的统计量 χ^2：

$$\chi^2 = \sum_{i=1}^{k} (n_i - np_i)^2/np_i$$

根据样本数据信息计算 χ^2 的样本观测值（见表 1），得到 $\chi^2 = 7.99$。由于总体的期望值和方差未知，从样本中求出样本均值和方差分别为 10.24 和 1.536，于是 χ^2 统计量趋近于自由度为 $k-2-1$ 的卡方分布。设定检验水平 $\alpha = 0.01$，查 $\chi^2(k-2-1)$，得出临界值 $\chi^2_\alpha = 9.210$，由于 $\chi^2 < \chi^2_\alpha$，于是接受 H_0，认为人均医疗费用服从对数正态分布。

表1 人均医疗费用对数正态分布 χ^2 拟合优度检验

k	分组区间 $(t_i - t_{i-1})$	各区间频数 n_i	概率 p_i	$n*p_i$	$(n_i - np_i)^2$	$(n_i - np_i)^2/np_i$
1	6.686–8.29	4	0.092	2.201	3.236	1.470
2	8.29–9.897	4	0.310	7.435	11.797	1.587
3	9.897–10.97	7	0.270	6.488	0.262	0.040
4	10.97–11.5	4	0.112	2.682	1.737	0.648
5	11.5–12.04	5	0.085	2.049	8.706	4.248

其次，利用纯保费的障碍期权定价模型测算人均缴纳的期权费。选取职工人均住院费用作为样本数据 S_i，根据职工住院医疗费用 $S(t)$ 满足对数正态分布假定对样本数据取对数，计算时间序列值 $U_i = \ln S_{i+1} - \ln S_i$，通过 Excel 表计算时间序列 U_i 的均值和方差分别是 $\bar{U} = 0.2230$，$S = 0.1663$（见表 2）。由于补充医疗保险发生索赔的概率小，为简单起见，假定在保险期间（一年）至多索赔一次以简化计算。根据对数正态分布公式 $\bar{U} = (\mu - \sigma^2/2)(T-t)$ 和 $S^2 = \sigma^2(T-t)$，得到 $\mu = \dfrac{\bar{U} + S^2/2}{T-t} = 0.2758$，$\sigma = S/\sqrt{T-t} = 0.1663$。设补充医疗保险的起付线为 4.5 万元，最高赔付限额为 15 万元，赔付比例设为 90%，即设 $\alpha = 0.9$。

由表 2 计算医疗费用超过 1 万元的在职职工平均医疗费用为 28764.75 元，设初始年均医疗费用 $S_i = 28764.65$ 元。投保期限为一年，投保人按年投保，可连续续保。设执行价格 X = 45000 元，T – t = 1，r = 5.12%，最高赔付上限（障碍价格）B = 150000 元，代入式（10）补充医疗保险的纯保费障碍期权定价公式，得 $C(S(t), t) = 139.46$。如果不考虑安全附加费和其他费用，投保人每年支付 139.46 元纯保费获得一份补充医疗保险，若累积医疗费用少于 45000 元，不执行期权，由基本医疗保险承担；超过 45000 元以上的费用，由保险机构承担 90%，个人承担 10% 费用。若医疗费用累计额超过 150000 元，则最高赔付上限为 150000 元。

　　文献［3］按传统保险精算方法计算，使用经验频数法、限制 Pareto 分布法和极值理论法计算的在职职工高额医疗费用保险的费率分别为 115.49 元、122.02 元和 126.51 元。根据 2002 年成都市社保局补充医疗保险的缴费水平规定，35 周岁以下每年 237 元，35~55 周岁每年 316 元，55 周岁以上每年 395 元。与传统精算方法以及社保局保费定价相比，本文测算结果高于非寿险精算的损失分布法而低于社保局的保费定价，完全符合实际。但传统精算方法在实际工作中需要对数据遍试所有损失分布，只有专业的精算人员才能完成保费测算工作，限制了传统精算方法在实践中的应用。障碍期权定价的优势在于，只需要通过统计检验方法证明医疗费用的损失分布符合对数正态分布，进而根据原始资料确定统计参数，代入精算模型就可以测算保费，任何人都可以使用，更适合在社会医疗保险中应用。本文提出的障碍期权定价模型可以被编入计算机程序，只需键入有限的几个变量，就很容易得到被保险人应缴纳的纯保费，计算简单，操作方便。

表 2　成都市部分企业在职职工住院费用样本均值与方差

区间费用	在职人均住院医疗费用 S_i	$\ln S_i$	$U_i = \ln S_{i+1} - \ln S_i$
500–	801.7218	6.686762	0.66867
1000–	1564.672	7.355431	0.492304
2000–	2559.932	7.847736	0.327528
3000–	3551.991	8.175264	0.251462
4000–	4567.517	8.426725	0.492379
5000–	7473.387	8.919104	0.523446
10000–	12613.83	9.442549	0.358677
15000–	18055.88	9.801227	0.225755
20000–	22628.86	10.02698	0.209611
25000–	27905.87	10.23659	0.150951
30000–	32452.85	10.38754	0.140944

续表

区间费用	在职人均住院医疗费用 S_i	$\ln S_i$	$U_i = \ln S_{i+1} - \ln S_i$
35000–	37364.93	10.52849	0.124211
40000–	42306.6	10.6527	0.111943
45000–	47317.78	10.76464	0.165116
50000–	55812.75	10.92976	0.148626
60000–	64756.1	11.07838	0.142216
70000–	74652.51	11.2206	0.134944
80000–	85437.74	11.35554	0.117608
90000–	96100.62	11.47315	0.065654
110000–	102621.7	11.5388	0.101948
130000–	113635.7	11.64075	0.097309
140000–	125249.3	11.73806	0.069612
150000–	134278.8	11.80767	
均值	$\bar{U} = 02230$	方差	$S = 0.1663$

原始资料来源：文献 [3] 第 306 页。

五、结　语

本文运用供需均衡原理取代无套利均衡原理，将精算定价与期权定价统一于一般经济学研究框架，提出医疗保险精算的供需均衡原理，并从理论上证明帕累托最优保险定价与期权定价的一致性，缓解期权定价模型在保险领域的应用障碍，进而将补充医疗保险看成是一个向上敲出的看涨期权，利用补充医疗保险与障碍期权的同构原理，设计和构建补充医疗保险障碍期权定价模型，为医疗保险精算提供了一种新颖的分析工具和全新的研究视角，丰富了医疗保险精算方法的研究。在实践领域，各保险公司关于大额补充医疗保险发生率、平均发生额的基础数据使用的是从再保险公司得到的数据、行业内数据和卫生医疗机构公开发布的数据，原始数据相差不大，但各保险公司测算的产品费率却有较大的差异，究其原因是医疗保险精算缺乏标准的模型和通用方法。本文致力于构建医疗保险精算通用模型和一般精算方法，试图改变当前普遍存在的选择什么样的模型、运用什么方法完全依赖精算人员主观判断的局面。尽管期权定价模型在保险定价方面的应用还存在各种限制和约束，但可以预见，期权定价理论及其模型在医疗保险领域的运用，有助于设计出更简单、更广为接受的保险定价模型，必将指导和促进不断变化的医疗保险理论与实践。

中国社会科学院社会学所博士后　游　春

参考文献：

［1］Arrow, K J. Uncertainty and the Welfare Economics of Medical Care ［J］. American Economic Review, 1963, （53）: 941-973.

［2］Borch K. Equilibrium in a Reinsurance Market　［J］. Econometrica 1962 （30）: 424-444.

［3］Brennan M J, Schwartz. E. The Pricing of Equity-linked Life Insurance Policies With an Asset Value Guarantee ［J］. Journal of Financial Economics, 1976, 3 (3): 195-213.

［4］Cummins J. D. Risk-Based Premiums for Insurance Guaranty Funds　［J］. The Journal of Finance, 1988, 43 (4): 823-839.

［5］Debreu G. Theory of value ［M］. John Wiley, 1959.

［6］Dillman J, Russ. E. Fact and Fantasy in Use of Option ［J］. Financial Analysis Journal, 1999 (31): 36-72.

［7］Doherty N., Garven J. Price Regulation in Property Liability Insurance: A Contingent Claims Approach ［J］. Journal of Finance, 1986, 41 (5): 1031-1050.

［8］Getzen T. E. Health Care is an Individual Necessity and A National Luxury: Applying Multilevel Decision Model to the Analysis of Health Care Expenditures　［J］. Journal of Health Economics, 2000, 19 (2): 259-270.

［9］Gollier C, Schlesinger H. Arrow's Theorem on the Optimality of Deductibles: A Stochastic Dominance Approach ［J］. Economic Theory, 1996 (7): 359-363.

［10］Goovaerts M J, Laeven P J. Actuarial Risk Measures for Financial Derivative Pricing Insurance ［J］. Insurance: Mathematics and Economics, 2008, 42 (2): 540-547.

［11］Heynen P, Kat H. Partial Barrier Options　［J］. Journal of Financial Engineering, 1994, 3: 253-274.

［12］Katrien A, Beirlant. J. Actuarial Statistics with Generalized Linear Mixed Models ［J］. Insurance: Mathematics and Economic, 2007, 40 (1): 58-83.

［13］Merton R. On the Cost if Deposit Insurance When There are Surveillance Costs ［J］. Journal of Business, 1978, 51: 439-452.

［14］Rubinstein M, Reiner E. Breaking Down the Barriers　［J］. Risk, 1991, 4: 28-35.

［15］陈滔. 健康保险精算：模型、方法和应用 ［M］. 北京：中国统计出版社，2007.

［16］黄全，郭学勤，魏炜. 我国健康保险精算方法研究现状分析　［J］. 金融与经

济，2007（1）：64-67.

[17] 任仕泉，陈滔，杨树勤，刘德成. 统筹医疗保险保费测算方法研究 [J]. 中国卫生事业管理杂志，2001，3：154-155.

[18] 孙祁祥，孙立明. 保险经济学研究述评 [J]. 经济研究，2002（5）：48-57，94.

[19] 王心旺，方积乾. 健康——疾病负担测量与医疗保障精算方法研究 [J]. 中山大学学报论丛，2003，23（6）：1-10.

[20] 张英洁，李士雪，李永秋. 医疗保障精算方法研究综述 [J]. 中国卫生事业管理，2008（8）：533-535.

[21] 周为，杨树勤，韩福君，刘德成. 医疗保险损失分布研究 [J]. 中国卫生统计，1998，15（1）：5-7.

[22] 邹公明，范兴华，张定一. 关于医疗保险纯保费厘定的研究 [J]. 数理医药学杂志，2002，15（3）：269-270.

民间金融在服务实体经济中的角色思考

肇始于 2008 年美国雷曼兄弟破产所引发的全球金融危机远没有结束的迹象，我国整体经济亦处在下行的强大压力下，而我国的实体经济融资难、融资贵的境况空前，不少中小企业已经或濒临倒闭、破产。在此境况下"坚持金融服务实体经济的本质要求"显然是为应对严峻的经济形势而提出的，具有积极的意义。但是，作为金融有机组成部分的民间金融在其中的角色如何，值得思考。

一、民间金融尴尬的法律定位

民间金融作为经济学上的一个概念，其内涵与外延并没有非常统一的界定；但"国内学术界一般认为民间金融是相对于正规金融而言的，以民间信用为担保的，当前游离于金融监管当局监管之外的所有金融形式的总称，其基本形式包括民间借贷、钱背、合会、集资、私人钱庄、小额贷款，私募基金等"。①尽管民间金融有多种形式，但最基本的还是民间借贷；至于钱背、合会、集资、私人钱庄等均可归到广义民间借贷之中，而私募基金尽管取得了一定的合法地位，但也没有脱离民间借贷的范畴。②本文为论述便利，即以民间借贷的法律规范探讨民间金融的法律定位。

目前，对民间借贷的法律认定遵循的是一种二元化认定的格局，即有选择性合法化一部分，而其他部分则按非法无效处理，具体而言：

---

① 江文卓，谭正航，严洁. 民间金融风险的法律规制 [J]. 时代金融，2010（6）：182.
② 参见苏州工业园区海富投资有限公司与甘肃世恒有色资源再利用有限公司、香港迪亚有限公司、陆波公司增资纠纷案《民事判决书》(2011) 甘民二终字第 96 号，2011 年 9 月 29 日。该案中，法院即将私募基金行业最为流行的"对赌条款"视为"(民间) 借贷"而做了无效认定，在私募领域引起轩然大波；目前最高人民法院已经受理再审申请，各方均对结果翘首以待。

（一）个人间、个人与企业间民间借贷原则合法、有效

根据现有规定，个人间、个人与（非金融）企业间的借贷只要双方意思表示真实，原则上即按合法、有效处理；但赋有严格的例外条件：

（1）企业以借贷名义向职工非法集资。

（2）企业以借贷名义非法向社会集资。

（3）企业以借贷名义向社会公众发放贷款。

（4）其他违反法律、行政法规的行为，如借款用于赌博、贩毒等违法犯罪行为，或明知借款人上述目的依然出借。

（5）借贷利率超过银行同期同类贷款利率四倍。[①]

在出现上述情形下，民间借贷将被认定非法、无效，更为严重者可触犯《刑法》构成如非法吸收公众存款罪、[②]集资诈骗罪、[③]非法经营罪[④]等；为指导民间借贷入罪的司法裁判，最高法院曾在 2010 年发布了《关于审理非法集资刑事案件具体应用法律若干问题的解释》量化了民间借贷入罪的 10 项具体行为和 1 项兜底条款。尽管如此，民间借贷民事无效与刑事犯罪之间的界限依然不明确，这也是为什么"吴英集资诈骗"等案能引起巨大争议的重要原因。

（二）企业间资金借贷非法、无效

非金融企业之间的资金借贷，也被称为企业拆借，目前均按非法无效认定。这些规定主要体现在最高法院相关解释、批复和人民银行的规章、规范性

---

① 参见最高法院《关于人民法院审理借贷案件的若干意见》（法［民］［1991］21 号）、《关于如何确认公民与企业之间借贷行为效力问题的批复》（法释［1999］三号）、《关于依法妥善审理民间借贷纠纷案件促进经济发展维护社会稳定的通知》（法［2011］336 号）。

② 参见《刑法》第一百七十六条"非法吸收公众存款或者变相吸收公众存款，扰乱金融秩序的，处三年以下有期徒刑或者拘役，并处或者单处二万元以上二十万元以下罚金；数额巨大或者有其他严重情节的，处三年以上十年以下有期徒刑，并处五万元以上五十万元以下罚金。单位犯前款罪的，对单位判处罚金，并对其直接负责的主管人员和其他直接责任人员，依照前款的规定处罚"。

③ 参见《刑法》第一百九十二条"以非法占有为目的，使用诈骗方法非法集资，数额较大的，处五年以下有期徒刑或者拘役，并处二万元以上二十万元以下罚金；数额巨大或者有其他严重情节的，处五年以上十年以下有期徒刑，并处五万元以上五十万元以下罚金；数额特别巨大或者有其他特别严重情节的，处十年以上有期徒刑或者无期徒刑，并处五万元以上五十万元以下罚金或者没收财产"。

④ 参见《刑法》第二百二十五条"违反国家规定，有下列非法经营行为之一，扰乱市场秩序，情节严重的，处五年以下有期徒刑或者拘役，并处或者单处违法所得一倍以上五倍以下罚金；情节特别严重的，处五年以上有期徒刑，并处违法所得一倍以上五倍以下罚金或者没收财产：（一）未经许可经营法律、行政法规规定的专营、专卖物品或者其他限制买卖的物品的；（二）买卖进出口许可证、进出口原产地证明以及其他法律、行政法规规定的经营许可证或者批准文件的；（三）其他严重扰乱市场秩序的非法经营行为"。

文件中，如最高院《关于对企业借贷合同借款方逾期不归还借款的应如何处理的批复》认定"企业借贷合同违反有关金融法规，属无效合同"；中国人民银行《贷款通则》第 65 条规定"企业之间不得违反国家规定办理借贷或者变相借贷融资业务"；中国人民银行《关于对企业间借贷问题的答复》认定"借贷属于金融业务，因此非金融机构的企业之间不得相互借贷……企业间订立的所谓借贷合同（或借款合同）是违反国家法律和政策的，应认定无效"。上述规则构成了认定企业拆借非法无效的主要依据和逻辑起点，至今未有改变的迹象。

（三）民间借贷非法性的规避

如上所述，民间金融"除了极少数不超过银行同期存款利率 4 倍以内的私人借贷之外，绝大多数民间金融形式都为法律所禁止，迟迟不能获得政府给予合法的社会地位，并辅之以严格的民事责任、行政责任直至刑事责任"。[①] 尽管如此，由于民间资本逐利本能使然，"民间金融不可能被完全的'禁止'，反而会破土而出。从几十年的整顿查处过程中看，这种打压的方式不仅不能达到预设的监管目标，反而使民间金融更多地走向隐蔽的地下，发展成为监管盲区中的'灰色金融'"。[②]

所谓的"灰色金融"，实际上就是民间金融从事者为规避非法无效认定而创制的某种合法外衣，在某种意义上也可称为"金融创新"。例如，以联营为名的借贷，在 1990 年即遭到最高法院的阻击，认为"企业法人、事业法人作为联营一方向联营体投资，但不参加共同经营，也不承担联营的风险责任，不论盈亏均按期收回本息，或者按期收取固定利润的，是明为联营，实为借贷，违反了有关金融法规，应当确认合同无效。除本金可以返还外，对出资方已经取得或者约定取得的利息应予收缴，对另一方则应处以相当于银行利息的罚款"。[③]

尽管以联营为形式的企业拆借受到打击，但民间金融从业者又不断进行着"金融创新"并取得了一定的成功，甚至在某些行业、领域还得到了监管当局及司法机关的认可，如外贸领域的代开信用证融资，内贸领域转移货权、委托销售形式的融资，以担保名义的借贷，等等。而委托理财、私募投资的空前繁

[①] 陈蓉. 论我国民间金融管制的重构 [D]. 博士学位论文数据库，2008.
[②] 腾云. 我国民间金融的监管问题研究 [D]. 优秀硕士学位论文数据库，2011.
[③] 参见最高法院《关于审理联营合同纠纷案件若干问题的解答》第四条第（二）项，1990 年 11 月 12 日。

荣及法规、政策层面的支持，更为民间借贷提供了极好的发挥平台；但是委托理财经历了 2003~2006 年的熊市所爆发的海量诉讼后，最高法院逐步认定：带有固定收益条款的"委托理财与通常的借贷关系并无二致，故无论委托人直接交付给受托人的资产是资金还是可以融资的证券，皆应认定为以委托理财为表现形式的借贷关系"，"法人之间的委托理财合同应按照企业间非法拆借处理"，①应属无效；而私募投资的对赌条款中"固定价格回购股权条款有变相借贷的嫌疑"，② 也存在因此导致合同无效的机会和可能，前段时间热炒的"对赌条款无效第一案"③ 裁判依据就是"明为联营，实为借贷"的司法解释规定。

由此看来，民间金融从事者在国家强力监控下不断"金融创新"，采用合法的形式以规避监管的法律博弈还会继续下去，但是"道高一尺，魔高一丈"，"单纯的'打压'不但不能从根本上解决问题，甚至会对民营经济的发展产生很大的副作用"。④ 民间金融从事者为了获取收益会继续以侥幸的心态游走在法律的边缘，监管机构以及司法机关也会在自己的权限范围内根据国家经济形势的好坏秉持着执法的弹性。从地方政府对民间借贷的默认、纵容、鼓励到诸多法院对企业拆借纠纷的调解结案均体现了这种弹性；这些法律上博弈、非法性的规避、执法的弹性充分暴露了目前民间金融极其尴尬的法律定位。

二、民间金融对实体经济影响的利弊考量

面对民间金融尴尬的法律定位，民间金融能不能、如何能服务实体经济就不仅是一个法律判断问题，也是一个价值判断问题，更是一个事实判断问题。当然，最为核心的判断应是民间金融对实体经济的利弊比较：如利大于弊，则应充分调动其积极作用，赋予其在服务实体经济中的重要角色；如弊大于利，则应尽力压制其作用的发挥，在金融服务实体经济中也就不考虑其角色定位。

---

① 最高法院以"高民尚"名义发布的《审理证券、期货、国债市场中委托理财案件的若干法律问题》，《人民司法》2006 年第 6 期，第 31 页。
② 赵晓琳. 欠缺法律支持 PE 机构勿滥用"对赌协议"[N]. 上海证券报，2012-06-05.
③ 苏州工业园区海富投资有限公司与甘肃世恒有色资源再利用有限公司、香港迪亚有限公司、陆波公司增资纠纷案《民事判决书》(2011) 甘民二终字第 96 号，2011.09.29。
④ 江曙霞，马理. 民间金融的监管困境与整饬模式的改进 [M]. 第三届中国金融论坛论文集，2004：277-278.

（一）民间金融对实体经济的"利"

2005 年 11 月，中国人民银行在对温州民间金融市场情况和银行业调研基础上撰写并公布的《区域金融结构与金融发展的比较研究》报告中，即认可了以现代银行业为主的现代金融部门和以合会、集资、民间借贷为主的传统金融市场的二元并存状况，并指出温州民间借贷规模约 400 亿元，2004 年年末的银行贷款为 1534 亿元，以这两个数据代表的传统民间金融与现代金融的比例为 20：80；而全国民间金融规模约 1 万亿元，银行贷款为 17.7 万亿元，从全国范围来看，民间金融与正规金融比例为 5：95。这是央行首次在正式报告中将民间金融与正规金融间作出二元区分，并公布其在整个金融体系中所占的比例。之后，随着整个国民经济的迅速扩展，正规金融与民间金融均获得了巨大扩容。据中金公司估计，我国民间借贷余额在 2011 年中期同比增长 38% 至 3.8 万亿元，占中国影子银行贷款总规模 33% 左右，相当于银行总贷款的 7%。[①] 如此看来，尽管民间金融与正规金融规模均增长数倍，但民间金融所占比例却由 5% 增加至 7%，显示民间金融在整个金融活动的地位和角色随着经济总量的巨大增容不但没有弱化，反而更加吃重。具体地说，民间金融对实体经济的"利"可主要归纳为如下几个方面：

1. 为中小企业"输血"

我国经济社会发展离不开数量众多中小企业的发展。依据现行中小企业划型标准测算，中小企业占全部企业总数的 99.8%，创造了近 60% 的经济总量和近 50% 的财产税收，提供了近 80% 的城镇就业岗位。[②] 而中小企业从创业之初就与大型企业存在天然的弱势，而正规金融，尤其是国有大银行风险偏好导致其缺乏对中小企业融资的内在动力。尽管近几年，我国不断推出对中小企业借贷的优惠政策，鼓励甚至要求商业银行加大对中小企业金融的支持力度，但正规金融提供的融资服务依然无法适应中小企业对资金的迫切需要，"融资难、融资贵"的问题随着经济的发展繁荣不仅没解决，反而日渐突出。

在此情况下，民间金融及时填补了这一融资缺口，为中小企业提供了生产经营亟须的大量资金。如果说资金属于企业生产的"血液"，则在正规金融供血严重不足的情况下，民间金融提供的资金显然在客观上实现了向中小企业"输血"的功能。

---

① 雷俊，罗梅芳. 民间信贷乱象 [N]. 投资有道，2011–11–09.
② 江文卓，谭正航，严洁. 民间金融风险的法律规制 [N]. 时代金融，2010（6）：182.

2. 平衡金融资源配置

资金作为一类市场资源，通过金融服务配置到各行各业，进而促进整个社会经济的发展繁荣。按市场经济的一般规律，资源按照价值规律会自动配置到最有效率的地方，或者说该资源会自动从效益低的地方向效益高的地方转移。按人民银行的统计，截至 2011 年年底，全国居民储蓄存款余额已经达到创纪录的 351957 亿元，这一数字尚不包括正在流通以及投资在虚拟经济领域，如股市、房市中的民间资金。如此天量的民间资金成为民间金融不断繁荣兴盛的物质基础，而资本逐利的本能以及资本所有者对财富的喜好会随时在市场上寻找升值增值的机会，并在自认为最合适的机会和场合将自己的资金投入进去，从而达到金融资源的自动有效配置。

就社会整体而言，资金尽管不算是稀缺资源，但却属于专有资源，并非每个人随意就可以占有该资源。目前，我国金融资源尚不能平等按照市场规则进行配置，更多的是依据经济实力甚至权势进行有选择性的配置。鉴于国有大中型企业的经济实力以及所有制优势，从而占据目前绝大多数金融资源，而民营企业（绝大多数为中小企业）以及农业等弱势产业所得金融资源相对少得多。金融资源配置的不平衡、不公平显而易见。与民营经济共生共存的民间金融，其主要的服务对象是民营企业，尤其是民营中小企业。尽管民间金融尚未得到法律的全面认可，但市场已经为其提供了生存发展的空间。作为金融的有机部分，民间金融的出现极大地改善了金融资源配置的非公平性，通过市场的力量促成了正规金融与民间金融二元化的配置分工，即正规金融重点服务大中型企业，民间金融则主要服务中小企业，从而平衡了金融资源在国民经济中的有效配置。

3. 促进国有金融的改革

1949 年以后通过社会主义改造以及一系列社会运动，金融逐步演变成全民所有制垄断经营的特种行业，受到国家的强力监控。尽管在十一届三中全会之后，国家垄断经营的金融体制改革一直蹒跚前行，已经由国有金融机构独领风骚变为以国有金融为主，民营、外资等金融为补充的综合金融体制，但国有金融在整个金融体系中的垄断地位依然无法撼动，企业尤其中小企业融资难、融资贵的问题依然困扰着整个金融业。

正是在正规金融（主体是国有金融）无法满足经济对资金渴求的过程中，民间金融逐步获得生存和发展的空间，社会主义改造完成之后基本消失的民间金融再次死灰复燃，且呈不断燎原之势。允许民间金融合法存在和发展，必然会加剧全社会金融资源的竞争；以其市场性、灵活性和植根性，民间金融将会在许多地域尤其是县域经济中拥有一定的竞争优势，与正规金融部门开展金融资源和信贷客户资源的争夺，从而对正规金融产生一定的挤出效应，形成较强的利益冲突。① 这一方面使正规国有垄断性金融具有强烈压制民间金融的内在冲动；另一方面也开始倒逼国有垄断金融进一步改革。随着新一轮全球金融危机侵袭我国，以国有金融为主体的正规金融为控制风险不断收紧信贷，企业资产流动性严重受阻，很多中小企业由于资金链断裂倒闭，一批民营老板纷纷"跑路"。也正是在此背景下，我国出台了金融改革的一系列措施，如允许民营资本组建小额贷款公司、符合条件的小额贷款公司改组为村镇银行、同意成立融资性担保公司、批复温州综合金融改革等。尽管这些改革的基本趋向仅是企图将民间金融融入正规金融、收编民间金融，并非真的开放金融业，但毕竟在面临民间金融的蓬勃发展以及严峻的金融危机的情况下，以国有金融为主体的正规金融已经认识到除了进一步深化改革别无他途。

（二）民间金融对实体经济的"弊"

所谓"弊"，即指民间金融对实体经济的不利方面，这些不利方面主要集中体现在：

1. 冲击宏观调控的政策效果

根据宏观经济形势的变化，中央政府会采取相应的政策措施实施宏观调控，如在经济过热时央行会提高商业银行基准利率收紧银根、引导银行资金回流、减少流通货币量、抑制消费，以控制通货膨胀；在经济萧条时可采取降低银行基准利率、鼓励银行资金流入市场、增加货币供应量、鼓励消费。但是，上述宏观调控往往受到民间金融的挑战和干扰，原因很简单：民间金融是游离于正规金融监控之外的资金融通活动，宏观调控政策对其影响甚微；民间金融关注的是如何更安全地谋取最大利益而不是政府如何规划。在政府收紧银根、抑制经济过热时，民间金融可能继续提供大量资金信贷，助长经济过热，增大供需失衡；在政府放松银根、意图刺激经济增长时，民间金融往往又基于逐利及避险本能，会普遍处于收缩状态。② 因此，民间金融对国家宏观调控政策的反向效果显而易见。

2. 扰乱经济秩序

民间金融的利率往往高于银行利率，甚至表现为高利贷形式。在经济上升期间，在民间金融的高额收益与几近负利率的正规金融存款对照下，更多的民间资本参与到民间金融活动中；在实业成本上升、收益下降的情况下，受利益

---

① 杨海霞. 温州金改：规范与放开应当并行 [J]. 中国投资，2012（6）：84.
② 张丽. 民间投资：激活经济要素供给潜力 [J]. 代商业银行，2012（7）.

驱使，更多的民间资金开始了钱生钱的运动，开始了炒房产、炒矿产、炒股票、炒外汇、炒黄金等，几乎无所不炒；民间借贷"逐渐与实业无关，借助各种民间的金融杠杆手段，积累的风险被成倍放大，实际上已经逐渐变成了一场金融传销的盛宴"。① 在这场盛宴中，某些民间金融从业者以高息为诱饵向社会公众募集资金、吸收存款，并将募集的更多资金投入虚拟的资本运作之中，从而助长经济泡沫的不断增长，最终导致了温州、鄂尔多斯等地民间借贷危机的爆发，严重扰乱了经济秩序。

（三）民间金融对实体经济的利弊简评

就民间金融对实体经济的"利"而言，也即"民间金融对经济发展的作用，应该说已经达成一致共识"。② 实际上，越是经济发达地区，民间金融的角色和地位也越重要，浙江大学张旭昆教授甚至认为"没有民间借贷就没有温州经济，甚至没有浙江经济"。③ 尽管张教授的论断或许有些夸张，但是如果没有民间金融，就没有如此发达的温州民营经济应是事实，自然也就没有浙江人引以为豪的"温州模式"。对于民间金融对经济的推动作用，无论官方与民间均予以肯定，只是肯定的程度不同而已。

就民间金融对实体经济的"弊"而言，似乎学术界及实务界却没有真正的共识。笔者认为，民间金融对实体经济的不利影响是客观存在的，无须回避也无法回避，但是这些所谓的"不利影响"真的就全是负面的吗？答案似乎并不确定。就民间金融冲击国家宏观调控的效果而言，民间金融的趋向似乎与国家调控的方向相悖，但如果换一个角度可能结论就会改变：在国家收缩银根、抑制经济过热的情况下，商业银行基于风险偏好往往会执行比宏观调控更为严厉的政策，如提前收回贷款等，如此，企业尤其是中小企业运营资金势必吃紧，而资金链一旦断裂，企业就将被迫关闭、停业甚至破产；在此情况下，民间金融的介入为企业提供了救命的资金，相当于为国家宏观调控政策提供了一个缓冲，且风险自担；而在国家放松银根、刺激经济时民间金融同样也具有同样的对国家政策的缓冲功能。从此视角看，民间金融的"弊"似乎亦是一种"利"。

当然，笔者如此评析并非强词夺理，也并非认为民间金融十全十美。任何

---

① 雷俊，罗梅芳. 民间信贷乱象 [J]. 投资有道，2011-11-09.

② 李援亚. 民间金融：风险分析和监管探索——从福安标会崩盘说起 [J]. 财经论坛，2005（1）：106.

③ 参见金少策. 民间借贷的合法化生存. http://jinshaoce.blshe.com/post/495/44919，2012-10-15.

事物、任何现象均具有两面性，民间金融当然也不例外。民间金融的趋利性、对国家宏观调控政策的消极性、对经济秩序的破坏性确实值得认真对待。但是，这些"弊"并非民间金融的专利，正规金融也存在同样的问题，如商业银行近年重点开发的人民币理财业务，被列入"影子银行"的一部分，而"影子银行的资金供给游离于银行的资产负债表之外，数量非常之大，使得央行的货币政策调控力度不断减少甚至在部分领域失效"，① 因此对民间金融冲击宏观调控的指责显然不公平。至于扰乱经济秩序的指责，正规金融同样难辞其咎，因为民间金融资金很大比例是正规金融提供的。以温州为例，民间金融规模达1200亿元，是同期正规金融业规模的1/5，而其中从正规金融系统流入民间的资金可能高达50%以上。② 如此看来，将扰乱经济秩序之名完全赋予民间金融并不公平，因为如果正规金融监管得力、严控资金流向，民间金融对经济秩序的不利影响就将受到极大抑制。

综上，比对民间金融对实体经济的正负影响，总体上应该说"利"大于"弊"，甚至在某种意义上，"弊"的因素从另外的角度可能也会变成"利"，且这些所谓的"弊"也并非民间金融所特有的。正是基于"利"大于"弊"的基本判断，在金融服务实体经济的过程中，民间金融应在其中找到自己的角色和地位。

三、民间金融为实体经济服务的路径
——合法化、规范化

民间金融要服务实体经济，首先要克服的就是民间金融法律认定的二元化问题，因为服务实体经济、促进经济发展的很大部分恰恰就是那些非法无效的民间金融，如企业资金拆借。应该说民间金融的二元化法律认定在金融服务实体经济的主题下显得极其尴尬。显然，理顺民间金融服务实体经济的法律路径，就成为确定民间金融服务实体经济中的角色和地位的关键所在。

（一）民间金融的合法化

民间金融的合法化实质上就是剔除人为设置的对民间金融的法律和政策限制，将市场主体对自己财产的支配权还给他们。民间金融的外延很大，但基本

---

① 张远. 加强我国影子银行监管防范系统性风险 [J]. 西部金融，2012（2）：70.
② 吴金勇. 正名民间金融 [J]. 中国企业家，2012（5）：112.

上可提炼为三种行为：资金出借行为、资金介入行为以及媒介资金行为。简单地说，民间金融的合法化就是这三种行为的合法化，承认市场主体具有出借、借入及媒介资金的权利。

1. 出借资金的合法化

作为市场主体，任何自然人、法人均拥有对自有财产的占有权、处置权，这是天经地义、无可厚非的，也是有法律依据的，资金也不例外。至于资金拥有者是向银行出借（存款在银行），还是向个人或其他企业出借，以及是否收取利息、利息高低等，均是资金所有者的事情。资金所有者作为一个理性的经济人会对自己的行为作出合理的判断，对相应的后果有合理的预期，政府并无干涉的道理和依据。如果财产所有者对自己的财产都无权支配、处置，那这个社会只能说尚不是一个法治社会，至少不是一个完备的法治社会。承认每个人出借资金的权利是民间金融合法化最基本的前提，毕竟再复杂的民间金融也要有资金的提供者——出借人，如果资金拥有人并无出借资金的权利，民间金融的合法化也只能是纸上谈兵。

2. 借入资金的合法化

资金借入与资金出借是相辅相成、互为依存的，承认资金拥有者出借资金的权利，则必然要认可市场主体借入资金的权利。无论日常生活还是生产经营所需，向他人借入资金以及是向金融机构、非金融机构还是个人借入资金均是市场主体的天然权利。但是，目前的现状是法律禁止企业向非金融企业借入资金，只允许向银行等金融机构融入资金，而很多企业往往又不符合银行等金融机构的贷款条件，导致无法从银行等金融机构借入资金，进而严重影响到实体经济的发展。资金出借权与资金借入权的确立，自然也就宣布了企业向其他企业借入资金不再属于非法无效，也无须再采取所谓的变通、规避措施，高于银行利率4倍的限制也没有了存在的必要，当事人根据自己的实际情况对是否借入民间资金作出自己的商业判断，并自担其责。如此，就意味着金融市场的全面放开。

实际上，一旦金融市场放开，法律的樊篱撤除，金融风险必将有效降低，导致资金的有效供给增加从而形成竞争；而竞争的结果会导致民间借贷利率的降低，从而有利于民间金融与正规金融的良性互动，并最终有利于实体经济，尤其是中小企业。

3. 媒介资金的合法化

如果资金出借权与资金借入权能够各自确立的话，媒介资金（既借又贷）的权利就须一并承认了；但当二权集于一身时，此市场主体就实质上具有了银行职能。目前尽管法律不予承认，但实践中已经存在大量此类民间金融机构，如担保公司、典当行、投资公司、私募公司，甚至一般性的公司、企业。

在谈及 2012 年年初尘埃落定的浙江本色控股集团有限公司吴英集资诈骗案时，北大张维迎教授认为吴英案"意味着中国公民没有融资的自由，融资是特权不是基本权利，意味着建立在个人基础上的产权交易合同仍然得不到有效的保护"。① 显然，即便在民间金融机构专门或主要从事资金媒介的情况下，学术界依然认为这是市场主体的"权利"、"自由"；如此认识，则这些民间金融活动的合法性应不成问题。但是，鉴于金融对国民经济的影响，人人可以随意办银行显然并不现实，因此必须将民间资金媒介的合法化与规范化结合起来。

总之，在探讨民间金融服务实体经济的问题上，民间金融的合法化肯定是绕不过去的坎，如此就必须清理、调整、修改现有针对民间金融非法的、无效的法律规定，对多数民间金融活动除罪化，同时放宽民间金融的准入限制、降低门槛，最终实现金融业的全面开放；否则所谓民间金融为实体经济服务只是个假论题，民间金融的合法化也只能沦为空谈。

（二）民间金融的规范化

民间金融的合法化仅仅是法律层面上对民间金融的肯定性评价，但合法化并不意味着自由化，法律的规范还是必需的。当然，接受法律的规制也不意味着对民间金融全面监控。实际上，"在上百年的演变历史中，民间金融已形成了一套复杂而有效的制度框架，尤其是大多数交易发生于熟人社会内部，因而，其自我监管机制是非常有力的"；"不审慎的监管只会扰乱固有习惯，而无助于使金融活动参与者的行为理性化"，② 再考虑到监管的成本与代价，因此民间金融的规范化必须有所为、有所不为。

1. 一对一民间金融——无为而治

一对一的民间金融活动作为民事主体的市场交易行为，只要是双方真实意思的表示，自负其责，无论是一般性的生活借贷，抑或是数额很大的生产借贷，无论是自然人对自然人、自然人对法人，还是法人对法人，也无论借贷是否有偿以及利息的高低，法律均无禁止或限制的理由和依据；此种交易本就是典型的市场行为，属于当事人自治的范畴，不损害任何人的利益且往往有效增进交易双方甚至整个社会的福利，故法律对此类民间金融活动自应"无为而治"，不去干涉即是最好的监管。

---

① 马钺.学者称吴英案已变成一堵哭墙　民众的愤怒从此阀门喷出［N］.中国企业家，2012 年 4 月 18 日.

② 第一财经日报评论：民间金融监管之道在于司法监管，2005 年 7 月 1 日.

2. 多对多民间金融——逐步纳入正规金融、重点规范

相比于一对一民间金融活动的单纯，多对多的民间金融交易就显得极其复杂了，而且目前涉及民间金融的种种问题也多与此类交易有关，自然应成为法律规范的重中之重。

实际上，从事多对多交易的多是专门的民间金融机构，尽管在当前的法律环境下这些机构尚属于非法状态。而如果民间金融合法化，自然就面临着如何对民间金融机构进行规范的问题。笔者认为，对民间金融机构规范的最好方式就是放弃目前的金融抑制政策，放弃国有金融的垄断地位，真正对民间资本开放金融业。实际上，为保持金融业秩序的稳定发展，金融业的开放自然不可能一蹴而就，可在先不降低金融业门槛的前提下，松绑金融机构设立的审批条件，也即只要符合《商业银行法》、《证券法》等设立银行、证券公司等金融机构的条件，国家就应予以批准。如此即可在金融法律不做根本改变的情况下将大中型民间金融机构改制为商业银行，纳入正规金融的监控之下。至于那些尚不符合上述要求的中小民间金融机构，则可以通过降低村镇银行的门槛、引导其转变为村镇银行等中小金融机构，接受正规金融监管。在金融业全面放开的情况下，在对那些拒不接受招安、拒不愿意接受监管的民间金融机构进行严厉打击就有了正当性的法理基础。

3. 一对多或多对一民间金融——专门立法规范

如果把多对多民间金融活动逐步纳入正规金融规范，将一对一民间金融交由市场自由调节，则民间金融需要规范的就剩下一对多或多对一的民间金融活动了。由于此类金融活动以服务实体经济为主，不涉及资金媒介服务，相对比较单纯，规范和监管的力度自然要弱于多对多民间金融。此类民间金融主要分为：

（1）一人将自有资金出借给多人或者多人向一人借入资金。此种业务在实践中多表现为发放贷款，类似于目前小额贷款公司所从事的业务，但也有区别，因为小额贷款公司的借贷资金除自有资金外，尚可以接受捐赠以及不超过两个银行业金融机构的融入资金。①

（2）一人向多人借入资金或者多人将自有资金出借给一人。此种业务在实践中往往表现为集资、吸收公众存款等。

对于此种民间金融业务，应该说并不缺相应的规则，但直接的肯定性规定往往层级过低，如规范典当行的《典当管理办法》仅是商务部的一个部门规

---

① 参见中国银行业监督管理委员会，中国人民银行：《关于小额贷款公司试点的指导意见》（银监发〔2008〕23 号）第三条.

章，涉及小额贷款公司的规则，多是部委的一般规范性文件，连部门规章都算不上，且存在准入门槛过高等亟须改进的问题。至于其他的规则多属于惩戒性规定，甚至涉及非法集资、非法吸收公众存款、非法经营等刑事处罚规则，但这些惩戒性、刑罚性规则打击面过大，对行为的合法与否、入罪与否等原则问题缺乏量化的标准。为此，需要对涉及此类民间金融的法律、法规、司法解释、规章以及规范性文件等进行整、修改、完善，同时也应制定一部统一的民间金融法或民间借贷法，对民间金融活动进行系统的规范。

四、结　论

综上所述，民间金融作为金融的有机组成部分毋庸置疑，故在金融服务实体经济的过程中，民间金融不应缺席；但目前民间金融尴尬的法律定位与其服务实体经济的强烈需求形成了极大反差；要解决民间金融服务实体经济的问题，首先要解决民间金融合法化的问题，确立市场主体对融通资金的自治权、自主权；而合法化只是民间金融服务实体经济的前提和基础，规范化的民间金融才能真正服务实体经济；为了更好地发挥民间金融在服务实体经济中的角色，须借助市场规律对一对一民间金融活动进行自主调节，将多对多民间金融活动纳入正规金融重点监控，同时专门立法规范一对多或多对一民间金融活动。

天津大学博士后　贾清林

第三篇

经济发展

基于 VAR 模型的大连市金融发展与经济增长的动态关系研究

一、引 言

金融是现代经济的核心，关于金融发展与经济增长的理论研究也有较长的历史。对于现代金融发展理论，Raymond W.Goldsmith 做了开创性的贡献，他提出了金融结构论，并于 1969 年在《金融结构和金融发展》中对 35 个国家在 1860~1963 年的经济和金融状况进行了分析，首先用金融相关比率（FIR）来衡量金融结构发展程度，通过实证得出金融发展与经济增长存在大致平行关系的结论。McKinnon（1973）认为金融变量和金融制度对经济增长和经济发展来说，并不是中性因素：它既能起到促进的作用，也能起到阻滞的作用，关键取决于政府的政策和制度选择。Shaw（1973）提出了金融深化的概念，即金融资产快于非金融资产积累的速度而积累。他指出，发展中国家的经济改革首先应该从金融领域入手，减少人为因素对金融市场的干预，借助市场的力量实现利率、储蓄、投资与经济增长的协调发展。

20 世纪 80 年代以来，一些经济学家将内生增长理论的研究成果并入模型中，采用博弈论和信息经济学方法，建立严格的数学模型，使得关于金融发展与经济增长的研究迈上了一个新台阶。Boot 和 Thakor（1997），Greenwood 和 Smith（1997）等人则分析了金融市场的内生形成与存在意义。Levine（1997）认为较发达的金融体系能够促进经济增长，因为运行良好的金融体系有助于降低信息成本和交易成本，积极动员储蓄并将其配置到高效率的生产部门。Darrat（1999）、Dinitris K.Christopoulos 和 Efthymios G.Tsionasb（2004）的实证模型得出了相似的结论，都认为金融发展规模与经济增长密切相关。

国内学术界围绕这一问题也进行了大量的实证分析，多位学者研究了我国各省或地区的金融发展指标同经济增长之间的相关关系。谈儒勇（2000）运用 OLS 的方法，认为金融深度指标反映我国金融中介发展与经济增长之间存在很强的正相关关系。王志强、孙刚（2003）利用向量误差修正模型和格兰杰因果检验方法，从中国金融总体发展的规模、结构调整和效率三个方面进行检验，发现20世纪90年代以来我国金融发展存在显著的双向因果关系。艾洪德、徐明圣、郭凯（2004）认为，东部和全国的金融发展与经济增长之间存在正相关关系，而中、西部二者之间则几乎是负相关关系，且存在明显的滞后效应，区域经济发展差异可以从区域金融发展差异的角度做出部分解释。赵正全、薛丰慧（2004）认为，我国信贷市场对经济增长作用显著，而融资效率低下和资源的逆配置导致股票市场对经济增长的促进作用并不明显。梁琪、滕建州（2006）认为，我国金融发展与经济增长间存在由经济增长到金融发展的单向因果关系。陈菲、赵子龙（2009）认为，我们国家的金融结构并没有明显低影响经济增长，但是实体经济表现出了一定的金融需求。从以上研究成果可以看出，关于我国金融结构与经济增长之间的关系，学者尚未得出一致的结论。

　　理清金融发展与经济发展的关系对于我国区域经济的整体协调发展具有重要意义。鉴于研究对象的复杂性，本文将研究的侧重点放在辽宁省大连市金融发展与经济增长的关系上，以期对城市经济发展与金融建设提出针对性的建议措施。

二、变量定义与模型概述

（一）变量定义

1. 经济增长指标

经济增长指标一般用一个国家或地区的国内生产总值来衡量，这里用大连市的名义 GDP 表示。

2. 金融发展指标

由于大连市在金融发展方面还是侧重于相对传统的业务，如存贷款业务等，因此本文所涉及的金融发展水平的变量如下：

（1）金融相关率（FIR）。国际上通常采用戈氏和麦氏指标两种。但根据国内学者对国内区域经济增长与金融关系的研究，[①] 认为戈氏指标能较准确地衡量中国金融的深化程度。因此，笔者采用戈德史密斯提出的金融相关率（FIR）

---

① 陶黄勇. 区域金融发展与经济增长的实证分析——以广西为例 [J]. 企业导报. 2011（3）：169-170.

来衡量大连市的金融发展规模。

考虑到数据的可得性，本文采用以下公式来反映金融相关率。

金融相关率（FIR）=（全部金融机构存款 + 全部金融机构贷款）/名义 GDP

$$(1)$$

（2）金融市场化指标（SCH）。为了进一步分析金融质量的发展，本文引用金融市场化指标来反映大连市金融发展的状况。金融市场服务的企业以生产企业和商业企业为主，而其中尤以商业企业的效率更加显著，如大连市有大商集团、友谊集团、大连中升等著名企业品牌，商业企业获得贷款的增加，在一定程度上说明金融质量的优化。因此，本文选择商业企业贷款占 GDP 的比重作为金融市场化的衡量指标，即：

金融市场化指标（SCH）= 金融机构对商业企业的贷款/名义 GDP　　　　（2）

（二）VAR 模型简介

现有研究大部分利用多元回归分析金融发展、金融深化与经济增长的关系，[1] 但是多元回归需要严格的假定，即需要各个变量是同阶整的，但是金融发展指标与金融深化指标和经济增长指标很难是同阶整的，况且多元化回归分析仅能确定给定变量在样本内的特性，无法给出变量之间的动态关系。VAR 模型把系统中每个内生变量作为系统中所有内生变量的滞后值的函数来构成模型，从而将单变量自回归模型推广到由多元时间序列变量组成的向量自回归模型，不要求变量之间是同阶整的，因此，考虑利用 VAR 模型分析金融发展与经济增长的关系：

$$Y_t = A_1 Y_{t-1} + A_2 Y_{t-2} + \cdots + A_p Y_{t-p} + \varepsilon_t \quad t = 1, 2, \cdots, T \qquad (3)$$

其中：$Y_t = \begin{bmatrix} \ln\text{GDP} \\ \ln\text{FIR} \\ \ln\text{SCH} \end{bmatrix}_t$，$\ln\text{GDP}_t$ 为第 t 期名义 GDP 的对数，$\ln\text{FIR}_t$ 为第 t 期金

融相关率 FIR 的对数，$\ln\text{SCH}_t$ 为第 t 期金融市场化率的对数，ε_t 为随机干扰项。

① 刘湘云，杜金岷. 区域金融结构与经济增长的相关性研究[J]. 武汉大学学报（哲学社会科学版），2005，58（5）：312-317.

三、大连市金融发展的现状

2010 年大连市全年生产总值为 5158.1 亿元，按可比价格计算比 2009 年增长 15.2%。全年地方财政一般预算收入 500.8 亿元，比 2009 年增长 25.1%。截至 2010 年年末，全市金融业拥有各类金融机构 227 家，其中银行机构 57 家、保险机构 40 家、证券机构 53 家、期货机构 77 家。金融资产 1.23 万亿元，比 2009 年增长 19.4%；行业净利润 142.1 亿元，比 2009 年增长 26.6%。全市共有金融法人机构 14 家，金融营业网点近 3000 个，从业人员 7 万余人。全市银行机构本外币各项存款年末余额 8887.3 亿元，比年初增加 1675.9 亿元，增长 23.2%，其中居民储蓄存款年末余额 3454.4 亿元，比年初增加 430.8 亿元，增长 14.3%。本外币贷款余额 6812 亿元，比年初增加 1422.5 亿元，增长 26.4%。不良贷款率 1.38%，比年初下降 1.02 个百分点。全市银行间外汇市场共开放 242 场，办理外汇交易 1163 笔，成交金额折合 14.9 亿美元。①

四、大连市金融发展与经济增长关系实证研究

（一）数据来源及处理

本文实证研究以 1995~2010 年的大连市金融机构存、贷款数据以及经济增长数据（GDP）为样本，全部利用名义数值，为了克服模型构建中异方差现象，对所有数值取对数处理。数据来源于辽宁省和大连市统计年鉴。大连市 1995~2010 年金融机构存、贷款数据和名义 GDP 变动情况见图 1。

根据图 1 看出，1995~2010 年大连市的名义 GDP 和存、贷款总值都是逐渐上升的，在 2000 年以前三者的数值大小区别不是很大，但是从 2001 年开始，存款总额逐渐快速上升，其年均增长率为 15.61%；贷款总额也逐渐上升，不过在 2007 年和 2008 年增长率有些下降，而 2008 年恰好是美国次贷危机引起的全球金融危机爆发的时点，贷款收缩比较明显；名义 GDP 总额也是逐渐上升的，但是上升的幅度明显低于存款总额和贷款总额的上升幅度，特别是在

---

① 数据来源：大连市统计年鉴。

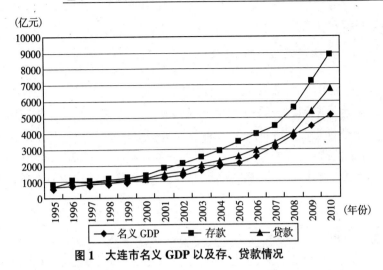

图1 大连市名义 GDP 以及存、贷款情况

2008~2010 年应对全球金融危机而导致金融贷款迅速增长的情况下。图 2 为名义 GDP 和存、贷款总额在 1995~2010 年的每年增长情况。

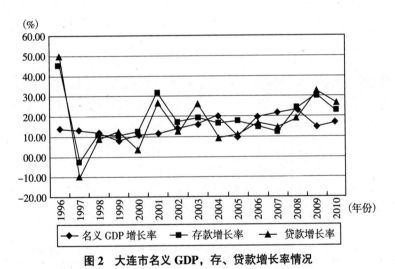

图2 大连市名义 GDP，存、贷款增长率情况

根据图 2 发现，大连市的名义 GDP 增长率除了 1999 年、2005 年、2009 年和 2010 年明显下降外，其他年份是稳步上升的，经济增长趋势明显，但是存、贷款的增长率没有明显增长趋势，是波动上升的，在 2000~2003 年其二者的增长率在名义 GDP 增长率之上，表明存、贷款增长促进经济增长；但是在 2004~2008 年二者的增长率又在名义 GDP 之下，特别是明显的贷款增长率，表明经济增长带动了存、贷款增长。为了深入探究二者之间是否存在因果关系，下面首先进行单位根检验，如果变量之间是同阶单位根，说明变量之间存在协整或者格兰杰因果关系。

(二) 单位根检验

现实经济中，时间序列数据往往是非平稳的，采用传统计量经济方法建模容易产生伪回归问题。采用 ADF 单位根检验，只有它们具有相同的平稳性阶数，才能进行它们之间的关系分析。对 lnGDP、lnFIR 和 lnSCH 数据序列进行ADF 单位根检验，其结果见表 1。从表 1 可以看出，lnGDP、lnFIR 和 lnSCH 数据序列皆在二阶差分下平稳。所以，可以对它们进行进一步的关系分析。

表 1　大连市金融发展与经济增长指标相关变量的 ADF 检验

变量	ADF 值	检验形式 (C, T, K)	临界值 (1%)	临界值 (5%)	临界值 (10%)	平稳性
lnGDP	2.55	(0, 0, 3)	−3.96	−3.08	−2.68	不平稳
ΔlnGDP	−2.26	(0, 0, 3)	−4.01	−3.1	−2.69	不平稳
Δ^2lnGDP	−3.84	(0, 0, 1)	−4.2	−3.18	−2.73	平稳
lnFIR	−2.6	(0, 0, 3)	−3.96	−3.08	−2.68	不平稳
ΔlnFIR	−6.19	(0, 0, 3)	−4.01	−3.1	−2.69	平稳
lnSCH	−3.77	(0, 0, 3)	−3.96	−3.08	−2.68	平稳

根据表 1 结果发现，lnGDP 是二阶整的($I(2)$)，lnFIR 是一阶整的($I(1)$)，lnSCH 是零阶整的($I(0)$)。因此，这三个变量不是同阶整的，不能做多元回归和协整检验。本文考虑利用 VAR 模型。

(三) VAR 模型实证研究结果

将 lnGDP、lnFIR、lnSCH 的数据代入公式 (3) 中，构建 VAR 模型，经过模型稳定性检验，发现当 p = 3 时模型结果稳定，其结果如下：

表 2　大连市金融发展与经济增长指标相关变量的 VAR 模型结果

	lnGDP	lnFIR	lnSCH
lnGDP (−1)	0.595	0.57	0.78
lnGDP (−2)	0.574	−0.522	−0.54
lnGDP (−3)	−0.256	−0.01	−0.19
lnFIR (−1)	−0.4	2.636[b]	1.97[b]
lnFIR (−2)	2.35[b]	−2.93[b]	−1.99
lnFIR (−3)	−0.2	0.675	−0.64
lnSCH (−1)	0.054	−1.61	−1.13
lnSCH (−2)	−2.07[b]	2.29[b]	1.51[b]

	lnGDP	lnFIR	lnSCH
lnSCH （−3）	0.06	−0.78	0.4
C	−0.56[b]	0.24	0.116

根据表 2 的结果发现，经过 VAR 模型回归，滞后两期的金融发展指标和金融市场化指标对经济增长有显著影响，金融发展指标对经济增长的影响为正弹性，即 t 年的金融发展指标增长 2.35%，t + 2 年的经济增长 2.35%，金融市场化指标对经济增长的影响为负弹性，即 t 年的金融发展指标增长 2.35%，t + 2 年的经济增长下降 2.07%，表明市场化程度太高会导致不正当竞争，金融资源分配效率下降，从而对经济增长产生负面影响。金融相关率指标存在一阶正自相关和二阶负自相关，而且第 t 期的金融市场化指标对第 t + 2 期的金融相关性指标存在正向影响，即金融市场化每提高 1%，金融相关性会提高 2.29%；金融相关性指标自身存在二阶自相关，第 t 期的金融相关性指标对 t + 1 期的金融市场化有正的影响，即金融相关性每提高 1%，金融市场化程度提高 1.97%。

1. 方差分解

一个时间序列预测的误差方差是自身扰动项及系统其他扰动项共同作用的结果，冲击分解的目的就是要将系统的均方差（Mean Square Error）分解成各个变量冲击所做的贡献。因此，方差分解方法就是将 VAR 系统中每个内生变量的波动按其成因分解为与各方程信息相关联的几个组成部分，从而分析每一组成部分对各内生变量变动的相对贡献率。基于此，本文利用方差分解技术对 lnGDP，lnFIR 和 lnSCH（简写为 LGDP、LFIR 和 LSCH）进行测算，以分析各个变量变化的贡献率，了解各变量者之间相互影响的重要程度。

方差分解的结果如表 3、表 4、表 5 所示。

表 3 **Variance Decomposition of LGDP**

Period	S.E.	LGDP	LFIR	LSCH
1	0.029979	100.0000	0.000000	0.000000
2	0.044512	75.73235	24.26005	0.007597
3	0.080636	70.92358	27.43432	1.642100
4	0.099500	70.57893	25.89370	3.527367
5	0.103681	71.19636	24.23165	4.571995
6	0.108897	70.62086	23.92628	5.452859
7	0.117015	71.68488	21.69223	6.622887
8	0.122805	72.29015	20.19395	7.515898

续表

Period	S.E.	LGDP	LFIR	LSCH
9	0.126797	72.95680	18.96647	8.076734
10	0.132613	73.67360	17.71936	8.607043

由表 3 可以看出，名义 GDP 的波动在第 1 期只受其自身波动的影响，且在 1~10 期内，名义 GDP 水平波动受其自身冲击的影响直线下降，再稳定维持在 70% 以上的水平；金融相关率对名义 GDP 的冲击维持在 20% 左右的较高水平，并且从第 3 期之后其贡献率随着时间的推移有所减弱，而金融市场化率对名义 GDP 波动的冲击初始维持在较低水平，由第 2 期的 0.007% 上升到第 10 期的 8.6%。可见，随着时间的推移，名义 GDP 对其自身的预测方差贡献率基本不变且保持高水平；而金融相关率和金融市场化率对名义 GDP 的促进作用会随着时间推移而呈现此消彼长的现象。

表 4　**Variance Decomposition of LFIR**

Period	S.E.	LGDP	LFIR	LSCH
1	0.068258	10.42873	89.57127	0.000000
2	0.087480	14.25038	84.02824	1.721375
3	0.093320	13.11115	85.37022	1.518625
4	0.094440	12.92955	85.24251	1.827937
5	0.116597	14.62341	84.01819	1.358398
6	0.124267	14.73923	83.65319	1.607582
7	0.127185	16.51941	81.94592	1.534676
8	0.134949	16.30470	82.31737	1.377931
9	0.138177	15.60227	83.06093	1.336794
10	0.138575	15.57096	83.09971	1.329336

由表 4 可知，金融相关率的预测方差受其自身影响最大，在 1~10 期一直维持在 80% 以上的水平。而名义 GDP 对金融相关率的冲击比较小，维持在 13%~15%。金融市场化率对金融相关率的影响很小，一直维持在 1% 的低水平。可见，金融相关率长期以来对其自身有限的促进作用，而名义 GDP 和金融市场化率对其影响较小。

由表 5 可知，与以上表 3 和表 4 分析结果不同，金融市场化率波动受其自身冲击的影响很低，仅有 0.1% 左右。金融相关率对金融市场化率波动的冲击占据近 80%，名义 GDP 对金融市场化率波动的冲击占据 20% 左右，两者对金

表5 Variance Decomposition of LSCH

Period	S.E.	LGDP	LFIR	LSCH
1	0.086782	22.02375	77.30084	0.675410
2	0.099812	23.42226	75.41257	1.165172
3	0.101256	22.97515	75.83339	1.191459
4	0.102918	22.70188	75.71985	1.578270
5	0.120328	19.55071	79.28014	1.169147
6	0.128601	19.46183	79.12831	1.409870
7	0.131319	20.56885	78.07522	1.355930
8	0.141245	20.41116	78.35743	1.231412
9	0.144095	19.62348	79.19180	1.184719
10	0.144326	19.81261	79.00413	1.183260

融市场化率波动的冲击占据近99%，即金融市场化率的波动几乎都是外生变量引起的。

接下来用几组图示对以上结果进行解释：

首先，不考虑各变量对自身的贡献率，金融相关率对名义 GDP 的贡献率（20%左右）（如图3所示）具有长期较为显著的影响，且其贡献程度要高于名义 GDP 对金融相关率的贡献率（15%左右）（如图4所示）。可见，金融行业的不断深入和发展会较为显著地推动经济增长，经济增长反过来也会在一定程度上推动金融行业的深入和发展。

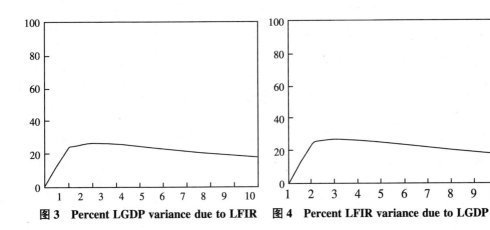

图3 Percent LGDP variance due to LFIR   图4 Percent LFIR variance due to LGDP

其次，金融市场化率对名义 GDP 的贡献率虽然所占比重很小，但长期内有逐渐增长的势头（1%~8%）（如图 5 所示）；反过来，名义 GDP 对金融市场化率的影响占据了较高比重（如图 6 所示），可见金融市场化对经济增长的推动作用远远不及经济增长对金融市场化的推动作用。

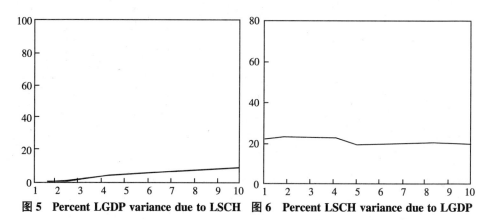

图 5　Percent LGDP variance due to LSCH　　图 6　Percent LSCH variance due to LGDP

最后，金融相关率对金融市场化率的贡献率极大，占 80% 左右（如图 7 所示），但金融市场化率对金融相关率的贡献率很小（如图 8 所示），可见金融规模的不断深化和发展在很大程度上推动了金融市场化的进展。

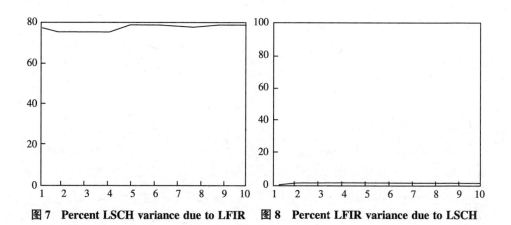

图 7　Percent LSCH variance due to LFIR　　图 8　Percent LFIR variance due to LSCH

2. 脉冲响应函数

若想知道各变量的单位变化如何通过其内在联系引起对整个系统的扰动，以及各变量对这些扰动的综合反应，就需要通过 VAR 模型对 LGDP、LFIR 和 LSCH 之间的关系作脉冲响应函数分析。

脉冲响应函数用于追踪系统对一个内生变量的冲击效果。脉冲响应分析不关注一个变量的变化对另一个变量的影响如何，而是分析当一个误差项发生变化或者说模型受到某种冲击时，对系统的动态影响状况。根据分析，可以得到名义 GDP、金融相关率和金融市场化率之间相互冲击的动态响应路径。脉冲响应函数轨迹如图 9~11 所示。这三组图的横轴表示冲击作用的滞后期间数（单位：年），纵轴表示内生变量对冲击的响应程度，曲线表示脉冲响应函数。

第一组三幅图反映了 LDGP 对自身、LFIR 和 LSCH 变化的冲击响应。

（1）LDGP 对一个单位自身新息的冲击的反应在第 2 期下降，第 3 期达到最大值 0.058，第五期之后趋于稳定。

（2）LGDP 对一个单位 LFIR 新息的冲击的反应为先下降，第 3 期达到最低点，第 6 期又上升到最高点，到第 9 期后又呈现负向反应。说明存贷款占 GDP 的规模若增加，则最开始会引起 GDP 的负向反应，之后又引起 GDP 的上升，最后又引起 GDP 的负向反应。

（3）LGDP 对一个单位 LSCH 新息的冲击的反应为：第 1 期和第 2 期没有变化，第 2~4 期下降，从第 5 期开始趋于平稳。这说明商业贷款规模增加在短期内不会引起 GDP 的变化，但长期之内会引起负向效应。

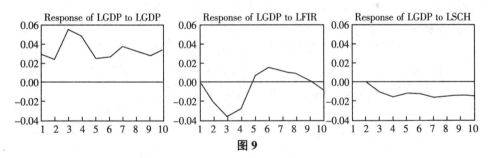

图 9

第二组三幅图反映了 LFIR 对 LDGP、自身和 LSCH 变化的冲击响应。

（1）LFIR 对一个单位 LGDP 新息的冲击的反应为：先上升，第 2 期下降，第 5 期这种正向影响达到顶点，之后再下降。可见在 5 年之内的反映 LFIR 对 LGDP 新息冲击的反应略有效果，但是并不明显。

（2）LFIR 对一个单位自身新息冲击的反应为：首先从高点快速下降，到第 5 年之后达到负向效应的最低点。这是大连市金融发展的自身特点，即随着存贷款规模占 GDP 比例的增加，其自身变化呈现快速下滑的趋势。这可能是由于大连市在金融方面采取了地方保护或政府采取了金融抑制政策所引起的。

（3）LFIR 对一个单位 LSCH 新息的冲击反应并不显著。这说明商业贷款规模的变化长期内并不会影响存贷款规模的变化。

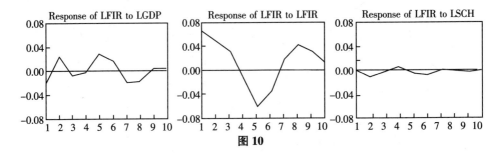

图 10

第三组三幅图反映了 LSCH 对 LDGP、LFIR 和自身变化的冲击响应。

（1）LSCH 对一个单位 LGDP 新息的冲击反应为长期内先上升，再下降，均在 0 轴附近轻微波动，冲击不明显。

（2）LSCH 对一个单位 LFIR 新息的冲击反应为刚开始达到极高点，然后快速下降，第 5 期之后达到-0.6 的最低点，之后又继续回升，第 8 年提升到最高点。商业贷款规模的增加会在短期内促进存贷款总规模的大幅度缩减，可能的原因是大连市区域内金融增长达到较为活跃的规模，但由于地方政府对外来银行业的抑制和对本地银行业的支持，所以导致商业贷款规模增加的同时，存贷款总额度减小，或总放贷额度减少，或生产企业贷款额度缩减，因此造成了存贷款比例快速下降的趋势。

（3）LSCH 对一个单位自身新息的冲击反应并不显著。此结论同上，在长期内几乎没反应。这与方差分解检验的结果相吻合，由于金融市场化率波动受其自身冲击的影响很低，因此长期内冲击反应也必然不显著。

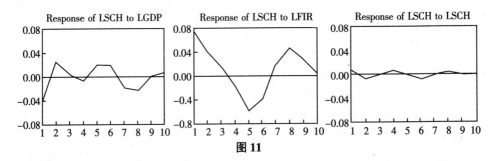

图 11

五、本文结论与政策建议

1. 本文结论

（1）通过应用 VAR 模型进行方差分解，本文认为从大连市的经济现状来看，其金融相关率、金融市场化率与经济增长相互作用的效应差异明显。

首先，金融规模的不断深入和发展会较为显著地推动经济增长，经济增长反过来也会在一定程度上推动金融行业的深入和发展，即金融规模的发展与 GDP 的增长呈现互为因果的关系；其次，就大连市的情况而言，金融市场化对经济增长的推动作用远远不及经济增长对金融市场化的推动作用，即 GDP 的增长与商业贷款的增加之间呈现单向因果关系；最后，金融规模的不断深化和发展在很大程度上推动了金融市场化的进程，即金融规模的发展与金融市场化程度之间存在单向因果关系。

（2）通过 VAR 模型对 LGDP、LFIR 和 LSCH 之间的关系作脉冲响应函数分析，本文发现由于大连市独特的金融政策，使得其金融相关率和金融市场化率长期内的发展趋势呈现自身的特点。

首先，金融市场化率完全受到外生变量的影响，因此若要提高金融市场化率，就要发展金融市场的存贷款规模，但又要注意金融抑制政策对其在长期上的负向作用。其次，大连市短期内的商业贷款规模增加后，由于政府的金融抑制政策，会抑制金融规模的继续发展。最后，大连市短期内商业贷款规模的增加对 GDP 增长的作用有限，但长期上会抑制 GDP 的有效增长。

2. 政策建议

鉴于大连市金融发展规模和金融市场化的自身特点，并结合目前辽宁省沿海经济带建设中大连市的区域金融中心地位，本文提出以下政策建议：

（1）建立以市场为导向的金融体制，减少政府对金融系统的直接干预。政府过度干预会降低金融系统的运行效率，影响市场对金融资源进行有效配置，进而导致对经济增长造成负面效应。对政府在经济体系以及金融系统中的定位要有明确的认识，政府在金融发展中只应发挥监督指导性作用，而金融机构的行为应由其自身的风险收益度量来决定。政府应对金融业进入与退出机制的建立进行指导与协助完善，使得金融企业的进入与退出符合市场对企业实力规模与盈利能力的要求。

（2）积极推动金融机构的创新，促进金融规模的发展，提高储蓄转化为投资的效率，减少流动性过剩。金融机构应适应市场需求推出消费信贷和理财等产品，同时注重专业人才的引进与培养，及时推出高质量的研发报告，为客户提供专业性的市场分析与信息服务，同时注重新的金融产品的研发，在控制风险的同时提高自身盈利能力。

（3）就大连本地情况而言，在加快经济发展的同时，政府应出台相应政策措施扶植金融业的发展，结合自身特点，运用相应的政策手段来适度调节金融相关率和金融市场化比率，减少金融市场的大幅波动，使得经济发展与金融发展呈现较为合理和长期稳定发展的分布状态，从而全面贯彻落实国务院有关"辽宁沿海经济带发展战略"，支持大连区域性金融中心的建设。

大连银行博士后　陈　亮　朱天星

参考文献：

［1］Boot，A.W.A，AV Thakor，Financial System Architecture［J］. The Review of Financial Studies.（1997）10（3）：693–733.

［2］Christopoulos，D.K.，E.G. Tsionasb，Financial Development and Economic Growth：Evidence from Panel Unit Root and Cointegration Tests［J］. Journal of Development Economics，Volume 73，Issue 1，February 2004：55–74.

［3］Darrat，A. F. Are Financial Deepening and Economic Growth Causally Related? Another Look at the Evidence［J］. International Economic Journal，Volume 13，Issue 3，1999：19–35.

［4］Greenwood，J，B. D. Smith，Financial Markets in Development，and the Development of Financial Markets［J］. Journal of Economic Dynamics and Control，Volume 21，Issue1，January 1997：145–181.

［5］Levine，R.，Financial Development and Economic Growth：Views and Agenda［J］. Journal of Economic Literature，Vol. 35，No. 2，Jun.，1997：688–726.

［6］McKinnon，R. I. Money and Capital in Economic Development［M］. Washington，D.C.：Brookings Institution.1973：177.

［7］Shaw，E. S. Financial Deepening in Economic Development［M］. Oxford University Press，New York，1973：260.

［8］艾洪德，徐明圣，郭凯. 我国区域金融发展与区域经济增长关系的实证分析［J］. 财经问题研究，2004（7）：26–32.

［9］陈菲，赵子龙. 中国金融结构与经济增长的实证分析［N］. 生产力研究，2009（5）：54–57.

［10］雷蒙德·W. 戈德史密斯.金融结构与金融发展［M］.上海：上海人民出版社，1994.

［11］梁琪，滕建州.我国金融发展与经济增长之间因果关系研［J］.财贸研究，2006（7）：34-38.

［12］谈儒勇.中国金融发展和经济增长关系的实证研究［J］.经济研究，1999（10）：53-61.

［13］陶黄勇.区域金融发展与经济增长的实证分析——以广西为例［J］.企业导报，2011（3）：169-170.

［14］王志强，孙刚.中国金融发展规模、结构、效率与经济增长关系的经验分析［J］.管理世界，2003（7）：13-20.

［15］张云.区域金融发展与经济增长、产业结构调整的关系——以上海为例［J］.上海经济研究，2008（12）：24-29.

［16］赵振全，薛丰慧.金融发展对经济增长影响的实证分析［J］.金融研究，2004（8）：94-99.

［17］周立.中国地区金融发展与经济增长［M］.北京：清华大学出版社，2004.

基于密度函数核估计的中国省域居民收入不确定性动态分析*

一、引 言

居民消费需求不振、生产领域产能过剩是近 10 年来我国宏观经济领域非常突出的问题，也是长期困扰决策层的主要问题之一。2009 年，温家宝总理在政府工作报告中提出将"扩内需、保增长"作为指导今后工作的一项基本原则，把扩大国内需求作为促进经济增长的长期战略方针和根本着力点，并强调了扩大内需的核心是扩大居民的消费需求。2011 年温家宝总理再次指出，扩大内需是我国经济发展的长期战略方针和基本立足点，也是促进经济均衡发展的根本途径和内在要求。他强调进一步扩大内需，特别是扩大居民消费需求是当前我国宏观经济调控领域需要解决的主要问题之一。为提振消费需求，我国相继推出了"四万亿经济刺激政策"等扩大投资的宏观经济调控措施，但效果并不理想。如何提振我国居民消费需求仍是需要深入研究的问题。

改革开放以后，随着市场经济主导地位的确立，我国先后对收入分配领域进行了不断的制度改革，各种不确定性因素对居民收入和消费需求的冲击不断加大，使得个人和家庭面临很多无法预期的、暂时性收入波动或意外的消费支出增加。根据预防性储蓄消费理论，收入的不确定性的存在使得居民消费支出是不平滑的，理性的消费者出于平滑消费的愿望，往往储蓄动力增强。因此，收入不确定性因素一直是影响居民收入和居民消费的重要变量。本文采用"调整离差率"来界定不确定性收入，通过采集我国 31 个省 1985~2010 年城镇居民和农村居民人均可支配收入的面板数据，估算了我国省域城镇居民和农村居民的收入不确定性指标，并通过非参数分析中的密度分布函数核估计的方法，

* 本文为河北省社会科学基金项目"基于经济增长视角的我国居民消费需求统计研究"（编号：HB10FTJ004）的阶段性成果。

剖析了收入不确定性因素的省域分布特征及其动态变动趋势。

二、收入不确定性的度量

收入的不确定性，是指居民收入具有的人们无法准确观测、分析和预见的变化，反映了不确定因素对居民可支配收入的影响。不确定性收入一直是研究居民收入和居民消费等相关问题过程中不可或缺的重要变量。如何对收入不确定性进行科学、精确的测量一直是相关研究过程中的重点和难点。迄今为止，关于收入不确定性的估算方法学术界没有形成一致观点，也没有权威结论。典型的指标选取方法有代理变量法和各种测算方法。代理变量法，即利用职业占比、失业率、收入增长率等代理变量作为收入不确定性的替代变量，而普遍运用的测算方法是使用收入、消费、地区差距等分组数据的标准差或方差，或是使用收入的变化趋势值与实际值之间的差额作为不确定性的估算值。

Skinner（1988）以职业间收入水平的标准差作为不确定性的测量指标，Carroll（1992）用月度人均可支配收入的方差（对数值）来代替收入的不确定性指标。宋铮（1999）整理了 1985~1997 年的年度时序资料，选取中国城市居民的收入标准差作为衡量收入不确定性的指标。孙凤、王玉华（2001）采用居民货币收入剔除季节性影响的月度数据标准差来衡量收入的不确定性。申朴、刘康兵（2003）则以居民可支配收入的标准差来衡量不确定性。藏旭恒、裴春霞（2004）采用各省人均 GDP 增长率的趋势值和实际值的差额的绝对值来度量收入的不确定性。罗楚亮（2004）采用收入的对数方差、暂时性收入平方项、预测失业概率三个指标来合成收入的不确定性指标。刘兆博、马树才（2007）使用农户持久收入与实际纯收入平均值的对数值之差的绝对值来测定收入的不确定性。曾令华、赵晓英（2007）运用我国人均对数消费的一阶差分偏离其平均值的平方作为反映居民面临的不确定性的变量。王健宇（2009）采用居民收入的"调整离差率"作为收入不确定性的量化指标。杭斌、郭香俊（2009）选择各省农村住户抽样调查数据中的"平均每一就业者负担人数"作为不确定性的替代变量，该指标是平均每户家庭人口与平均每户就业人口之比。王静（2011）用暂时性收入占可支配收入的比重作为不确定性的测量指标。周京奎（2011）用失业概率作为收入不确定性的代理变量。郭英彤（2011）单个家庭可支配收入的方差作为名义收入不确定性的衡量指标。

相比较而言，笔者认为王健宇（2009）的测算方法更值得借鉴。根据收入不确定性的原始定义，引入"调整离差率"（Adjusted Deviation Rate）作为我国居民收入不确定性的量化指标，并对我国居民的收入不确定性进行测算。所谓调整离差率是指预期之外的收入的波动量占该年份预期收入的百分比，描述了预期之外的收入与居民预期收入之间的偏离程度。[①] 以上各种测算方法都有一定的科学性，但也存在一些不足。我们偏向于认为调整离差率可能更能反映收入的不确定性特征，因此笔者选择"调整离差率"作为衡量收入不确定性的指标。

调整离差率的计算公式为：

$$ADR_n = \frac{I_n - I'_n}{I'_n} \times 100\%$$

$$I'_n = I_{n-1} \times (1 + k_n\%)$$

其中：ADR_n 表示居民第 n 年的调整离差率，I_n 表示居民第 n 年的实际纯收入，I'_n 表示居民第 n 年的预期收入值，I_{n-1} 表示居民第 n-1 年的实际纯收入值，$k_n\%$ 表示居民第 n 年预期的收入增长率，为一段时间内居民收入的平均增长率。

三、我国省域居民的收入不确定性指标估算

在计算预期收入值时，需要首先计算预期收入增长率。这里笔者利用前期实际纯收入数据，采用三年移动平均法来估算预期收入增长率。定义 adru 为我国城镇居民人均可支配收入的不确定性指标，adrr 为我国农村居民人均可支配收入的不确定性指标。城镇居民人均可支配收入和农村居民人均纯收入数据均来自《新中国 60 年统计资料汇编》和历年《中国统计年鉴》。估算结果如表1 和表 2 所示。

---

① 王健宇. 收入不确定性的测算方法研究 [J]. 统计研究，2010（9）：58–64.

表 1　我国各省城镇居民收入不确定性指标估算结果

地区＼年份	1985	1986	1987	1988	1989	1990	1991	1992	1993	1994	1995	1996	1997
北京	0.1829	-0.0021	-0.0923	0.0155	-0.0471	-0.0226	-0.0061	0.0306	0.2235	0.1656	-0.0670	-0.1352	-0.1156
天津	-0.0635	-0.0634	0.0203	0.0421	-0.0174	-0.1052	-0.0301	0.1011	0.0124	0.0741	0.0893	0.0199	-0.0998
河北	0.1146	0.0695	-0.0670	0.0693	-0.0291	-0.0585	-0.0964	0.0632	0.1139	0.1719	0.0481	-0.1554	-0.1170
山西	0.0571	0.0831	-0.0370	0.0088	0.0672	-0.0698	-0.0672	0.0050	0.0832	0.1399	0.0540	-0.1171	-0.1308
内蒙古	0.1075	0.0194	-0.1001	-0.0240	0.0330	-0.0106	-0.0003	0.0176	0.1369	0.1274	-0.0892	-0.0325	-0.0609
辽宁	0.0259	0.1373	-0.0406	0.0445	-0.0165	-0.0662	-0.0533	0.0101	0.0703	0.1615	-0.0037	-0.0819	-0.1237
吉林	0.1313	0.1071	-0.0518	-0.0309	-0.0449	-0.0245	0.0033	0.0452	0.0478	0.1237	0.0113	-0.0395	-0.1190
黑龙江	0.1534	-0.0481	-0.0865	-0.0236	0.0245	-0.0424	0.0343	0.0526	0.0658	0.1283	0.0534	-0.1248	-0.1293
上海	0.1749	0.0177	-0.1007	-0.0017	-0.0207	-0.0414	-0.0099	0.0710	0.2346	0.0916	-0.0842	-0.1501	-0.1685
江苏	0.0913	0.0165	-0.0974	0.0338	-0.0356	-0.0705	-0.0232	0.1971	0.1141	0.0977	-0.0749	-0.1361	-0.1005
浙江	0.2408	0.0163	-0.1188	0.0535	-0.0647	-0.0882	-0.0492	0.1059	0.2193	0.1280	-0.0799	-0.1634	-0.1521
安徽	0.0338	0.1485	-0.0445	-0.0192	-0.0279	-0.0580	-0.0351	0.0850	0.1006	0.1487	-0.0206	-0.0728	-0.1905
福建	0.1561	0.1259	-0.0693	0.0016	0.0551	-0.0542	-0.0678	0.0320	0.0826	0.1333	-0.0246	-0.0986	-0.1130
江西	0.1760	0.1002	-0.1074	-0.0122	-0.0168	-0.0377	-0.0478	0.0983	0.1011	0.1769	-0.0585	-0.1315	-0.1348
山东	0.0733	0.0125	-0.0091	0.0194	0.0006	-0.0671	0.0081	0.0332	0.1214	0.1429	-0.0260	-0.1136	-0.1518
河南	0.1351	0.0748	-0.0410	-0.1065	0.0370	0.0170	-0.0289	0.0223	0.0789	0.1520	0.0173	-0.1049	-0.1238
湖北	0.0916	0.0634	-0.0564	-0.0793	0.0817	-0.0110	-0.0260	0.0157	0.1408	0.1451	-0.0645	-0.1614	-0.1183
湖南	0.0862	0.0459	-0.0387	0.0588	0.0059	-0.0984	-0.0364	0.0796	0.1465	0.1390	-0.0690	-0.1707	-0.1557
广东	0.0278	0.0065	0.0371	0.0216	0.1129	-0.1085	-0.0098	0.0478	0.1221	0.0878	-0.1172	-0.1510	-0.1349
广西	0.1025	-0.0230	-0.0519	0.1025	-0.0578	-0.0646	-0.0515	0.1676	0.1701	0.0872	-0.1095	-0.2032	-0.1607
海南	-0.1073	-0.0828	0.0831	0.0950	-0.0118	0.0164	-0.0820	0.1236	0.1088	0.0335	-0.0615	-0.1886	-0.1622
重庆	0.2085	0.0296	-0.0816	-0.0543	-0.0255	0.0258	-0.0282	0.0180	0.1026	0.1059	-0.0327	-0.0883	-0.1345
四川	0.0660	0.0523	-0.0685	0.0118	0.0145	-0.0539	-0.0245	0.0278	0.0633	0.1663	-0.0303	-0.1297	-0.1197
贵州	0.1235	0.0573	-0.0741	0.0243	-0.0142	-0.0520	-0.0134	0.0471	0.0689	0.1768	-0.0307	-0.1586	-0.1431

续表

年份 地区	1985	1986	1987	1988	1989	1990	1991	1992	1993	1994	1995	1996	1997
云南	0.1154	0.0047	-0.0376	-0.0067	-0.0222	0.0144	-0.0245	0.0639	0.0986	0.0798	-0.0634	-0.0242	-0.0970
西藏	-0.0095	-0.0400	0.1204	0.0129	-0.0416	-0.0338	0.1295	-0.0794	0.0026	0.2484	0.0039	0.0069	-0.2100
陕西	0.0805	0.1088	-0.0634	-0.0266	0.0173	-0.0398	-0.0472	0.0071	0.1082	0.1054	0.0142	-0.0774	-0.1395
甘肃	0.0313	0.0947	-0.0389	-0.0231	0.0040	-0.0684	0.0279	0.1148	0.0203	0.1173	-0.0506	-0.1341	-0.1017
青海	0.0382	-0.1388	-0.0434	-0.0887	-0.0041	-0.0676	0.0377	0.0852	0.0627	0.1491	-0.0097	-0.0902	-0.1500
宁夏	0.0614	0.0706	-0.0933	-0.0084	-0.0001	0.0285	-0.0367	0.0292	0.0473	0.1939	-0.0890	-0.1344	-0.1090
新疆	0.0250	0.0165	-0.0540	0.0321	-0.0280	-0.0005	-0.0025	0.1875	0.0451	0.0645	0.0174	-0.1327	-0.1639

表 1 我国各省城镇居民收入不确定性指标估算结果（续表）

年份 地区	1998	1999	2000	2001	2002	2003	2004	2005	2006	2007	2008	2009	2010
北京	-0.0832	-0.0415	0.0237	0.0184	-0.0300	0.0058	0.0212	0.0210	0.0077	-0.0251	0.0036	-0.0335	-0.0135
天津	-0.1024	-0.0980	-0.0107	0.0298	0.0250	0.0076	0.0095	-0.0019	-0.0035	-0.0042	0.0019	1.0062	-0.2296
河北	-0.1350	-0.0274	-0.0107	0.0114	0.0569	0.0073	0.0117	0.0418	0.0201	0.0084	0.0111	-0.0383	-0.0190
山西	-0.1160	-0.0144	0.0314	0.0784	0.0550	-0.0043	-0.0107	-0.0072	-0.0014	0.0233	-0.0009	-0.0621	-0.0002
内蒙古	-0.0520	-0.0495	-0.0369	-0.0112	0.0089	0.0706	0.0431	-0.0105	-0.0119	0.0493	0.0129	-0.0573	-0.0316
辽宁	-0.1049	-0.0163	0.0394	0.0218	0.0432	0.0085	0.0002	0.0212	0.0187	0.0523	0.0139	-0.0600	-0.0232
吉林	-0.1492	-0.0329	0.0161	0.0600	0.0824	0.0002	-0.0128	-0.0250	0.0083	0.0331	0.0067	-0.0412	-0.0243
黑龙江	-0.1060	-0.0051	0.0006	0.0389	0.0379	-0.0042	0.0097	-0.0047	0.0027	0.0034	0.0175	-0.0301	-0.0069
上海	-0.0811	0.1640	-0.0314	-0.0177	-0.0971	0.0520	0.0358	0.0245	-0.0108	0.0241	0.0055	-0.0406	-0.0123
江苏	-0.0942	-0.0046	-0.0376	0.0263	0.0359	0.0509	0.0207	0.0452	-0.0028	0.0111	-0.0172	-0.0424	-0.0160
浙江	-0.0615	-0.0046	0.0327	0.0438	0.0165	0.0079	-0.0182	0.0037	0.0042	0.0103	-0.0159	-0.0308	0.0064
安徽	-0.1000	-0.0200	0.0043	0.0218	0.0046	0.0599	0.0202	0.0264	0.0301	0.0393	-0.0170	-0.0598	-0.0083
福建	-0.0910	-0.0404	0.0107	0.0497	0.0173	-0.0129	0.0122	-0.0011	0.0122	0.0138	0.0386	-0.0388	-0.0112

续表

年份\地区	1998	1999	2000	2001	2002	2003	2004	2005	2006	2007	2008	2009	2010
江西	-0.0820	0.0278	0.0037	0.0003	0.0555	-0.0129	-0.0099	0.0256	-0.0002	0.0542	0.0048	-0.0467	-0.0290
山东	-0.0978	-0.0017	0.0548	0.0152	-0.0225	0.0078	0.0309	0.0353	0.0116	0.0333	-0.0041	-0.0495	-0.0135
河南	-0.1135	-0.0112	-0.0126	0.0504	0.1009	-0.0046	-0.0184	-0.0094	0.0146	0.0417	0.0093	-0.0567	-0.0245
湖北	-0.0773	0.0159	-0.0024	0.0022	0.0869	-0.0133	-0.0032	-0.0145	0.0238	0.0629	0.0157	-0.0453	-0.0165
湖南	-0.0560	0.0194	0.0202	0.0278	-0.0468	0.0385	0.0464	0.0195	-0.0066	0.0540	-0.0017	-0.0363	-0.0270
广东	-0.0655	-0.0256	0.0304	0.0212	0.0123	0.0402	0.0167	-0.0092	-0.0131	0.0142	0.0218	-0.0074	0.0029
广西	-0.0282	-0.0031	0.0005	0.0931	0.0227	-0.0261	-0.0463	0.0185	0.0391	0.1373	0.0132	-0.0643	-0.0491
海南	-0.0718	0.0934	-0.0239	0.0532	0.0977	-0.0216	-0.0376	-0.0448	0.0911	0.0731	0.0185	-0.0580	-0.0025
重庆	-0.0962	-0.0054	0.0083	0.0112	0.0342	0.0402	0.0409	-0.0077	0.0059	0.0523	0.0030	-0.1308	0.0019
四川	-0.0491	-0.0162	0.0006	0.0051	0.0326	0.0003	0.0317	0.0199	0.0299	0.0799	0.0075	-0.0447	-0.0202
贵州	-0.0799	0.0268	-0.0161	0.0147	0.0276	0.0385	0.0258	0.0085	0.0074	0.0501	-0.0292	-0.0324	-0.0201
云南	-0.0748	-0.1053	-0.0482	0.0291	0.0239	0.0011	0.0895	-0.0450	-0.0001	0.0404	0.0565	-0.0341	-0.0123
西藏	-0.0868	-0.0088	0.0133	0.0232	-0.0033	-0.0474	-0.0556	-0.0219	0.0349	0.2023	0.0091	-0.0507	-0.0386
陕西	-0.0787	0.0162	0.0297	-0.0147	0.0578	-0.0303	0.0009	-0.0055	0.0247	0.0477	0.0585	-0.0517	-0.0354
甘肃	0.0082	0.0299	-0.0023	-0.0138	0.0359	-0.0268	0.0013	-0.0133	0.0069	0.0181	-0.0105	-0.0176	0.0033
青海	-0.0639	0.0279	0.0261	0.0392	-0.0489	-0.0101	-0.0047	0.0217	0.0235	0.0363	0.0122	-0.0364	-0.0267
宁夏	-0.0145	0.0191	0.0227	0.0393	-0.0095	-0.0278	0.0050	0.0269	0.0231	0.0657	0.0389	-0.0726	-0.0531
新疆	-0.1081	0.0001	0.0145	0.0462	-0.0193	-0.0030	-0.0036	0.0000	0.0393	0.0744	-0.0036	-0.0487	-0.0012

表 2　我国各省农村居民收入不确定性指标估算结果

年份\地区	1985	1986	1987	1988	1989	1990	1991	1992	1993	1994	1995	1996	1997
北京	-0.0478	-0.1280	-0.0480	0.0408	0.0419	-0.0784	-0.0244	0.0001	0.0901	0.1585	0.1066	-0.1263	-0.1531
天津	-0.0626	-0.0646	0.0208	0.0416	-0.0171	-0.1055	-0.0304	0.0228	0.0353	0.1198	0.1263	0.0156	-0.1471
河北	-0.0627	-0.0989	-0.0184	0.1302	-0.0425	-0.0689	-0.0567	-0.0238	0.1215	0.2625	0.2582	-0.0906	-0.1892

续表

年份 地区	1985	1986	1987	1988	1989	1990	1991	1992	1993	1994	1995	1996	1997
山西	-0.1442	-0.1748	0.0087	0.1218	0.0916	0.0279	-0.1957	0.0077	0.0675	0.1573	0.1778	0.0329	-0.1383
内蒙古	-0.0564	-0.1442	0.0540	0.2201	-0.0958	0.0293	-0.1288	0.0396	0.0544	0.1776	0.0378	0.0106	-0.1081
辽宁	-0.1277	-0.0387	0.0636	0.0812	-0.0634	0.0119	-0.0411	0.0212	0.0569	0.0984	0.0569	0.0125	-0.1283
吉林	-0.2871	0.0062	0.1430	0.1613	-0.1351	0.0328	-0.0639	0.0156	0.0125	0.3261	0.0521	0.0436	-0.2310
黑龙江	-0.2677	0.0050	-0.0756	0.1231	-0.1362	0.3510	-0.1835	0.1554	-0.1165	0.2164	0.0193	0.0000	-0.1773
上海	-0.1567	0.0034	-0.0532	0.1103	-0.0046	-0.0686	0.0334	-0.0383	0.0779	0.0683	0.0304	-0.0798	-0.1018
江苏	-0.0854	-0.0261	-0.0420	0.1371	-0.0653	-0.1317	-0.0754	0.0972	0.1186	0.2801	0.0612	-0.0709	-0.1945
浙江	0.0582	-0.0521	-0.0031	0.0571	-0.0512	-0.0828	-0.0424	0.0172	0.1640	0.0895	0.0863	-0.1001	-0.1546
安徽	0.0449	-0.0347	-0.0091	0.0283	-0.0307	-0.0424	-0.2337	0.3144	0.1996	0.1935	0.0318	-0.0616	-0.1381
福建	0.0056	-0.0711	0.0371	0.1273	-0.0197	-0.0759	-0.0456	0.0380	0.0968	0.1166	0.0553	-0.0479	-0.1215
江西	-0.0079	-0.0625	-0.0091	0.0455	0.0496	0.0686	-0.0961	-0.0327	0.0162	0.2831	0.0441	-0.0385	-0.1282
山东	-0.1117	-0.0085	0.0705	0.0293	-0.0414	-0.0369	0.0254	-0.0395	0.0944	0.2365	0.0762	-0.0574	-0.1551
河南	-0.0275	-0.1186	0.0568	-0.0158	0.0646	0.0376	-0.0847	-0.0125	0.0856	0.1897	0.1344	0.0004	-0.1647
湖北	-0.1229	-0.0760	-0.0979	0.0242	0.0863	0.0781	-0.1759	-0.0039	0.0870	0.4133	0.0386	-0.0613	-0.1579
湖南	0.0047	-0.0033	-0.0402	-0.0117	-0.0086	0.0986	-0.0758	-0.0272	0.0473	0.2467	0.0336	0.0083	-0.1137
广东	0.0636	0.0103	0.0879	0.0528	0.0018	-0.0934	-0.0591	0.0187	0.1531	0.1099	-0.0041	-0.0739	-0.1214
广西	0.0348	-0.0418	0.0503	0.0906	0.0161	0.1488	-0.1571	-0.0440	0.0471	0.1203	0.0969	-0.0620	-0.1156
海南	0.1418	0.0426	-0.0584	0.0635	-0.0026	-0.0259	-0.1231	0.0340	0.0629	0.1232	0.0167	-0.0387	-0.1264
重庆	-0.0550	-0.0086	-0.0133	0.1029	-0.0059	0.0222	-0.0682	-0.0315	0.0041	0.2551	0.0566	-0.0593	-0.0902
四川	0.0057	-0.0001	-0.0004	0.1164	-0.0232	-0.0065	-0.0784	-0.0194	0.0125	0.2573	0.0400	0.0229	-0.0952
贵州	0.0629	-0.0938	0.0166	0.0641	-0.0147	-0.1003	-0.0145	0.0312	0.0845	0.2331	0.1541	-0.0924	-0.2202
云南	-0.1295	-0.0742	-0.0052	0.1119	0.0190	0.0067	-0.0705	-0.0211	0.0019	0.1048	0.1238	0.0302	-0.0841
西藏	0.0345	-0.2301	-0.1014	0.0435	-0.0561	0.0059	0.0189	0.0317	0.0241	0.0850	-0.0221	0.0055	-0.0012
陕西	-0.0150	-0.0840	0.0168	0.1360	-0.0365	0.0785	-0.1424	-0.0494	0.0701	0.1476	0.0410	0.0090	-0.0910

续表

年份 地区	1985	1986	1987	1988	1989	1990	1991	1992	1993	1994	1995	1996	1997
甘肃	0.0384	-0.0354	-0.0271	0.0256	-0.0134	0.0429	-0.0794	0.0054	0.0296	0.2100	0.0321	0.0260	-0.1276
青海	0.0728	-0.0676	-0.0654	0.1227	-0.1690	0.1115	-0.1256	0.0375	0.0175	0.2144	0.0173	-0.0479	-0.0668
宁夏	-0.0458	0.0319	-0.0836	0.1366	-0.0181	-0.0211	-0.1142	-0.0603	0.0285	0.3129	-0.0126	0.1435	-0.1538
新疆	-0.0584	-0.0536	-0.0293	0.0185	0.0176	0.1488	-0.1059	-0.0655	-0.0552	0.1526	0.1032	-0.0192	-0.0182

表 2 我国各省农村居民收入不确定性指标估算结果 (续表)

年份 地区	1998	1999	2000	2001	2002	2003	2004	2005	2006	2007	2008	2009	2010
北京	-0.0798	-0.0072	0.0186	0.0458	0.0189	-0.0035	-0.0098	-0.0108	-0.0044	0.0092	0.0216	-0.0218	0.0274
天津	-0.1369	-0.1070	0.0169	0.0501	0.0302	-0.0106	0.0176	0.0260	0.0214	0.0149	0.0096	-0.0224	0.0378
河北	-0.1803	-0.1033	-0.0421	0.0222	0.0043	0.0293	0.0604	0.0276	0.0012	0.0262	0.0095	-0.0349	0.0454
山西	-0.1495	-0.1765	0.0273	-0.0060	0.0792	0.0026	0.0574	0.0164	-0.0033	0.0342	-0.0047	-0.0780	0.0127
内蒙古	-0.0637	-0.1230	-0.0565	-0.0755	0.0586	0.0719	0.1075	0.0447	-0.0086	0.0394	0.0248	-0.0854	-0.0180
辽宁	-0.0469	-0.1485	-0.1061	0.0743	0.0766	0.0310	0.0475	0.0240	0.0048	0.0446	0.0334	-0.0691	0.0219
吉林	-0.0952	-0.1728	-0.1249	0.1035	0.1107	0.0524	0.1004	-0.0227	0.0004	0.0186	0.0531	-0.0700	0.0465
黑龙江	-0.1776	-0.1179	-0.0066	0.0871	0.0497	0.0068	0.1374	-0.0243	-0.0013	0.0348	0.0561	-0.0651	0.0492
上海	-0.1130	-0.0657	-0.0260	0.0327	0.0342	0.0278	0.0380	0.0542	0.0007	-0.0044	-0.0029	-0.0115	0.0119
江苏	-0.1521	-0.0717	-0.0195	0.0200	0.0163	0.0146	0.0616	0.0282	0.0040	0.0159	0.0071	-0.0263	0.0240
浙江	-0.1284	-0.0497	0.0314	0.0265	0.0141	0.0202	0.0346	-0.0068	-0.0031	0.0193	0.0120	-0.0315	0.0182
安徽	-0.1643	-0.0971	-0.0381	0.0210	0.0203	-0.0310	0.1379	-0.0179	0.0422	0.0708	0.0493	-0.0823	0.0199
福建	-0.1267	-0.0719	-0.0278	-0.0036	-0.0002	0.0086	0.0434	0.0213	0.0065	0.0374	0.0286	-0.0347	-0.0021
江西	-0.1913	-0.0591	-0.0416	0.0401	0.0163	0.0209	0.1464	0.0054	-0.0199	0.0071	0.0275	-0.0431	0.0154
山东	-0.1119	-0.0788	-0.0247	0.0036	0.0073	0.0154	0.0521	0.0398	0.0102	0.0234	0.0064	-0.0385	0.0208

续表

年份 地区	1998	1999	2000	2001	2002	2003	2004	2005	2006	2007	2008	2009	2010
河南	-0.1362	-0.0924	-0.0499	0.0095	0.0153	-0.0335	0.0975	0.0517	0.0405	0.0414	0.0081	-0.0679	0.0090
湖北	-0.1513	-0.0980	-0.0353	0.0109	0.0118	0.0166	0.0805	0.0006	0.0189	0.0623	0.0448	-0.0562	0.0174
湖南	-0.1618	-0.0846	-0.0377	0.0204	0.0060	0.0180	0.0685	0.0238	-0.0041	0.0451	0.0388	-0.0386	0.0119
广东	-0.1297	-0.0606	-0.0364	0.0136	0.0149	0.0108	0.0401	0.0229	0.0193	0.0270	0.0457	-0.0271	0.0309
广西	-0.1201	-0.0644	-0.1441	0.0426	0.0379	0.0450	0.0583	0.0224	0.0336	0.0599	0.0230	-0.0534	0.0111
海南	-0.0417	-0.0116	-0.0131	-0.0432	0.0083	0.0213	0.0361	-0.0060	0.0089	0.0785	0.0482	-0.0482	-0.0198
重庆	-0.1021	-0.0935	-0.0417	0.0034	0.0326	0.0097	0.0757	0.0319	-0.0724	0.1184	0.0488	-0.0479	0.0151
四川	-0.1215	-0.1107	-0.0472	0.0012	0.0243	0.0117	0.0977	-0.0052	-0.0266	0.0692	0.0441	-0.0487	-0.0017
贵州	-0.1371	-0.0483	-0.0136	0.0081	0.0357	0.0193	0.0536	0.0203	-0.0212	0.1049	0.0570	-0.0606	0.0049
云南	-0.1581	-0.0701	-0.0248	0.0125	0.0144	0.0161	0.0491	0.0261	0.0179	0.0690	0.0444	-0.0558	0.0246
西藏	-0.0291	-0.0096	-0.0283	-0.0147	0.0159	0.0435	0.0159	0.0164	0.0560	0.0136	-0.0046	-0.0347	0.0352
陕西	-0.0645	-0.0877	-0.0632	-0.0120	0.0231	0.0182	0.0663	0.0259	0.0126	0.0593	0.0554	-0.0490	0.0378
甘肃	-0.0314	-0.1308	-0.0709	-0.0028	0.0263	0.0112	0.0503	-0.0018	0.0016	0.0062	0.0835	-0.0169	0.0276
青海	-0.0609	-0.0651	-0.0735	0.0376	0.0193	0.0131	0.0324	0.0040	0.0069	0.0433	0.0347	-0.0263	0.0271
宁夏	-0.0517	-0.1487	-0.1105	0.0169	0.0379	0.0407	0.0730	-0.0027	0.0054	0.0424	0.0414	-0.0325	0.0161
新疆	-0.0890	-0.1790	0.0461	0.0275	0.0626	0.0452	-0.0240	0.0094	0.0019	0.0655	-0.0207	-0.0121	0.0637

四、概率密度分布函数的核估计法

核估计是一种非参数估计方法，主要用于对随机变量密度分布函数进行估计。经济计量研究中常用的是参数估计，即假定经济变量之间具有一定的函数关系，并且函数形式是可以确定的，可以写成带参数的形式进行估计。非参数估计的特点在于回归函数的形式可以是任意的，没有任何约束，解释变量和被解释变量的分布也很少限制，因而有较大的适应性。其目的在于放松回归函数形式的限制，为确定或建议回归函数的参数表达式提供有用的工具，从而能在广泛的基础上得出更加带有普遍性的结论（叶阿忠，2003）。[①]

设解释变量 X 和被解释变量 Y 的一个样本为 $\{(X_1, Y_1), \cdots, (X_n, Y_n)\}$，记 $f_{xy}(x, y)$ 为解释变量 X 和被解释变量 Y 的联合密度函数，$f_x(x)$ 为解释变量 X 的概率密度函数，则有：

$$f_{Y|X}(y|x) = \frac{fxy(x, y)}{fx(x)} \tag{1}$$

的核估计为：

$$\hat{f}_{Y|X}(y|x) = \frac{\hat{f}xy(x, y)}{\hat{f}x(x)} \tag{2}$$

其中：

$$\hat{f}_{xy}(x, y) = \frac{1}{nab} \sum_{i=1}^{n} K\left(\frac{X_i - x}{a}\right) K\left(\frac{Y_i - y}{b}\right) \tag{3}$$

是 $fxy(x, y)$ 的核估计。

$$fx(x) = \frac{1}{na} \sum_{i=1}^{n} K\left(\frac{X_i - x}{a}\right) \tag{4}$$

是 $fx(x)$ 的核估计。K (x) 为核函数。根据核估计的性质，若 $\{X_1, \cdots, X_n\}$ 是独立同分布的随机变量序列，则概率密度函数 $fx(x)$ 的核估计是 $f(x)$ 的渐近无偏估计与一致估计。

---

① 叶阿忠. 非参数和半参数计量经济模型理论 [M]. 北京：科学出版社，2008：41.

五、省域居民收入不确定性的分布特征及其动态变动趋势

为揭示我国省级区域居民收入不确定性的动态变化特征及趋势，笔者利用非参数计量分析模型中的密度分布函数核估计的方法来描述省域收入不确定性的变动趋势和特征。为简便起见，自 1985 年起，我们把每隔 5 年视为一个时间节点来进行分析，所用软件为 Eviews6.0。

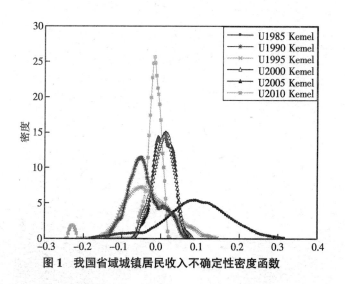

图1　我国省域城镇居民收入不确定性密度函数

图 1 为我国 30 个省份的城镇居民收入不确定性指标的密度函数的核估计。从图上可以看出，1985~2010 年我国城镇居民收入不确定性的密度函数表现为先左移后右移的发展过程，同时伴有峰高不断升高，表明 1985 年以后我国城镇居民收入受不确定性因素的影响广度不断扩大，总体影响方向多数情况下为负向，呈现先迅速下降后又缓慢上升的变动轨迹。1985 年收入不确定性的影响均值为正，且绝大多数省份处于正向影响区间，收入不确定性的密度函数分布呈现发散特点，说明收入不确定性的存在增加了大多数省份城镇居民的可支配收入，但省份之间差异不太大。1985~1990 年，城镇居民收入受不确定性的冲击发生了很大的逆转，表现为均值为负，收入的不确定性在大多数省份的影响为负向影响且峰高上升，说明不确定性的影响广度扩大，此后一直到 2005 年，收入的不确定性对我国城镇居民的影响广度持续扩大，但总体均值为正，

说明就全国来说收入不确定性的平均影响为轻微的正向。到 2010 年城镇居民收入不确定性指标的密度函数呈现近似正态分布且峰高骤升，同时尾部进一步缩窄，说明此时各省份之间收入不确定性影响力度差异明显缩小，收入不确定性因素的影响向纵深发展，不确定性的冲击收敛特征明显。

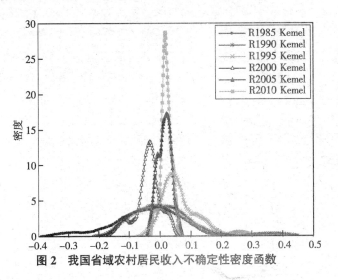

图 2　我国省域农村居民收入不确定性密度函数

图 2 为我国 30 个省份的农村居民收入不确定性指标的密度函数核估计。从图上可以看出，1985~2010 年我国农村收入不确定性的密度函数均值经历了围绕零点先右移后左移然后又右移的发展轨迹，同时峰高变异较大，表明我国农村居民收入受不确定性因素的影响广度和深度不断加大，总体影响方向正负交错。其中，以 1995 年和 2000 年为界，可以将我国农村居民受收入不确定性因素的影响分为三个阶段，即 1985~1995 年的农村居民收入不确定性的密度函数缓慢右移的阶段、1995~2000 年的迅速左移阶段和 2000~2010 年的不断右移阶段。

具体来说，1985~1990 年，我国农村居民收入不确定性因素的密度函数均为单峰分布且峰度基本相同，并呈现低峰阔尾的特征。这说明在此期间，农村居民收入不确定性指标的均值基本没变，更多的省份受收入不确定性的冲击较小，收入的不确定性冲击呈现发散的特点。总体来说，本段时期，我国农村居民受收入不确定性的冲击不强烈，冲击程度变化也不大。略微有所差别的是，在此期间，我国农村居民收入不确定性因素的密度函数由轻微左偏变为轻微右偏，说明收入不确定性的影响对某些省份来说还是有所加大，部分省份经历了收入不确定性的影响缓慢上升的过程，但总体来说影响相对较小，均值接近于零点。1990~1995 年，密度函数均值不断右移，峰高迅速上升，同时尾部迅速收缩，并呈现向双峰发展的态势，说明我国农村居民收入的不确定性指标均值上升，不确定的影响不断加大，波及面越来越大，并有两极分化的倾向，即部分省份农村居民收入受不确定性的影响增长迅速，部分省份受不确定性的影响是缓慢上升的，受不确定性冲击力度拉开距离，总体均值为正，说明在此期间全国农村居民收入受不确定性冲击平均为正向影响。1995~2000年，我国农村居民收入不确定性密度函数迅速左移，并呈现明显的双峰分布特征，同时峰高上升，说明在此期间，不确定性的总体影响转为负向影响且波及面有所加大。2000年以后，我国农村居民收入不确定性密度函数不断右移并超过零点，同时峰高迅速升高，尾部迅速收缩，说明在此期间，收入的不确定性因素对我国农村居民的影响面已扩散至全国绝大多数省份，收入不确定性的冲击由发散转变为具有收敛特征，但总体来说表现为正向影响的省份较多，全国总体平均来说为正向影响。

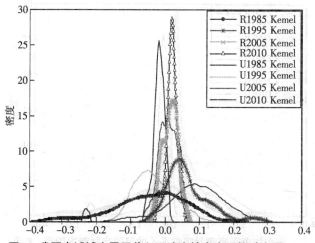

图3　我国省域城乡居民收入不确定性密度函数对比图

　　图3为我国城乡居民1985年、1995年、2005年和2010年的密度函数核估计对比。值得说明的是，1985年无论是城镇居民还是农村居民，收入不确定性的密度函数均基本呈现厚尾的正态分布特征。其中，城镇居民的峰高略高于农村居民，城镇居民收入不确定性的影响显著为正且绝大多数省份为正向影响，总体均值为0.08811；而同期农村居民收入不确定性影响总体均值为-0.0421，有超过一半的省份为负向影响。这说明当时在改革开放初期阶段，涉及城镇居民的一系列改革措施还没有启动，城镇居民比农村居民享受了更多的社会福利，获得了很多不确定性的收入。农村居民则率先被打破了大锅饭，在没有任

何社会保障措施的情况下被完全推向了市场，收入的不确定性风险降低了农村居民的可支配收入。城乡对比发生逆转是在 1990 年以后，1990 年收入不确定性对我国农村居民的影响基本没变，均值仍轻微为负，而同期收入不确定性对城镇居民的影响则逆转为负向影响且峰高较高，波及面较大。至 1995 年，情况变为收入不确定性对我国农村居民的影响均值显著为正，而同期收入不确定性对城镇居民的影响仍为显著的负向影响。2005 年，城镇居民和农村居民收入不确定性的密度函数均呈现高峰窄尾特征，二者分布基本相同，农村居民的峰高略高于城镇居民，说明收入不确定性的冲击表现为收敛特点，此时收入不确定性对我国城乡居民的影响差异不大，但均面临着不确定性的强烈冲击。2010 年二者峰高进一步拉升，高峰窄尾特征更加明显，说明收入不确定性的影响已经向纵深发展，总体来说，收入不确定性对农村居民的冲击均值为正，对城镇居民冲击的均值为负，即平均来说，2010 年收入的不确定性增加了农村居民的可支配收入，但却降低了城镇居民的可支配收入。从影响力度来看，无论是城镇居民还是农村居民，1995 年以前收入不确定性在各省份之间的影响均呈现发散特征，2000 年以后则呈现收敛特征，说明各个省份受不确定性的影响差异在不断缩小，面临的风险基本相同。这种情况反映了随着各种经济制度改革的不断推进，城镇居民承受了与改革前截然不同的收入不确定性负向压力，而农村居民由于在城镇化推进过程中不断进入城市从事临时性工作等，不确定性收入则相对提高了农村居民的可支配收入。

六、结　论

通过采集 1985 年以来我国城镇和农村居民可支配收入的省级数据，通过估算我国省域城镇居民和农村居民的收入不确定性指标，剖析了中国省域居民收入不确定性因素的分布特征及其动态变动趋势。其主要结论有以下几点：

（1）收入不确定性的影响深度和广度正在迅速扩大。1985 年以前，收入不确定性对我国城镇居民和农村居民的影响都不强烈，而且收入的不确定性呈发散特点，各省份之间差异不太大，低峰的近似正态分布也说明了当时收入不确定性并没有成为影响居民可支配收入的一个非常重要的因素。但随着各种经济体制改革的逐步推进，收入不确定性的冲击越来越强烈，城乡居民都面临着越来越大的不确定性风险。尤其是城镇居民经历了从计划经济下的高福利到市场经济下各种不确定性支出增加的阵痛。1985 年，我国城镇居民收入不确定性指标的均值为 0.0881，2011 年下降为 0.018917，城镇居民获得的不确定性收入平均来说明显减少。农村居民由于本来就没有享受到什么社会福利保障，随着市场经济改革和城镇化、工业化的迅速推进，分享到了经济增长的部分成果，不确定性的收入改进了农村居民的收入状况。我国农村居民收入不确定性指标的均值由 1985 年的-0.0421 上升至 2011 年的 0.0519。当然很多农村居民进城务工，成为远离家乡的农民工，也增加了农村居民的痛苦指数。

（2）省域之间受收入不确定性的影响差距逐步拉大。1985 年我国 30 个省份城镇居民收入不确定性指标的变异系数为 0.8584，至 2011 年升至 2.8350；同期我国 30 个省份农村居民收入不确定性指标的变异系数由 1985 年的-2.2892 升至 2011 年的 0.4369，说明收入不确定性有一定的区域特征，省份之间受收入不确定性的影响差距在逐步拉大，也意味着省域之间居民收入分配差距在进一步拉大，这是值得引起高度重视的问题。实际上，我国居民收入分配差距越来越大，城乡居民基尼系数都在逐年攀升已经成为不争的事实。

（3）在经济增长过程中，应尽快完善经济制度改革的底层设计。比如，完善和普及城乡居民社会保障体系，扫清农民工市民化的制度障碍，公共服务均等化的迅速推进等，必须尽量构建和完善市场化进程中的各种制度保障措施，缓冲不确定性因素对我国居民可支配收入的冲击。这样一方面可以保证各种经济制度改革的稳妥推进，另一方面可以提升我国居民的可支配收入水平，从而提振居民消费需求，有效配合当前宏观经济调控的顺利进行。

财政部财政科学研究所博士后、河北金融学院　吴玉霞

参考文献：

[1] Carroll C. D. The Buffer-stock Theory of Savings: Some Macro-economic Evidence [J]. Brook-ing Papers on Economic Activity, 1992, 2: 61-156.

[2] Skinner Jonathan. Risk Income, Life Cycle Consumption, and Precautionary Savings [J]. Journal of Monetary Economics, 1988, 22: 237-255.

[3] 藏旭恒，裴春霞. 预防性储蓄、流动性约束与中国居民消费计量分析 [J]. 经济学动态，2004（12）：28-31.

[4] 郭英彤. 收入不确定性对我国城市居民消费行为的影响——基于缓冲储备模型的实证研究 [J]. 消费经济，2011（12）：52-56.

[5] 罗楚亮. 经济转轨、不确定性与城镇居民消费行为 [J]. 经济研究，2004（4）：100-106.

[6] 申朴，刘康兵. 中国城镇居民消费行为过度敏感性的经验分析：兼论不确定性、流动性约束与利率 [J]. 世界经济，2003（1）：61-66.

［7］宋铮. 中国居民储蓄行为研究［J］. 金融研究，1999（6）：46-50.

［8］王健宇. 收入不确定性的测算方法研究［J］. 统计研究，2010（9）：58-64.

［9］叶阿忠. 非参数和半参数计量经济模型理论［M］. 科学出版社，2008：41.

［10］周京奎. 收入不确定性、住宅权属选择与住宅特征需求——以家庭类型差异为视角的理论与实证分析［J］. 经济学（季刊），2011（7）：1459-1497.

"新三角"贸易框架下中国互动贸易模式研究[*]

——基于最终品与中间品、生产者服务的视角

一、引 言

在 1982~2008 年，东亚地区在世界商品出口中的份额从 13% 增长至 23%，其中，中国的出口份额就增长了近 10 倍，从 1% 增长至 9.4%。这期间也正是东亚生产网络快速发展的阶段，20 世纪 80 年代中期至 90 年代中期的日元升值，导致日本公司在本土生产失去成本优势，转而将大量劳动密集型装配环节转移到"四小龙"亚洲经济体，随后也由于这些经济体的汇率升值，导致其也将加工装配环节继续转移到中国和东盟等发展中国家。中国则凭借自然禀赋内生演进以及有力的政策导向，最终确立了当前中国在亚州（主要是东亚地区）生产网络中的核心地位，形成了以引进日本、韩国以及中国台湾地区等经济体的先进技术和东盟地区的中间品为基础，加工装配并出口到以美、日、欧等发达国家的"新三角"贸易模式。[①]

在以零部件为代表的东亚生产网络快速发展条件下，东亚经济体服务业发生了很大的变化，服务业结构正在由传统的一般劳动力密集型向新兴知识技术密集型转变（这一类型服务业包括的大多是生产者服务部门），以美国、英国为首的北美和西欧主要发达经济体仍是这一新潮流的主导国家，并凭借其技术、资本和人力资本的优势在生产者服务业中拥有很强的竞争优势。值得注意的是，随着零部件贸易快速发展和由此带来的产业结构升级，东亚国家的服务贸易也已开始呈现出较为迅速的增长，其中与制造业紧密相连的生产者服务贸易更是表现出了不可忽视的发展态势。在这一背景下，中国快速增长的贸易规

---

* 本文得到了国家社会科学基金项目（09CG012）和 2010 年中国博士后基金项目的资助。

① Ng、Yeats（2001），Guillaume Gaulier，Francoise Lemoine 和 Deniz Üʹnal-Kesenci（2007）、李晓（2005）和 Thorbecke（2011）。

模和技术升级商品的出口在很大程度上依赖于主要先进经济体的资本和技术,[①]这也意味着中国在大规模增加出口的同时,也会伴随着大规模的零部件和生产者服务进口。

从最终商品出口结构来看(如图1所示),2000年中国出口的最终资本品中有近90%的比例出口到美、日、欧和东亚两个区域,[②]中国85%的最终消费品出口到这两个区域,虽然中国在2000~2010年呈现出了对这两个区域出口最终品不断下降的趋势,但截止到2010年中国对两区域的最终资本品和消费品比例仍分别大约在77%和72%。如图2所示,从中国进口中间品总量比例[③]来看,2000年中国从美、日、欧和东亚区域进口总量的比例为91%,到2010年虽有所下降但仍约占81%,从具体中间品分类来看,中国从两区域进口的零部件比例最高,2010年仍占约80%,半成品进口总额中两区域进口比例达到2010年的70%,原材料进口比例则由2000年的30%左右下降至约20%,由此看来在中间品进口中,中国从美、日、欧和东亚区域的主要进口来自零部件和半成品。从中国进口服务总量来看(如图3所示),来自美、日、欧的服务进口比

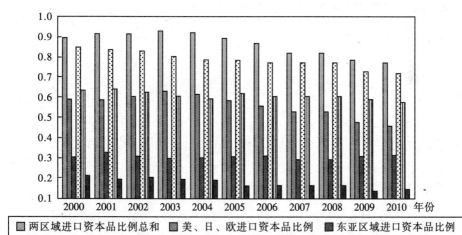

图1 中国向美、日、欧及东亚区域出口最终品比例
资料来源:作者根据联合国COMTRADE数据库BEC标准计算所得。

---

① Guillaume Gaulier, Francoise Lemoine 和 Deniz Ünal-Kesenci, China's Integration in East Asia: Production Sharing, FDI & High-Tech Trade [J]. Econ Change (2007) 40: 27-63.
② 这里的欧盟包括了该区域内27国,东亚区域包括中国香港特别行政区、中国台湾、韩国、新加坡和东盟国家。
③这里的中间品是根据BEC规则进行的划分,包括原材料、半成品和零配件。
中国从区域进口中间品比例=从区域进口中间品额/中国从全世界进口的中间品总额。

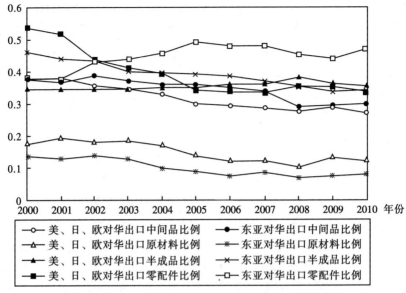

图2　美、日、欧及东亚区域向中国出口中间品比例

数据来源：作者根据联合国 COMTRADE 数据库 BEC 标准计算所得。

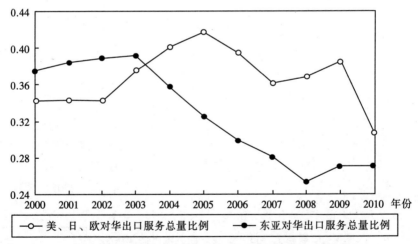

图3　中国从美、日、欧及东亚区域进口服务总量比例

数据来源：作者根据 OECD 数据库计算所得。

例仍较进口东亚区域[①]的比例高，中国从两区域服务总进口比例 2010 年约占 60%。其中值得注意的是，虽然中国从两区域的进口比例呈较缓慢下降趋势，

[①] 由于数据问题，这里的东亚区域包括韩国、中国香港特别行政区、中国台湾，东盟数据则由新加坡代表。

但在 2007~2009 年的全球金融危机期间并没有表现出过大幅度的波动，这也在一定程度上说明当前中国贸易模式的稳定性和持续性。

二、相关文献综述

国外学者从理论角度对一国贸易结构的研究中，突破了仅有商品贸易结构的传统分析，加入了生产者服务贸易对一国贸易结构的作用影响，即把这种服务看成生产所需的中间投入要素，其中 Jones 和 Kierzkowski（1990）提出了生产分割理论框架，来解释中间品投入在全球生产链中的重要作用，Markusen（1989）的生产者服务贸易模型强调了生产者服务部门的内部专业化或内部积聚效应，以及生产者服务贸易与最终产品贸易的互补性问题。Francois（1990b）的生产者服务贸易模型强调了生产者服务部门的外部专业化即生产者服务在协调和联络各专业化生产过程中的外部积聚作用，提出各国积极参与生产者服务贸易，有助于各国特别是发展中国家提高国内的专业化水平和融入国际专业化进程。Marrewijk 等（1997）利用垄断竞争假设在一般均衡框架内分析了生产者服务与规模经济和要素市场的关系，文中模型在传统要素禀赋理论的基础上加入了服务技术差异和服务密集度差异对最终产品贸易的作用，文章指出一国生产者服务业发展缓慢或减退最终也会使该国的产品贸易失去优势。Long 等（2005）将中间品和服务融入贸易结构的一般均衡分析框架，从理论上分析了最终品、中间品和生产者服务三者之间的贸易模式关系，Markusen、Rutherford 和 Tarr（2005）在更微观的层面对生产者服务进行了理论分析，并认为当一国生产者服务缺乏时可引进国外较先进的服务要素，从而弥补国内最终产品由于缺乏相关服务投入所导致的比较劣势。

"三角贸易模式"概念最早由 METI（2005）和 Gaulier 等（2005）提出，主要指日本、韩国以及中国台湾地区将高技术中间品和资本品出口到中国和东盟，并以这两个国家和地区为加工出口中心，将产品出口到欧美市场的生产和贸易模式。就中国在这个新"三角贸易"框架的地位研究中，国内外学者均对此做出了评述和分析，Deardorff（2001）较早地把中国所在的东亚经济发展模式定义为垂直专业化，即主要表现为最终品生产所需的零配件在整个生产过程中分别由多个经济区域完成的模式，Lemoine 和 ünal–Kesenci（2002、2004、2005、2007）也表明在东亚国际分工体系框架下，中国通过中间品贸易获得自身贸易结构不断升级的同时，也改变了东亚原有的贸易格局，并且逐渐取代日本成为东亚面向美欧发达国家的出口平台。Haltmaier 等（2007）基于贸易总量和贸易结构的研究视角，考察了中国以贸易为渠道对东亚经济增长的拉动作用，证明中国已不再单纯通过进口最终产品来扮演独立的引擎作用，它同时也在通过中间品贸易中更多地扮演着传导来自美国等发达国家需求的管道作用。

国内学者李晓等（2005）指出，中国对外贸易的强劲增长很大程度上改变了东亚原有的贸易格局，该地区正在形成一个以中国为枢纽的新"三角贸易"模式。安礼伟（2012）利用三角贸易指数考察了中美贸易间通过三角贸易由中国向美国出口的情况，研究表明中国对美出口的快速增长与三角贸易模式的发展密切相关。中国对美出口包含了大量的他国（地区）成分。喻春娇和徐玲（2010）从东亚生产网络中的零部件贸易角度分析了中国的分工地位，结果表明中国对东亚零部件进出口额均大幅增长，但总体上处于贸易逆差地位，说明中国在高技术含量的零部件方面尚不具备自主研发和生产能力，而是对东亚较发达的经济体存在高度的进口依赖。范爱军和常丽丽（2012）运用贸易增长分解方法，从贸易增长途径视角探讨了中国与东亚各国的相对分工地位。研究结果显示，中国在东亚生产网络中的分工地位处在上升阶段，并逐步向分工体系的高端收敛。这说明中国在生产网络框架内仍处在进口大量零部件的地位。王荣艳（2008、2010）提出生产者服务在东亚生产网络框架内也呈现出了类似由发达经济体向发展中经济体逐渐转移的趋势，但发达经济体仍然在较为高端的服务占有绝对优势，王荣艳和齐俊妍（2009）研究结果表明东亚生产网络与发达经济体贸易模式呈现出了多层次双向贸易模式，即生产者服务双向贸易、中间投入品双向贸易和最终资本品的双向贸易。

综上所述，国内外学者对贸易模式的研究从最初的最终商品贸易模式，同时考虑零部件以及服务贸易因素来进一步分析，研究结果显示，在中国融入以东亚生产网络为基础的国际分工过程中，从起初的低端零部件和原材料供应地位逐步向价值链高端升级的趋势。从生产网络框架来看，中国在东亚区域内已形成了最终商品出口与中间品和服务进口的一种新"三角贸易"模式，这种模式的产生也必然伴随着新的经济问题。本文在前人研究的基础上将考察在这种贸易模式中，中国的最终产品出口与中间品和服务尤其是生产者服务进口之间的互动机制，同时考察在这种互动模式中各层次经济体作用的差异性。

三、经验分析方法介绍及数据来源

本部分将基于中国新三角贸易模式，考察中国最终品出口与中间品和服务进口三者的互动模式。与大多文献不同，本文利用 BEC 商品分类而非 SITC 或

HS 分类的数据进行研究，这种数据分类的好处主要在于可以从宏观层面考察一国的多层次贸易模式，这也符合在生产网络框架下的贸易模式研究，其中对于中国的最终品出口本文将从最终品出口总额、最终资本品出口和最终消费品出口三大类来考察。

（一）方法介绍

本文选择了扩展的引力模型作为中国三角贸易模式的基础计量模型。之所以选用引力模型，是因为国外学者经过多年考察对该模型的验证能力给予了肯定：Anderson（1979）为该模型奠定了系统理论基础后，进一步增强了其解释决定一国贸易因素的权威性；Kimura 和 Lee（2006）在前人的基础上用同一种引力模型分别考察了多种因素对货物贸易和服务贸易的回归效果，结果表明与货物贸易相比引力模型同样适合说明服务贸易，二者的差异就在于不同因素对两种贸易的弹性大小不同，但这并没有影响引力模型对两类贸易的解释力。

1. 基于总量分析的计量模型建立

在以往研究中，王荣艳和齐俊妍（2009）整合了 Graham（1996）、Grufeld 和 Moxnes（2003）以及 Kimura 和 Lee（2006）研究两变量之间互补或替代关系的方法，分为两个步骤验证了东亚区域与发达经济体之间的多层次商品和服务贸易关系，但这种方法只能从总量上考察各类贸易的双边互动关系，不适于考察贸易种类细分和国家细分的互动机制，因此本文在拓展的引力模型基础之上将引入新的变量方法来考察中国三角贸易模式。本文的拓展引力模型如下式所示，本文的模型在传统因素的基础上加入了服务进口和中间品进口两个变量，其相应的系数 β_4 和 β_5 用于考察这两个变量对最终品出口的影响弹性。

$$\ln TRADEFINAL_{ijt} = \beta_1 \ln GDP_{jt} + \beta_2 \ln CHINAGDP_t + \beta_3 \ln DIS_{ij} + \beta_4 \ln SERVICE_{ijt} + \beta_5 \ln INPUT_{ijt} + \alpha_i + \delta_t + \varepsilon_{ijt}$$

其中，i 代表中国，j 表示世界其他经济体，包括美国、日本、欧盟 27 国、东盟 10 国、[①] 韩国、中国香港，t 表示以年为单位的时间，以上是原变量经过对数处理的计量模型。具体变量含义为：

$TRADEFINAL_{ijt}$ 表示中国最终品出口变量，包括最终资本品出口和最终消费品出口，主要考察中国向发达经济体和东亚区域内经济体的最终品出口。

---

① 此处的欧盟 27 国包括奥地利、比利时、巴尔噶尼亚、赛布鲁斯、捷克、丹麦、爱沙尼亚、芬兰、法国、德国、希腊、匈牙利、爱尔兰、意大利、拉脱维亚、立陶宛、卢森堡、马耳他、荷兰、波兰、葡萄牙、罗马尼亚、斯洛伐克、斯洛文尼亚、西班牙、瑞典、英国。此处的东盟 10 国考虑到数据的可获得性，只把 10 国作为整体分析。

GDP_{jt} 表示包括发达和东亚区域经济体在内的中国贸易伙伴国的国内生产总值。$CHINAGDP_t$ 表示历年中国的国内生产总值。

DIS_{ij} 表示中国与各经济体首都的实际地理距离。

$SERVICE_{ijt}$ 和 $INPUT_{ijt}$ 表示中国的服务和中间品进口，主要进口国经济体范围同上。

α_i 表示个体固定效应，δ_t 表示时间固定效应，ε_{ijt} 表示随即扰动项。

2. 基于经济体虚拟变量的模型建立

以上模型的方程主要将中间品和服务进口作为中国最终品出口的因素来考察，在此基础上，本文进一步设定特定经济体虚拟变量的计量模型，用于考察不同经济体向中国出口中间品和服务对中国最终品出口的影响差异：

$$lnTRADEFINAL_{ijt} = \beta_1 lnSERVICE_{ijt} + \beta_2 lnINPUT_{ijt} + \beta_3 CDUM_j * lnSERVICE_{ijt} + \beta_4 CDUM_j * lnINPUT_{ijt} + \varepsilon_{ijt}$$

为了考察各个经济体中间品和服务出口对中国的差异化作用，本文设置了经济体虚拟变量 $CDUM_j$，$CDUM_j * lnINPUT_{ijt}$ 和 $CDUM_j * lnSERVICE_{ijt}$ 分别表示各个经济体向中国出口的中间品和服务，当考察某个特定经济体时，此处的 $CDUM_j$ 就取 1 否则为 0，因此在此方程中，一个经济体中间品和服务出口的最终作用分别为（$\beta_2 + \beta_4$）和（$\beta_1 + \beta_3$），如果只研究进口中间品和服务总量对中国最终品出口的作用，则只需分别考察系数 β_2 和 β_1。

（二）数据来源

本文所有的数据样本都选自 2000~2010 年，商品贸易数据主要来自联合国的 COMTRADE 数据库。服务贸易数据来自美国的 BEA 数据库和 OECD 的统计数据库，尽管这两个数据库在统计服务贸易时有所差异，但其加总后口径基本一致。GDP 数据全部来自 Penn 世界数据库的 PPP GDP，距离指标主要选取了两个经济体间的首都距离，相关数据可从此网站获得，http://www.vulcansoft.com/city97.html。

值得强调的是，本文的中间品和最终品的贸易数据都选自 COMTRADE 数据库的 BEC 分类，具体来看，中间品包括以下 BEC 编号 111 类工业所需的初级食品与饮料类投入品、121 类工业所需的加工类食品与饮料类投入品、21 类其他类工业生产所需的初级产品、22 类其他类工业加工所需的初级产品、31 类燃料及润滑剂初级产品、322 类加工所需的类燃料及润滑剂（发动机燃料除外）、42 类资本品所需的零部件（运输设备零部件除外）、53 类运输设备零部件，其中，初级原材料为 111、21 和 31，半成品为 121、22 和 322，零部件为 42 和 53。最终资本品包括 41 类资本品（运输设备除外）和 521 类（工业运输设备)。最终消费品包括 112 类家庭消费所需的初级食品与饮料，122 类家庭消费所需的加工食品与饮料，522 类非工业用运输设备，61 类耐用消费品，62 半耐用消费品，63 非耐用消费品。

四、经验分析结果

基于上述两个计量模型，本文利用面板数据进行回归分析，其中对于第一个回归方程，本文采用了混合回归（OLS）、固定个体和时间效应（FE）以及动态面板（一阶差分 GMM）① 方法，其中动态面板的使用主要是为了去除被解释变量的内生性问题；对于第二个回归方程，在总量分析时使用了上述三种回归方法，对于加入虚拟变量情况的回归只需采取混合回归法，具体结果见表 1~表 4。

表 1　基于引力模型的分类最终品出口回归结果

	最终品出口总量			最终消费品出口			最终资本品出口		
	OLS	PE	PDGMM	OLS	PE	PDGMM	OLS	PE	PDGMM
lngdp	2.669***	1.952**	1.825***	1.934***	0.949	3.029***	2.948***	3.132***	2.273*
	(3.74)	(2.71)	(2.63)	(3.13)	(1.40)	(3.35)	(3.71)	(3.05)	(1.91)
lnchinagdp	0.170	35.138***	35.149***	0.133	24.174**	−0.874	0.086	56.872***	0.836
	(0.14)	(3.80)	(3.41)	(0.16)	(2.07)	(−0.67)	(0.06)	(3.77)	(0.34)
lndiscap	0.038	—	0.758*	0.020	—	0.259	0.25	—	−0.577**
	(0.95)		(1.72)	(0.66)		(1.17)	(0.44)		(−1.79)
L.ltotalfinal	0.747***	0.327**	0.249**						
	(5.06)	(2.60)	(2.47)						
L. lcongoods				0.647***	0.367***	0.418***			
				(3.85)	(3.83)	(7.31)			
L. lcongoods							1.002***	0.462***	0.491***
							(10.85)	(5.53)	(3.88)
ltotalservice	0.014	0.009	0.018	0.003	−0.014	−0.003	0.008	0.015	0.023*
	(0.77)	(0.65)	(1.53)	(0.18)	(−1.37)	(−0.24)	(0.47)	(1.35)	(1.78)
ltotalinput	0.098	0.080	0.187	−0.081	−0.051	0.083	0.407***	0.310**	0.319***
	(0.72)	(0.46)	(1.06)	(−0.62)	(−0.32)	(0.57)	(2.93)	(2.52)	(5.84)
_cons	1.771**	6.984**	—	4.775	1.937	—	0.975	4.943	—
	(2.06)	(2.54)		(0.74)	(0.51)		(0.86)	(1.18)	
N	239	239	207	239	239	207	239	239	207
N_g		32	32		32	32		32	32

注：t statistics in parent heses，*p<0.1，**p<0.05，***p<0.01。

---

① 本文也使用了两阶段 GMM 和系统 GMM 两种方法，但由于样本数据的特点，这两种方法的回归效果都不如一阶差分 GMM 有效。

表2　基于经济体虚拟变量的总量回归结果

	最终品出口总量			经济体虚拟变量回归结果					
	OLS	PE	PDGMM	JAPAN	USA	EU	KOREA	HK	ASEN
ltotalservice	0.007 (0.54)	0.004 (0.27)	0.016 (1.23)	0.006 (0.51)	0.008 (0.61)	0.051 (0.29)	0.007 (0.56)	0.006 (0.51)	0.007 (0.53)
ltotalinput	0.089 (0.64)	0.254* (1.76)	0.364*** (2.61)	0.091 (0.64)	0.088 (0.63)	−0.128 (−0.49)	0.096 (0.67)	0.102 (0.70)	0.090 (0.63)
L.ltotalfinal	0.777*** (4.89)	0.383*** (2.76)	0.252*** (2.17)	0.778*** (4.83)	0.769*** (4.82)	0.771*** (4.82)	0.775*** (4.84)	0.774*** (4.83)	0.777*** (4.84)
JAPAN* ltotalservice				0.747* (1.8)					
JAPAN* ltotalinput				−1.643** (−2.11)					
USA* ltotalservice					−0.909** (−2.36)				
USA* ltotalinput					0.091 (0.38)				
EU* ltotalservice						−0.045 (−0.26)			
EU* ltolinput						0.239 (0.83)			
KOREA* ltotalservice							0.343* (1.79)		
KOREA* ltotalinput							−0.088 (−0.32)		
HK* ltotalservice								−0.615 (−0.98)	
HK* ltotalinput								−0.114 (−0.28)	
ASEAN* ltotalservice									0.540** (2.49)
ASEAN* ltotalinput									−0.766 (−0.95)
_cons	1.509*** (3.89)	9.826*** (4.74)	6.208** (2.47)	1.479*** (3.66)	1.662*** (3.77)	1.660*** (3.62)	1.506*** (3.87)	1.578*** (3.81)	1.514*** (3.88)
N	239	239	207	239	239	239	239	239	239
N_g		32.000	32.000						
R²	0.972	0.825		0.972	0.972	0.973	0.972	0.972	0.972
F	804.397	94.968		787.792	1196.931	965.974	751.251	2559.342	1090.845

注：t statistics in parent heses，*p<0.1，**p<0.05，***p<0.01。

表3 基于经济体虚拟变量的最终消费品出口回归结果

	最终消费品出口			经济体虚拟变量回归结果					
	OLS	PE	PDGMM	JAPAN	USA	EU	KOREA	HK	ASEN
ltotalservice	−0.002 (−0.12)	−0.014 (−1.27)	−0.005 (−0.40)	−0.002 (−0.15)	−0.001 (−0.11)	0.040 (0.21)	−0.001 (−0.11)	−0.001 (−0.07)	−0.002 (−0.13)
ltotalinput	−0.129 (−1.01)	0.039 (0.29)	0.083 (0.57)	−0.126 (−0.98)	−0.131 (−1.01)	−0.236 (−1.07)	−0.128 (−0.98)	−0.137 (−1.04)	−0.129 (−1.00)
L.ltotalfinal	0.693*** (4.10)	0.374*** (3.85)	0.348*** (7.39)	0.693*** (4.06)	0.692*** (4.06)	0.692*** (4.05)	0.692*** (4.05)	0.693*** (4.05)	0.693*** (4.06)
JAPAN* ltotalservice				0.627 (1.24)					
JAPAN* ltotalinput				−1.533* (−1.91)					
USA* ltotalservice					−1.034** (−2.47)				
USA* ltotalinput					0.081 (0.46)				
EU* ltotalservice						−0.042 (−0.22)			
EU* ltolinput						0.109 (0.45)			
KOREA* ltotalservice							−0.294 (−1.19)		
KOREA* ltotalinput							0.356 (1.17)		
HK* ltotalservice								−0.320 (−0.41)	
HK* ltotalinput								0.197 (0.5)	
ASEAN* ltotalservice									0.864*** (3.57)
ASEAN* ltotalinput									−2.251** (−2.38)
_cons	0.697** (2.27)	10.408*** (4.47)	5.306* (1.77)	0.647** (1.98)	0.730** (2.12)	0.574 (1.57)	0.687** (2.25)	0.667** (2.12)	0.704** (2.29)
N	239	239	207	239	239	239	239	239	239
N_g		32.000	32.000						
R^2	0.976	0.690		0.977	0.977	0.977	0.977	0.977	0.977
F	1424.195	115.574		1416.892	3164.513	1771.266	1138.336	2719.051	1181.570

注: t statistics in parent heses, *p<0.1, **p<0.05, ***p<0.01。

表 4 基于经济体虚拟变量的最终资本品出口回归结果

	最终资本品出口			经济体虚拟变量回归结果					
	OLS	PE	PDGMM	JAPAN	USA	EU	KOREA	HK	ASEN
ltotalservice	−0.001 (−0.07)	0.006 (0.54)	0.22** (2.31)	−0.002 (−0.15)	−0.001 (−0.11)	0.040 (0.21)	−0.001 (−0.11)	−0.001 (−0.07)	−0.002 (−0.13)
ltotalinput	0.384*** (2.62)	0.549*** (4.41)	0.620*** (4.93)	−0.126 (−0.98)	−0.131 (−1.01)	−0.236 (−1.07)	−0.128 (−0.98)	−0.137 (−1.04)	−0.129 (−1.00)
L.ltotalfinal	1.054*** (8.97)	0.564*** (5.95)	0.588*** (3.91)	0.693*** (4.06)	0.692*** (4.06)	0.692*** (4.05)	0.692*** (4.05)	0.693*** (4.05)	0.693*** (4.06)
JAPAN* ltotalservice				0.490 (1.32)					
JAPAN* ltotalinput				−1.417** (−2.50)					
USA* ltotalservice					−0.738 (−1.29)				
USA* ltotalinput					−0.160 (−0.51)				
EU* ltotalservice						−0.188 (−0.81)			
EU* ltolinput						0.322 (1.43)			
KOREA* ltotalservice							1.320*** (3.63)		
KOREA* ltotalinput							−0.665 (−1.46)		
HK* ltotalservice								−1.277** (−1.99)	
HK* ltotalinput								−0.608** (−2.04)	
ASEAN* ltotalservice									0.261 (1.43)
ASEAN* ltotalinput									0.157 (0.16)
_cons	1.498*** (4.17)	4.567 (1.62)	1.183 (0.54)	1.469*** (3.95)	1.643*** (4.17)	1.729*** (4.06)	1.477*** (4.13)	1.616*** (4.31)	1.496*** (4.06)
N	239	239	207	239	239	239	239	239	239
N_g		32.000	32.000						
R^2	0.967	0.868		0.967	0.968	0.968	0.968	0.968	0.967
F	557.621	199.120		1079.002	780.109	730.227	671.376	2202.695	910.779

注: t statistics in parent heses, $p<0.1$, $p<0.05$, $p<0.01$。

（一）基于总量的回归结果分析

如表 1 所示，在对最终品出口总量的回归结果中，中国贸易伙伴国的 GDP 系数极为显著，这说明中国的最终产品出口与伙伴国的经济增长有着紧密的联系，中国 GDP 的增长也促进最终品的出口增加，距离变量的系数则显示为正值，这与传统的引力模型结论相反。具体来看，对于最终消费品出口该变量系数为正，在最终资本品回归中该系数显著为负值，这在一定程度上说明，中国的最终消费品出口更具有成本优势。[①]

中国进口的中间品和服务从总量来看，都对中国最终品出口具有正向作用，但对最终资本品出口显示出较为显著的正向作用，这一特征在中间品进口中也显示出极为显著的促进作用。这也说明中国在国际分工中的发展阶段主要在最终资本品的生产和出口中较为依赖服务和中间品的进口，对于最终消费品出口的"当地化"生产已较为普及。

（二）基于经济体虚拟变量的回归结果分析

在上述模型的回归结果中显示：中国最终品出口与确实来自不同经济体的中间品和服务有着较为密切的联系，在此基础上，本文继续考察各个经济体在此种模式中的差异化表现。表 2 结果显示，从总量上看，中间品进口相对于服务进口更能显著地促进了最终品的出口，但有较强的个体差异性。在加入经济体虚拟变量的回归结果中，日本、韩国和新加坡[②]的服务出口从整体上相对于其他经济体更多地促进了中国最终品的出口，而这些国家的中间品进口则表现为显著的负值。这在一定程度上说明，这些国家或已将大量中国生产转移到在中国，或者这些国家的零部件出口到中国的目的并不再是为了用于最终品出口，这两种情况的确定需要进行更进一步考察。值得注意的是，来自美国的服务进口并没有显示出正向的促进作用，而是表现为显著的负值，这也说明美国在中国最终品出口中有转移服务到中国境内的可能。

表 3 在表 2 的基础上进一步考察了中国出口最终消费品的情况，结果显示，从日本、新加坡进口的服务与中国最终消费品出口具有正向的紧密关系，而美国的服务对中国最终消费品仍表现为负值，同时从日本和东盟的中间品进口表现为显著的负值系数。这说明，在最终消费品的生产和出口中，这两个经

---

① 作者认为此处的成本优势主要来源于劳动力成本和政策推进所带来的贸易便利化的综合成本降低，但这不是本文重点不在此赘述。

② 在表 2 中，由于数据的可获得性问题，本文将中国从东盟进口的服务替代为中国从新加坡进口的服务。

济体已将大部分中间品生产转到中国境内，美国和欧盟的回归结果也有这样的趋势，这也与喻春娇和徐玲（2010）得出的结果相一致，即这些国家都将主要零部件生产转移到中国，从而形成了中国对外大量出口最终品的结果。表4对中国最终资本品出口情况的回归结果显示，与最终消费品出口不同，进口中间品表现出极为显著的正值，进口服务也表现为较为显著的正值，这与前面的表1结果一致，从具体经济体情况看，来自韩国、日本和新加坡的服务都对中国最终资本品出口起到促进作用。值得说明的是，在中间品进口的系数结果中，除欧盟和东盟国家以外，其他经济体的系数都呈现为负值，且以日本和中国香港的结果尤为显著，这说明很多国家都开始将中间品的生产转移到境内，而这一结论也与范爱军和常丽丽（2012）相一致，本文的结果更进一步明确了向高端产品收敛的产品范围。

五、结论与启示

随着技术进步和服务贸易自由化进程步伐的加快，以生产链条分割为特征的国际分工得到了快速发展，在这一框架下东亚生产网络的发展更为显著，主要表现为该区域零部件等中间产品贸易的大幅增长。同时，该区域的最终产品也大量出口到美、日、欧等发达国家，值得注意的是，这一贸易格局中起着"黏合"作用的就是生产者服务贸易。根据Jones（1990）的分析，生产分割程度越深则对生产者服务的链接需求就越高，而在此条件下明确生产者服务贸易与中间产品贸易以及最终资本品贸易的关系就极为重要，这些关系可以为一国采取何种贸易政策，以及如何通过促进生产者服务贸易发展来进一步提高一国的国际分工地位等问题起到指引性作用。在此背景下，中国形成了最为显著的一种新"三角贸易"结构，主要表现为最终品出口与中间品进口和服务进口存在一种不同以往的互动模式。

本文研究结果表明，在垂直专业化分工体系中，中国在东亚地区已成为重要的加工中心，该国的最终品出口与中间品和服务进口呈现出不同的互动模式，其中中国最终消费品出口与最终资本品出口反映出了中国在价值链上的不同阶段特征。在最终消费品生产和出口中，中国所需的中间品（尤其是零部件）越来越多地来自中国境内，而这种中间品很多都是其他经济体转移生产的结果，但在此过程中，中国对于服务的进口需求程度，尤其是来自东亚内部的经济体包括日本、韩国和新加坡的服务需求还较高；在最终资本品生产和出口中，中国仍然处在依赖进口中间品的阶段，但已经开始出现转移到中国的趋势，对于服务的依赖仍然集中在东亚内部的先进经济体。

由此看来，中国在东亚生产网络中已开始由最初的劳动密集型产品出口向资本和技术密集型产品生产和出口转型，但可以看出在转型的过程中伴随着对中间品和服务的更多需求。随着更多国外企业的转移生产，中国当地企业能否从中间品尤其是零部件以及服务方面实现升级都将是今后中国政策扶植的主要方向，就此本文的政策启示为：重点支持国内依赖程度较高的中间品技术引进与研发，注重与国外服务提供商的合作，学习对方先进管理理念和服务提供方式，考察与最终资本品紧密相关的中间品和服务进口行业特征，在税收减免方面给予较大的支持，同时对于环境污染程度大，但附加值不高的最终品的加工生产，应考虑采取更高的国内市场准入水平，并结合 WTO 规则的使用，尽量做到将本国污染降低的同时实现贸易种类由低端向高端的生产和出口转型。

中国社会科学院亚太所博士后　王荣艳

参考文献：

［1］Aidan Islyami. Trade in Intermediate Producer Services under Imperfect Competition ［W］. FIW Working Paper No.20.2009.

［2］Anderson，J.E. A Theoretical Foundation for the Gravity Equation ［J］. American Economic Review，1979，69（1）：106-116.

［3］Ando，M.，F.Kimura，2007，Fragmentation in East Asia：Further Evidence，www.freit.org/EIIE/2007/Papers/kimura.pdf.

［4］Athukorala，Prema-chandra and Yamashita，Nobuaki，2006，Production Fragmentation and Trade Integration：East Asia in a Global Context ［J］. North American Journal of Economics and Finance 17：233-256.

［5］Archibugi，D.，Coco，A. "A New Indicator of Technological Capabilities for Developed and Developing Countries（Arco）［J］. Italian National Research Council Mimeo，2002.

［6］Bhagwati，J.N. Splintering and Disembodiment of Services and Developing Nations ［J］. The World Economy，1984，7：133-143.

［7］Deardorff，A. International Provision of Trade Services，Trade，and Fragmentation ［J］. Review of International Economics，2001，9（2）：233-248.

［8］Edwards，Brain K.，Starr，Ross M. A Note on Indivisibilities，Specialization，and Economies of Scale ［J］. American Economic Review，1987，77：192-194.

［9］Filippini，C.，Molini，V. The Determinants of East Asia Trade Flows：A Gravity Equation Approach ［J］. Journal of Asian Economies，2003，14：695-711.

［10］ Francois, J.F. Trade in Producer Services and Returns Due to Specialization Under Monopolistic Competition ［J］. Canadian Journal of Economics, 1990b, 23: 109-124.

［11］ Francois, J., Reinert , K. The Role of Services in the Structure of Production and Trade: Stylized Facts from a Cross -Country Analysis ［J］. Asia -Pacific Economic Review, 1996, 2: 35-43.

［12］ Grünfeld, L. A., Moxnes, A. The Intangible Globalization: Explaining the Patterns of International Trade in Services ［J］. NUPI Working Paper, 2003, No. 657.

［13］ Guerrieri, P., Meliciani, V. Technology and International Competitiveness: The Interdependence Between Manufacturing and Producer Services ［J］. Structural Change and Economic Dynamics, 2005, 16: 489-502.

［14］ Graham, E.M. On the Relationships Among Direct Investment and International Trade in the Manufacturing Sector: Empirical Results for the United States and Japan. 1996.

http: //www.ap.harvard.edu/mainsite/papers/recoop/graham/graham.pdf.

［15］ Guillaume Gaulier, Francoise Lemoine, Deniz Unal-Kesenci, China's Emergence and the Reorganisation of trade flows in Asia, China Economic Review, 2007.Vol. 18 （3）, pp. 209-243.

［16］ Guillaume Gaulier, Francoise Lemoine & Deniz Unal-Kesenci, China's Integration in East Asia: Production Sharing, FDI & High -Tech Trade, Working Papers 2005 -09, CEPII research center.

［17］ Guillaume Gaulier, Francoise Lemoine & Deniz Unal-Kesenci, China's Integration in Asian Production Networks and its Implications, Discussion papers 04033., Research Institute of Economy, Trade and Industry （RIETI）.

［18］ Guillaume Gaulier, Francoise Lemoine & Deniz Unal-Kesenci, 2002. China in the International Segmentation of Production Processes, Working Papers 2002 -02, CEPII research center.

［19］ Haltmaier J. T., Shaghil Ahmed, Brahima Coulibaly, et al. China's Role as Engine and Conduit of Growth, Global Implications Of China's Trade, Investment and Growth Conference Research Department Working Paper, 2007.

［20］ Jones, R.W., Kierzkowski, H. The role of services in production and international trade: A theoretical framework. The political economy of international trade: Essays in honor of Robert Baldwin. Oxford: Basil Blackwell, 1990, pp. 31-48.

［21］ Kimura, F., M. Ando, 2003. Fragmentation and Agglomeration Matter: Japanese Multinationals in Latin America and East Asia, LAEBA Working Paper No.12.

［22］ Kimura, F., M. Ando, 2005. Two -dimensional Fragmentation in East Asia: Conceptual Framework and Empirics, International Review of Economics & Finance 14 （3）: 317-348.

［23］Kimura，F.，Lee，Hyun-Hoon The Gravity Equation in International Trade in Services. Review of World Economics，2006，142（1），pp.92-121.

［24］Markusen，J.，Rutherford，T.，Tarr，D. Trade and Direct Investment in Producer Services and the Domestic Market for Expertise. Canadian Journal of Economics，2005，38（3），pp.758-777.

［25］Markusen，J. R. Trade in producer services and in other specialised intermediate inputs. American Economic Review，1989，79，pp.85-95.

［26］METI，2005，White Paper on International Economy and Trade，（METI，Tokyo）.

［27］Van Long，N.；Riezman，R. and Soubeyran，A. Fragmentation and services. North American Journal of Economics and Finance，2005，16，pp.137-152.

［28］Van Marrewijk，C.，Stibora，J.，de Vaal，A.，Viaene，J. M. Producer services，comparative advantage，and international trade patterns. Journal of International Economics，1997，42（1-2），pp.195-220.

［29］Willem Thorbecke，2011. The Effect of Exchange Rate Changes on Trade in East Asia，Journal of International Commerce，Economics and Policy，June，Vol. 02，No. 01，pp. 85-102.

［30］范爱军，常丽丽. 中国在东亚生产网络中的分工地位检验——基于贸易增长途径的视角［J］. 财贸研究，2012（2）.

［31］安礼伟，杨夏. 三角贸易模式对中国对美出口增长的影响［J］. 国际经贸探索，2012（4）.

［32］喻春娇，徐玲. 中国在东亚生产网络中的分工地位——基于机电行业零部件贸易的考察［J］. 国际贸易，2012（2）.

［33］王荣艳. 东亚地区生产者服务贸易结构的变迁研究［J］. 亚太经济，2012（3）.

［34］王荣艳，齐俊妍. 东亚生产者服务与商品的贸易模式研究［J］. 世界经济，2009（2）.

［35］王荣艳. 东亚地区承接生产者服务的竞争力分析［J］. 国际贸易问题，2008（8）.

［36］李晓，丁一兵，秦婷婷. 中国在东亚经济中地位的提升：基于贸易动向的考察［J］. 世界经济与政治论坛，2005（5）.

基于两阶段判别方法的财务预警研究

一、引　言

随着我国改革开放和全球经济一体化，上市公司之间的竞争日益激烈。许多公司为了提高市场占有率，不顾及自身资源限制，通过增加负债一味地追求高增长，加大了财务风险。一旦到期债务不能偿还，则会陷入财务危机，甚至面临破产清算的境地。财务危机是一个过程，是在经营过程中不断显现出来的。因此，公司应该时刻依据财务报表、经营计划及其他相关会计资料对本公司的经营活动、财务活动等进行分析预测，采用可靠的预警模型及时发出预警信号，使得公司积极采取措施降低破坏程度。因此，建立财务预警模型对于上市公司来说是十分必要的。

二、文献综述

各国学者对于选用何种方法构建财务预警模型以提高判别效果有相当多的研究，目前来看，主要有以下四种方法：①单变量判别方法。Fitzpatrick (1932) 最早指出利用财务指标可以进行企业破产预测，Beaver 在 1966 年首先运用统计方法构建了单变量判别模型，通过比较各财务指标，发现具有良好预测能力的指标依次为现金流量/负债总额、资产收益率和资产负债率。[①] 国内学者如赵健梅等（2003）均采用了此方法，研究结果表明此方法虽然简单易行，但单一指标并不能全面反映出公司的财务状况。[②] ②多元线性判别方法。美国

[①] W.H.Beaver. Financial Ratios as Predictors of Failure[J]. Journal of Accounting Research, 1966(4): 71–111.

[②] 赵健梅，王春莉. 财务危机预警在我国上市公司的实证研究 [J]. 数量经济技术经济研究，2003 (7).

Altman 教授于 1968 年提出了多元线性判别模型（Z 分数模型），即运用多种财务指标加权汇总产生的 Z 值（判别值）来预测财务危机。国内学者张玲（2000）以我国沪、深两市的 120 家上市公司为研究对象，运用多元判别方法构建了预警模型。此外，周首华等（1996）对 Z 分数模型进行了改造，加入了现金流量的预测指标，构建了 F 分数模型；[1] 杨淑娥等（2003）综合了主成分分析法和 Z 分数模型，构建了 Y 分数模型。[2] ③逻辑回归方法。美国学者 Ohlson 于 1980 年提出采用逻辑回归方法构建了财务预警模型。[3] 国内学者姜秀华等（2002）采用此方法根据上市公司被"ST"前一年和前两年的财务数据分别构建了财务预警模型。[4] ④神经网络方法。Coats 和 Fant 于 1993 年根据神经网络理论开发出具有高度并行计算能力、自学习能力和容错能力的动态财务预警模型。国内学者杨保安等（2001）基于三层 BP（Back Propagation）算式构建了一个包含输入层、隐藏层与输出层的三层前向式神经网络，[5] 作为财务预警模式。周敏等（2002）、杨淑娥等（2005）、张玲等（2005）均做了类似研究。

其中，线性判别方法和逻辑回归方法是应用较为广泛的方法。但是这两种方法在实际应用时存在比较明显的缺陷：这两种方法均属于统计范畴，严格要求所选取的样本必须符合正态分布，而这种要求在现实中往往很难达到；而且往往要求财务危机企业和非财务危机企业的数量应该是相同的，而现实中陷入财务危机的公司往往比正常公司少很多，数量不一致往往会影响模型的判别效果。1999 年，日本学者 Toshiyuki Sueyoshi 通过比较判别分析（DA）和数据包络分析（DEA）两种方法的相似之处，将 DEA 方法运用到了 DA 方法中，提出了一种新的判别分析方法——两阶段判别方法（DEA-DA），[6] 并且相继提出了能够处理负值数据的扩展型 DEA-DA 以及 DEA-DA 的混合正数规划形式。

本文内容主要分为两部分：首先介绍了两阶段判别方法的基本思想和具体模型；其次选择我国制造业上市公司的财务数据进行实例研究，综合运用主成分分析法和两阶段判别法构建了财务预警模型，并且与判别分析方法、逻辑回归方法的判别效果进行比较。

---

① 周首华，杨济华，王平. 论财务危机的预警模型——F 分数模型 [J]. 会计研究，1996（8）.

② 杨淑娥，徐伟刚. 上市公司财务预警模型——Y 分数模型的实证研究 [J]. 中国软科学，2003（1）：56-60.

③ Ohlson. Financial Ratios and the Probabilistic Prediction of Bankruptcy [J]. Journal of Accounting Research，1980（19）：109-131.

④ 姜秀华，任强，孙铮. 上市公司财务危机预警模型研究 [J]. 预测，2002（5）.

⑤ 杨保安，季海，徐晶，温金祥. BP 神经网络在企业财务危机预警之应用 [J]. 预测，2001（2）.

⑥ Altman E.I. Financial Ratios，Discriminate Analysis and the Prediction of Corporate Bankruptcy [J]. Journal of Finance，1968（9）：589-609.

三、两阶段判别方法

（一）基本思想

图 1 描述了两阶段判别方法的基本思想。在图 1 中，两组样本由两个椭圆形表示，为方便描述，每个样本由两个指标（z_1 和 z_2）表示。该判别方法分为两阶段，第一阶段的目标是识别两组样本之间是否存在"重叠"（直线 a-b 和直线 c-d 构成的阴影部分）。

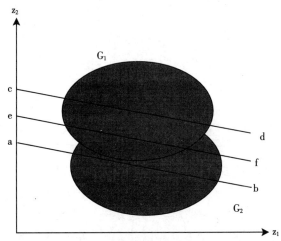

图 1　两阶段判别模型图示

Altman 在文献中指出两个组别中某些样本的判别值（Z 值）往往存在交错区域，引起错判，称为"重叠"区域。在确定存在"重叠"后，第一阶段将所有样本分为两个部分：位于"重叠"内的样本和位于"重叠"外的样本。同时，对处于"重叠"外的样本进行判别，将位于直线 c-d 以上的样本直接被判为 G_1 组，位于直线 a-b 以下的样本被判为 G_2 组。第二阶段的目标是对位于"重叠"区域的样本企业进行判别。直线 c-d 与直线 e-f 间的样本被判为 G_1 组，直线 e-f 与直线 a-b 间的样本被判为 G_2 组。[1]

---

①Altman E.I. Financial Ratios, Discriminate Analysis and the Prediction of Corporate Bankruptcy[J]. Journal of Finance, 1968 (9): 589-609.

(二) 具体模型

假设有 $n(n = n_1 + n_2)$ 个样本，分为两组 G_1 和 G_2。其中 G_1 包括 n_1 个财务正常的样本，G_2 包括 n_2 个财务陷入危机的样本。每个样本由 $h(h = 1, 2, \cdots, n)$ 个财务指标表示，z_{fj} 表示第 j 个样本的第 f 个指标。$\sum_{f=1}^{h} \lambda_f z_{fj}$ 表示第 j 个样本的判别值，λ_f 表示第 f 个指标的权重。

该方法的第一阶段是识别两组之间是否存在"重叠"部分，同时判别处于"重叠"的样本。

第一阶段：

$$\min\left\{ s \left| \begin{array}{l} \sum_{f=1}^{h} \lambda_f z_{fj} - d + s \geq 0, \ j \in G_1 \\[2mm] \sum_{f=1}^{h} \lambda_f z_{fj} - d - s \leq -\varepsilon, \ j \in G_2 \\[2mm] \sum_{f=1}^{h} |\lambda_f| = 1 \\[2mm] d \ \& \ s : free \end{array} \right. \right\} \tag{1}$$

这一阶段的目标函数是最小化 s，s 表示 G_1 与 G_2 两组间"重叠"的大小。"重叠"由上界 $(d + s)$ 和下界 $(d - s)$ 组成，d 表示两组间的最优判别值。另外，最优解中的 λ_f 可以用来表示第 f 个财务指标在组别判别中的重要性。$s^* \geq 0$ 表示存在"重叠"，$s^* < 0$ 则反之。由于约束中存在绝对值，因此对上述目标规划进行下列转化：

$$\min\left\{ s \left| \begin{array}{l} \sum_{f=1}^{h} (\lambda_f^+ - \lambda_f^-) z_{fj} - d + s \geq 0, \ j \in G_1 \\[2mm] \sum_{f=1}^{h} (\lambda_f^+ - \lambda_f^-) z_{fj} - d - s \leq -\varepsilon, \ j \in G_2 \\[2mm] \sum_{f=1}^{h} (\lambda_f^+ + \lambda_f^-) = 1, \ \zeta_f^+ \geq \lambda_f^+ \geq \varepsilon \zeta_f^+, \ \zeta_f^- \geq \lambda_f^- \geq \varepsilon \zeta_f^- \\[2mm] \zeta_f^+ + \zeta_f^- \leq 1, \ \lambda_f^+ - \lambda_f^- \geq \varepsilon \\[2mm] d \ \& \ s : free, \ \zeta_f^+ \ \& \ \zeta_f^- : 0 or 1 \end{array} \right. \right\} \tag{2}$$

其中，λ_f 由一对变量 $(\lambda_f^+ - \lambda_f^-)$ 表示，并作如下定义：

$$\lambda_f^- = (|\lambda_f| + \lambda_f)/2 \qquad \lambda_f^- = (|\lambda_f| - \lambda_f)/2$$

为避免 λ_f^+ 和 λ_f^- 这一对变量同时为正，需作出非线性约束 $\lambda_f^+ \lambda_f^- = 0$，为此引

入二元变量 ζ_f^+ 和 ζ_f^- 并作如下约束：

$$\zeta_f^+ \geq \lambda_f^+ \geq \varepsilon\zeta_f^+, \quad \zeta_f^- \geq \lambda_f^- \geq \varepsilon\zeta_f^- \tag{3}$$

$$\zeta_f^+ + \zeta_f^- \leq 1 \tag{4}$$

约束式（3）分别给出了 ζ_f^+ 和 ζ_f^- 的上下界限，式（4）表示每对二元变量的和不大于 1。如果 $\zeta_f^+ \geq \varepsilon \geq 0$ 和 $\zeta_f^- \geq \varepsilon \geq 0$ 同时存在的话，则会出现 $\zeta_f^+ + \zeta_f^- = 2$，这是约束式（4）所不允许的。因此，这两个约束排除了 λ_f^+ 和 λ_f^- 同时为正值的可能性。根据最优值 λ_f^*、d^* 和 s^* 将原始集（G）个样本分为 4 个子集：

$$C_1 = \left\{ j \in G_1 \middle| \sum_{f=1}^{h} \lambda_f^* z_{fj} > d^* + s^* \right\}; \quad C_2 = \left\{ j \in G_2 \middle| \sum_{f=1}^{h} \lambda_f^* z_{fj} < d^* - s^* \right\}$$

$D_1 = G_1 - C_1$；$D_2 = G_2 - C_2$；$G = G_1 \cup G_2 = C_1 \cup D_1 \cup C_2 \cup D_2$

由于 C_1 和 C_2 位于"重叠"区域的上下方，因此在第一阶段可以被正确判别；而 D_1 和 D_2 则位于"重叠"区域，需要在接下来第二阶段中被判别。

第二阶段：

$$\min \left\{ \sum_{j \in D_1} y_j + w \sum_{j \in D_2} y_j \middle| \begin{array}{l} \sum_{f=1}^{h} (\lambda_f^+ - \lambda_f^-) z_{fj} - c + My_j \geq 0, \ j \in D_1 \\[2mm] \sum_{f=1}^{h} (\lambda_f^+ - \lambda_f^-) z_{fj} - c - My_j \leq -\varepsilon, \ j \in G_2 \\[2mm] \sum_{f=1}^{h} (\lambda_f^+ + \lambda_f^-) = 1, \ \zeta_f^+ \geq \lambda_f^+ \geq \varepsilon\zeta_f^+, \ \zeta_f^- \geq \lambda_f^- \geq \varepsilon\zeta_f^- \\[2mm] \zeta_f^+ + \zeta_f^- \leq 1, \ \lambda_f^+ + \lambda_f^- \geq \varepsilon \\[2mm] c : \text{free}, \ \zeta_f^+ \ \& \ \zeta_f^- \ \& \ y_j : 0 \text{or} 1 \end{array} \right\} \tag{5}$$

这一阶段的目标是最小化错判数量，目标函数中的二元变量（y_j）表示被错判的样本数量。另外，目标函数中引入了一个变量 w，决策者可以根据两组样本的重要性灵活地对进行赋值，不同的赋值会产生不同的结果。变量 c 代替第一阶段中的 d，表示一个新的判别值。为了避免样本处于判别线上，引入阿基米得无穷小 ε，根据式（5）求解得到的最优解 λ_f^* 和 c^* 对处于"重叠"区域的样本依据下列原则进行判别：

若 $\sum_{f=1}^{h} \lambda_f^* z_{fj} \geq c^*$，则 $j \in G_1$；若 $\sum_{f=1}^{h} \lambda_f^* z_{fj} \leq c^* - \varepsilon$，$j \in G_2$

（三）Z 值

根据 Altman 的思路，两阶段判别方法也可以通过构建 Z 值来度量样本的财务状况。在 Altman 的文献中得出的是一组权重，而此方法中得出的是两组权重，因此有必要对 Z 值进行如下的改变：

$$Z_j = \frac{n}{n + \#overlap} \sum_{f=1}^{h} \lambda_f^{1*} z_{fj} + \frac{\#overlap}{n + \#overlap} \sum_{f=1}^{h} \lambda_f^{2*} z_{fj} \tag{6}$$

此方法得到的两组权重根据第一阶段和第二阶段中运用的样本数量进行调整。第一阶段中，对所有样本 n 进行了判别；第二阶段中，仅对"重叠"区域的样本进行了判别。根据上述公式可以计算出所有样本的 Z 值，来度量样本的财务状况。

四、实例研究

(一) 样本数据的选取

在目前相关文献中，陷入财务危机的研究对象多被定义为被实施了"特别处理"（ST）的公司。"ST"的上市公司大都出现了经营的异常状况，如"最近两个会计年度的审计结果显示的净利润均为负值"，"最近一个会计年度的审计结果显示其股东权益低于注册资本，即每股净资产低于股票面值"等。本文选取我国制造业的上市公司作为研究样本，包括 2011 年被特殊处理的 30 家财务危机公司，及以 1：3 的比例选取的经营性质、企业规模、成立时间相似的 90 家财务正常公司，其中 80 个样本（20 家财务危机公司和 60 家财务正常公司）用于模型构建，另外 40 个样本用于模型检验。为提高模型的预测能力，选取样本公司被处理前 2 年（即 2009 年）的财务数据构建财务预警模型。

(二) 预警指标的选取

预警指标的选取是正确构建财务预警模型的关键，将直接影响到判别效果的好坏。本文在研究相关文献的基础上，选取了反映上市公司偿债能力、营运能力、盈利能力和成长能力的 14 个指标作为财务危机预警指标。指标中既有传统的存量指标，也有反映现金状况的流量指标。具体指标如下：资产负债率（X1）：负债总额/资产总额；营运资金对资产比（X2）：（流动资产－流动负债）/总资产；流动比率（X3）：流动资产/流动负债；现金流量比率（X4）：经营活动现金净流量/流动负债；应收账款周转率（X5）：营业收入/应收账款平均占用额；固定资产周转率（X6）：营业收入/固定资产平均占用额；总资产周转率（X7）：营业收入/平均资产总额；销售净利率（X8）：净利润/营业收入；总资产净利率（X9）：净利润/总资产平均余额；净资产收益率（X10）：净利润/股东权益平均余额；资产现金回收率（X11）：经营活动现金净流量/资产总额；每股现金净流量（X12）：经营活动现金净流量/总股数；营业收入增长率（X13）：营业收入增加额/上期营业收入；资本积累率（X14）：股东权益增加额/上期股东权益。并且，运用 T 检验对上述指标进行了初步的筛选，检验结果表明所选取指标在两组样本间均存在显著差异，上述 14 个指标可用于构建财务预警模型。

表 1　T 检验的结果

财务指标	正常企业				ST 企业				t 值
	平均值	最大值	最小值	标准差	平均值	最大值	最小值	标准差	
X1	0.504	0.719	0.193	0.129	0.588	0.99	0.2	0.192	2.457*
X2	0.134	0.464	−0.289	0.152	0.051	0.44	−0.56	0.227	2.063*
X3	1.386	3.24	0.578	0.482	1.29	3.17	0.41	0.664	0.814*
X4	0.187	0.806	−0.285	0.168	−0.001	0.25	−0.44	0.143	6.050**
X5	16.942	131.112	1.745	23.243	2.003	7.21	0.52	1.728	5.856**
X6	4.577	21.029	0.768	3.338	2.263	7.79	0.48	1.729	5.058**
X7	1.109	3.71	0.329	0.7	0.438	1.21	0.05	0.267	7.666**
X8	0.048	0.208	−0.082	0.044	−0.312	0.09	−1.79	0.432	5.184**
X9	0.046	0.218	−0.032	0.036	−0.081	0.07	−0.61	0.123	6.318**
X10	0.105	0.497	−0.071	0.096	−0.259	0.47	−2	0.476	4.730**
X11	0.077	0.277	−0.134	0.065	0.002	0.16	−0.24	0.072	5.804**
X12	0.227	4.025	−1.596	0.752	−0.146	0.42	−1.9	0.391	3.622**
X13	0.403	3.775	−0.306	0.666	−0.031	1.17	−0.72	0.348	3.821**
X14	0.167	2.153	−0.086	0.355	−0.188	0.4	−0.95	0.304	5.389**

注：* 表示 5%的显著性水平，** 表示 1%的显著性水平。

为了避免财务指标之间的多重共线性，运用 SPSS 对上述 14 个财务指标进行了主成分分析。本文取累计贡献率为 78%（包含了原指标 78%的信息量）的前 4 个主成分，各自贡献率分别为 26%、21%、17%和 14%。为了对这 4 个主成分进行解释，就需要得到 14 个原始财务指标对 4 个主成分因子的载荷（见表 2）。从因子载荷矩阵可以看出：主成分-1 主要由 X1、X2、X3、X8、X9 和 X10 这 6 个财务指标解释，因为这几个指标的因子载荷远大于其他指标，它代表的是企业的偿债能力和盈利能力；主成分-2 主要由 X5、X6 和 X7 这 3 个财务指标解释，因为这几个指标的因子载荷远大于其他指标，它代表的是企业的营运能力；主成分-3 主要由 X12、X13 和 X14 这 3 个财务指标解释，因为这几个指标的因子载荷远大于其他指标，它代表的是企业的成长能力；主成分-4

主要由 X4 和 X11 这 2 个财务指标解释，因为这几个指标的因子载荷远大于其他指标，它表示的是企业的现金回收能力。根据因子载荷矩阵，可以得出主成分关于财务指标的线性表达式，进而针对每个样本计算出 4 个主成分的因子得分，用于构建财务预警模型。

表 2　因子载荷矩阵

财务指标	主成分-1	主成分-2	主成分-3	主成分-4
X1	−0.876	0.098	0.135	−0.141
X2	0.877	−0.158	0.065	0.018
X3	0.840	−0.240	−0.072	0.016
X4	0.177	0.172	0.047	0.952
X5	−0.091	0.831	0.024	0.126
X6	−0.053	0.724	0.309	0.110
X7	−0.036	0.879	0.161	0.235
X8	0.654	0.411	0.339	0.089
X9	0.648	0.465	0.387	0.161
X10	0.650	0.478	0.424	0.075
X11	0.045	0.235	0.141	0.945
X12	0.045	0.014	0.835	0.157
X13	−0.155	0.238	0.717	0.072
X14	0.335	0.238	0.774	−0.061
贡献率	26%	47%	64%	78%

（三）预警模型的构建及检验

结合上述的主成分分析方法，本文运用两阶段判别方法构建了财务预警模型。20 家财务危机样本和 60 家财务正常样本被用于构建财务预警模型。在构建模型的第一阶段，通过求解线性规划（2）得到最优解 λ_f^*、d^* 和 s^*，其中 $s^* = 0.29 \geqslant 0$ 表明两组样本间存在"重叠"现象。其中，30 个样本位于"重叠"区域外，根据第一阶段的判别原则，这 30 个样本可以得到判别；其余的 50 个样本由于位于"重叠"区域内，则需要在第二阶段中得到判别。在第二阶段中，决策者可以根据实际情况对 w 赋予不同的值。为了检验 w 的作用，本文分别选取 w = 1 和 w = 10 构建了两个财务预警模型。其中，w = 10 表示与财务正常样本相比，决策者更加看重财务预警模型正确判别"ST"样本的能力，而且本例中两组样本的数量为 1∶3，选择 w = 10 的目的是提高模型对"ST"样本的判别能力；而 w = 1 则表示财务预警模型对正常样本和"ST"样本的判别能力是相同的。通过求解线性规划（5）得到最优解 λ_f^* 和 c^*，根据第二阶段的判别原则，50 个"重叠"区域内的样本可以得到判别。至此，基于两阶段判别方法的财务预警模型构建完成，另取检验样本对该模型的预警效果进行检验，具体结果列示于表 3。此外，根据公式（6），可以得出四个主成分的综合权重分别为 0.21、0.19、0.23 和 0.33。这表明在评价企业的财务状况时，决策者对财务能力的重视程度从高到低应该依次为：现金回收能力、成长能力、偿债能力和盈利能力、营运能力。通过计算企业的 Z 值可以量化企业的财务状况，便于企业间的比较，Z 值越大表明企业的财务状况越好，越不容易陷入财务危机。

为了将两阶段判别方法与传统财务预警方法进行比较，本文分别采用线性判别方法和逻辑回归方法构建了财务预警模型，具体结果见表 3。

通过对上述不同财务预警模型的判别效果进行比较，可以得出以下结果：

（1）采用两阶段判别方法时，w 的取值影响到财务预警模型的判别效果。从表 3 中可以看出，w = 10 时总的判别率为 84.6%，虽然比 w = 1 时的 93.5% 低将近 10%，但是 ST 样本的判别率却达到 100%，远超过 w = 1 时的 89.7%，这充分说明了 w 这一变量的重要性。在判别分析中会产生两种错误，第一类错误表示财务危机企业被错判的概率，第二类错误表示财务正常企业被错判的概率。在 w = 1 和 w = 10 时，第一类错误分别 10.3% 和 0；第二类错误分别为 5% 和 22.6%。在实践中，决策者往往更关注第一类错误即企业陷入危机的可能性。因此，本文更倾向于选择 w = 10。

（2）通过与逻辑回归方法、线性判别方法的判别效果进行对比可以看出：选取 w = 1 的两阶段判别模型中，其各判别率与另两种方法没有较大差别，因为这三个模型均是假定两组样本在判别时的重要性是相同的，由于正常样本的数量多于"ST"样本，因此对正常样本的判别率均高于"ST"样本；但是，在 w = 10 的两阶段判别模型中，虽然总判别率低于其余两种方法，但是针对"ST"样本的判别率却表现出明显的优势。可见，决策者运用两阶段判别方法构建预警模型时，可以根据实际情况赋予 w 不同的值以获得满意的判别效果，此方法在运用中的灵活性是其余方法不可比拟的。

表 3　三种方法的判别结果

模型	两阶段判别			逻辑回归	线性判别
判别变量	第一阶段		第二阶段		
	$\varepsilon = 0.001$	$M = 100$ $\varepsilon = 0.001$ $w = 1$	$M = 100$ $\varepsilon = 0.001$ $w = 10$		
主成分-1	0.333	−0.253	0.001	0.542	0.593

续表

模型	两阶段判别			逻辑回归	线性判别
	第一阶段		第二阶段		
判别变量	$\varepsilon = 0.001$	$M = 100$ $\varepsilon = 0.001$ $w = 1$	$M = 100$ $\varepsilon = 0.001$ $w = 10$		
主成分-2	0.345	0.019	−0.067	0.772	0.747
主成分-3	0.298	−0.375	0.129	0.733	0.577
主成分-4	0.024	0.353	0.803	0.522	0.641
判别值（判别率）	0.293	−0.275	−0.073		
ST 样本		89.7%	100%	79.5%	87.2%
正常样本		95.0%	77.4%	96.4%	88.1%
总判别率		93.5%	84.6%	91.1%	87.8%

五、研究结论

　　鉴于传统财务预警方法的缺陷，本文将两阶段判别方法引入了我国上市公司财务预警模型的构建中。选取了我国制造业上市公司中在 2011 年被特殊处理的 30 家公司及 90 家财务正常公司为研究样本，首先运用主成分分析方法将 14 项财务指标缩减为 4 个主成分因子，然后分别选用了两阶段判别方法、线性判别方法和逻辑回归方法构建财务预警模型。通过比较三种方法的判别效果可以看出，与传统预警方法相比，运用两阶段判别方法构建财务预警模型有以下几个不可比拟的优点：①通过两阶段判别的第一阶段可以识别出"重叠"现象的存在，大大降低错判率；②通过 w 的取值可以解决两组样本数量不同的情况，决策者可以根据实际情况灵活选择；③通过 ε 构建 Z 值可以量化各上市公司的财务状况。但是，在应用此方法的过程中，由于值和 M 值的选择需要反复地计算，计算量较大。另外，本文选取了我国的制造业上市公司为研究样本，结论有一定的局限性。

　　中国社会科学院金融研究所、大连银行博士后　王贺峰
　　中国社会科学院金融研究所博士后　徐明圣

中国近世土地租佃制度之金融功能初析*

在人们的观念中，长期把土地租佃看作一种地主利用土地占有权对农民的剥削行为。"传统的马克思主义者把封建主义下的小农视为受剥削的辛劳者。其生活之外的剩余，是被地主以地租形式榨取掉的。""地主控制了可供投资的剩余……只要封建地主把剩余用于消费而不作生产上的投资，经济便会停滞不前。"① 维克托·利皮特计算认为：如有 1/3（大致符合中国学者的计算）的耕地出租，而租率一般约为农产的一半（比当前中国学者们估计的为高），那么收取的地租就约为农业总产量的 1/6。② 这些意见都认为土地租佃制度消耗了大量社会剩余，破坏了经济积累，阻碍了社会的发展进步。

近年来，也有很多学者对此问题进行了反思，如李文治、章有义、秦晖、高王凌、龙登高等。③ 他们或者从一手史料出发，或者进行逻辑推理，对土地租佃制度进行重新评判，产生了一定的社会影响。但是，地主通过土地租佃制度剥削农民，农民因为土地租佃制度而遭受苦难，社会发展因租佃制度而受阻等观念却仍然是一种根深蒂固的存在。

本文试图打开这样一个新的视角：在中国传统社会，土地租佃制度实际在很大程度上是金融制度的替代物及补充，④ 或者其本身就是一种具有中国特色

　* 本文是国家社科基金重大项目"中国土地制度变革史"（10&ZD078）和博士后科学基金面上资助（2012M510016）的阶段性成果。

① 黄宗智. 华北的小农经济与社会变迁 [M]. 北京：中华书局，1986：16-17.

② Lippit, Victor 1974. Land Reform and Economic Development in China. White Plains, NY: International Arts and Sciences Press.

③ 李文治. 明清时代的地租 [J]. 历史研究，1986（1）；章有义. 明清徽州土地关系研究 [M]. 北京：中国社会科学出版社，1984；秦晖. 关于传统租佃制若干问题的商榷 [J]. 中国农村观察，2007(3)；田园诗与狂想曲：关中模式与前近代社会的再认识 [M]. 北京：中央编译出版社，1996 年；高王凌. 租佃关系新论：地主、农民和地租 [M]. 上海：上海书店出版社，2005；龙登高，彭波. 近世中国佃农收益比较 [J]. 经济研究，2010（1）.

④ 现代经济体系中，土地的金融功能为人们所熟知，房地产金融就一直受到学者的深入研究。但是，对于传统中国社会土地租佃制度的金融功能，迄今为止，还只被学者有限意识到，并且尚未进行系统的研究。

的金融制度。土地租佃制度能够在相当程度上促进资金的流通，改良中国经济的总体运行机制，并改善最贫穷农民的处境。在其他条件不变的情况下，租佃制度不可能让贫苦农民过得很好，但是至少能够让他们过得比较好一些。我们更不能把土地租佃制度与高利贷制度相提并论，正是因为土地租佃制度的存在，缓解了高利贷所造成的破坏，而不是相反。①

一、租佃制度给农民提供土地金融支持

传统中国社会，农业是绝大多数人的生计所在，直到新中国成立，90%左右的人口还是以务农为生，或者以务农为其主要收入来源。但是没有土地，就无法进行农业生产。在当时的特定条件下，与通过融资方式购买土地的方式对比，租入土地具有很大的综合优势。

据考证，金代至清代政府大体限定月利率不得超过3分（30%）。② 但"封建政权法定利息率的约束力有限，并不能令行禁止"，③ 在实际资金借贷过程中，真实利率经常高于官方利率。民国时期的调查发现利率普遍高于3分。"神池县之习惯，钱不过三，粟不过五。金钱借贷，月利不过三分，粮粟借贷，年利不得逾五分。"④"朔县之习惯：钱不过三，粟不过五。"南京国民政府规定民间借贷年利率不得超过2分，但结果与期望却相距较远。"据中央农业实验所1933年12月对22省的调查，地主、富农、商家、钱局、亲友、合作社等向农民借贷货币的年利率平均为34%，借贷粮食的年利率为71%。"⑤ 这些数据反映了传统中国社会利率居高不下的一般情况。

高利贷在中国传统社会虽然未被法律禁止，但是风险很大。由于利滚利，本息迅速滚动累加，借款方的负担日益沉重，弱势农民常因偿债而被迫卖人卖地，破产破家。贷款方则受到道德抨击，指斥为富不仁。走投无路的借款方，也容易走向极端，铤而走险。刑科题本之二发生的命案，一般都是过失杀人，蓄意杀人者仅3例，其中2例均为与土地融资有关，一是借款人以砒霜下毒（刑科题本2：No. 050）；二是江西宁州三个债户谋杀高利贷者（刑科题本2：

---

① 土地租佃制度与高利贷关系复杂，既有替代的作用，也有促进的作用。但是总体来说，替代是主要的。

② 叶孝信. 中国民法史 [M]. 上海：上海人民出版社，1993.

③ 方行. 清代前期农村高利贷资本问题 [J]. 中国经济史研究，1984（4）.

④ 前南京国民政府司法行政部. 民事习惯调查报告录 [M]. 北京：中国政法大学出版社.

⑤ 李金铮. 近代中国乡村社会经济探微 [M]. 北京：人民出版社，2004：491.

No.038）。可见贷款方的风险很高，并可推论高利贷并不适合成为风险规避者进行投资的合理选择。

在这种背景下，通过土地租佃制度进行融资及合作就成为相当一部分人的选择。一位农民如果直接向别人寻求贷款，其利息可能会高到其承受不起。但是如果他向地主承租一块同样价值的土地，其支付的代价却要低得多。"……当我们农村的一般地租率尚在20%左右的时候（指地租占地价的百分比，从华北来看，比例没有这么高——笔者译），而利息率一般已高到了百分之三四十以上。"① 种种材料表明，中国传统社会中土地的投资回报率（即地租/土地市场价格，简称地息率），一般不到10%。这与中国传统社会中借贷利息常达20%~30%以上形成鲜明的对比。② 卜凯所做的大样本调查，表明土地投资的回报率平均为8.5%，甚至低至2.6%的水平。③ 此外，如果再考虑到高王凌所揭示的地租只有80%实收率的因素及灾荒年成地租的豁免和救济，综合测算，一般而言，地息率不到10%，平均在5%~8%是具有普遍意义的结论。

下面两个图反映了农民两种获取资金支持以进行农业生产的路径。

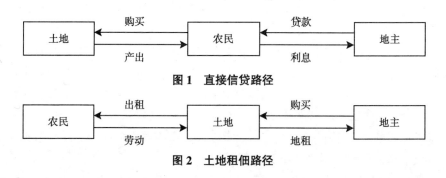

图1　直接信贷路径

图2　土地租佃路径

图2对比图1，可以很清楚地看出：与高利贷融资相比，通过土地租佃制度，地主获得了更大的资金安全性，而农民则大大减轻了成本支付的负担。

因此，非常清楚，在一个市场利率高企、农民常常因为融资缺乏而蒙受沉重损失的社会中，农民通过土地租佃制度可以获得相当大的利益，即至少降低资金成本一半以上。而与此同时，通过土地租佃制度，资金的提供者也能够更好地保障资本的安全——在资本严重不足的中国农村，资本的保全也是非常重要的。从这个意义上说，土地租佃制度可以起到保障资本安全及降低农民融资

---

① 李金铮. 近代中国乡村社会经济探微 [M]. 北京：人民出版社，2004：108–109.
② 郑志章. 明清时期江南的地租率和地息率 [J]. 中国社会经济史研究，1986 (3).
③ 卜凯. 中国农家经济 [M]. 张履鸾译，商务印书馆，1936：210、212.

利率负担的双重目的，因此在当时的具体条件下是一种比较优良的制度。①

二、租佃制度为农民提供生产生活资料
方面的金融支持

传统中国社会，虽然不乏风调雨顺的好年成和所谓的"盛世"，但是总体来说，贫困是比较普遍的现象。很多农民，不仅缺乏土地，而且缺乏其他必要的生产资料甚至生活资料。对于这样一类农民来说，租佃制度是更加重要的。因为，土地租佃制度所包含的金融关系为农民提供了相应的支持，构筑了地主与佃农之间复杂而灵活有效的共生系统。地主与佃农之间，绝不仅仅存在土地使用权交易关系而已。

从实践来看，通过土地租佃关系，地主向佃农提供的不仅仅是土地，还往往同时包括其他必要的生产资料。"康熙时期的山东单县，乾隆时期的河南汲县、鄢陵，嘉庆时期的安徽凤台，不少佃户缺乏生产资料，使用的牛、种，皆仰给于业主。清初的山东日照，有些佃户耕作，'不特牛具、房屋田主出办，正月以后，口粮、牛草，亦仰给焉'。乾隆时期的直隶献县，地主对佃农不但'给之牛力，给之籽种'，而且'春借之食'。在河南鹿邑，有的地主对佃农……'出籽粒'，'并备牛车刍秣'，有的几乎全归地主供给，佃农仅只种植芸锄。"②"地主多援助佃农筑堤、架桥和掘沟等。安徽宿县的地主，更常补助肥料和牲畜，以谋地力的维持。"③至于清代奏章中屡屡提到的"业食佃力"，意指在发生灾荒，必须动员人力物力进行救灾的时候，佃户出力，地主出钱出粮。这更说明救灾费用也往往是由地主垫付的。

当然，地主在生产中所垫付的资金往往要承担相应的利息。

表1数据表明：地主提供部分资本条件下，地租率提高10个百分点左右，这与中国传统借贷利率居高不下是密切相关的。不过，这种地租率的提高虽然也给农民增加了比较沉重的负担，却一般还在农民自己可以承受之列。万一佃农因为灾荒而减产，还存在减、免、缓的传统惯例和国家制度，因而部分风险是由地主自己来承担的。如果由农民自己到金融市场上融资购买这些生产资

---

① 押租是近世土地租佃关系中重要的一种租佃制度，并且日益流行。一般认为，押租其实代表着正式金融关系对租佃制度的一种替代。限于篇幅关系，有关押租问题，拟另文讨论。

② 蔡美彪. 中国通史 [M]. 第十册，北京：人民出版社，2007：293.

③ [日] 长野郎. 中国土地制度的研究 [M]. 强我译，北京：中国政治大学出版社，2004：312-313.

表1　晋冀鲁豫四省种子肥料耕畜由佃户自备与由地主供给者之各种租率①

	物租率		钱租率	
	佃户自备	地主供给	佃户自备	地主供给
平均数	46.37	55.98	9.35	10.65
中间数	48.20	59.17	8.48	9.75
众数	49.62	60.29	6.67	6.99

料，必然会大大加重农民的负担。

另外，在中国近世社会的租佃关系中："在南方和北方，都有不少佃农没有自己的房屋，他们需要住在地主的房舍内。……佃农住地主房屋，是租赁性质的，房租包含在地租里边。"② "在南阳，尤其在近城的乡间，一村一村的佃农，他们的房子是他们的地主为他们盖的……"③ 所以，传统中国佃农所交纳的地租中，实际上往往还包括房租在内。这也说明，农民越是贫穷，其对地主、资本及土地租佃关系的依赖就越严重。

更重要的是：农民通过金融市场获得的贷款，在不能偿还的时候，利息要滚入本金计息，往往必须破产还贷，卖儿卖女。毛泽东《兴国调查》中的红军营长傅济庭，因为母亲葬礼借了50元小洋，5年时间内利滚利增加到150元。④ 如果不是因为革命，绝无可能翻身，其最终命运只能是破产乃至破家。⑤ 地租的亏欠，则一般不存在这个问题，即使不能得到免除，至少可以得到延期缴纳，不但不会利上滚利，甚至于一般并不计算利息。虽然也不乏计息例子，但是总的来说是不多见的。抗日时期，陕甘宁边区政府关心农民生活，对地主与佃农之间的关系进行了详细的调查，结果发现：

"绥、米农村习惯，如逢荒年、歉年，农民可以缓交或少交地租，作为欠租，留待后来陆续偿还。但是旧欠未清，新欠又增，这样日积月累，几乎凡是老佃户没有一个不欠租子的。据米脂高庙山地主常彦丞的租账，几个老佃户有欠租达七十五石、六十五石、六十一石的数额的（他们租地都不过二十垧上下），有的欠租是三四辈积累下来的。"⑥

---

① 内国问题统计丛书，国民政府主计处统计局. 中国租佃制度之统计分析 [M]. 表40，上海：正中书局印行，民国三十五年四月。

② 周远廉，谢肇华. 清代租佃制度 [M]. 沈阳：辽宁人民出版社，1986 (1)：171.

③ 李文海，夏明方，黄兴涛. 民国时期社会调查丛编 [M]. 二编《乡村社会》卷，福建教育出版社，2009：167.

④ 毛泽东农村调查文集 [M]. 北京：人民出版社，1982：184.

⑤ 传统中国习惯，父债子还，而且以整个家族的名誉作保，几无赖债的可能，因此债务的负担极其严厉。

⑥ 柴树藩. 绥德、米脂土地问题初步研究 [M]. 北京：人民出版社，1979：64.

可见，传统中国的佃农处境的确不好，但是在土地租佃关系中，地主与佃农之间还保持着起码的脉脉温情，佃农的基本生存权得到了保证。类似于黄世仁逼迫杨白劳卖女还债之类的故事，在传统中国农村并不是经常发生的。

三、租佃制度与地权融资的发展

（一）地权交易与租佃制度的发展

中国传统社会中拥有土地的农民，往往经济条件比较好，但是也存在很大的可能性会卷入到租佃关系当中，这是因为往往必须通过土地交易才可能融通到所需要的资金，这就常常导致土地租佃关系的发生。

相关重要社会背景是：在中国传统社会，土地不仅仅是个人的财产，也是整个家族的共同财产。[①] 因此，土地不仅是经济物品，也是社会物品，代表着社会的地位与身份。所以，一般人绝对不愿意轻易出售自己的土地，而且也往往不便于直接出售土地。在迫切需要资金的时候，人们宁愿抵押或者典当土地，而不是直接出售土地，以保留土地的赎回权。大量的土地买卖（无论规模大小）往往是通过土地抵押和典当行为作为开端逐步完成的。前述张闻天所调查的西北地区即是如此。[②] 在由抵到典再到卖的过程中，[③] 常常会出现土地的所有权与使用权分离的情况，这样就常常会导致租佃关系的建立。在陕北，"许多佃户是把自己的地出卖或典给地主，再从地主手里租回来自己种，每年向地主交租子。"[④] 这也是中国传统社会土地租佃关系发生的最常见原因之一。

即使是地主也可能因为土地融资行为而成为佃农。在河北，大地主"张乐卿的大儿子 1924 年想要在县城开一家饭馆，他向地主林凤栖借了一大笔钱"这一投资行为失败了，他无法获得其他资金来源还债。于是不得不在"1930 年12 月张把 48 亩地作价 1750 元典当给了林凤栖，他可以有 5 年时间还债和赎

---

① 新中国成立前南方地区，大量存在族田。家族内部人可能拥有部分使用权，但是所有权则是属于全家庭共同所有的。在中国中部及北方地区，则又普遍存在土地买卖的"亲邻优先权"。土地的整体买卖实际上受到很大的约束。

② 米脂县杨家沟调查//张闻天晋陕调查文集［M］. 北京：中共党史出版社, 1994：123-290.

③ 一般而言，"抵"是指抵押，土地所有者仍然保留使用权；而"典"的过程中则土地所有者已经失去了使用权。但是，在实践中，抵与典之间的区别并非如此明显。另外，典出去的土地如果没有赎回，则永远掌握在典入者手中，也常常被视作出卖。但是，典出者始终保有赎回权，所谓"一典千年活"。详见龙登高. 清代地权交易形式的多样化发展［J］. 清史研究, 2008（3）.

④ 柴树藩等. 绥德、米脂土地问题初步研究［M］. 北京：人民出版社, 1979：45-46.

地。5 年以后张还是还不起债。因此，他成为他自己土地上的一个佃农，每年秋收后每亩地要交一份实物定额地租，他的儿子帮他种地"。在典的过程中，出典人并未完全丧失所有权，而只是转移给债主，任何时候只要满足经济能力要求，就可能赎回。"到 1941 年张还没有还债，但是他希望上升的地价能让他把典当的 48 亩地卖掉一小部分，赎回其余部分。地主林说张可以这样做，只要他付清五年中拖欠的地租。"①

（二）资金的周转与佃权的独立

地权还常常成为资金周转的重要手段。一位农民可能在一定时间和空间内存在资金富余的情况，而在另一个时候又可能缺乏资金。为了在时间上调节资金的余缺，也常常利用土地作为资金周转的手段。以下现象可以充分说明土地的这种性质。

如果我们深入观察中国传统农村，就会发现：中国近世社会中存在大量的自耕农同时兼佃农并且兼地主，他们自己拥有土地，又佃种一部分，同时租出一部分。他们既要向别人交租，同时又可能从另外的人那里收租。这种现象，如果按阶级斗争的观念来考虑，是不可理解的，但是如果从金融关系的角度出发进行观察，就显得容易理解了。这种情形的产生，除了田地位置方面的使用需要之外，往往是由于农村金融体系不发达，借贷不易，储蓄也不易。当农民迫切需要资金的时候，不得已把一部分田地租出换取押租金，因此成为自耕农兼地主。中国传统社会是存在永佃权和田面权的，出租的土地，如果佃农拥有永佃权或者田面权，地主就难以收回。即使是一般性的出租和典当，也一样是有期限的，不可能随时收回。当地主手头宽裕一些的时候，资金无处可去，而只有土地是最安全的，于是就可能找机会佃进一些别人的土地，于是地主兼自耕农又同时兼佃农了。

图 3　佃权的购买

在图 3 中，地主与佃农之间的关系与一般流行观念相反，是佃农可能掌握更充足的资金，因而利用市场机会将自己的资金主动转化为佃权，即对土地使用权的控制。农民成为佃农，可能不是被迫的，而是一种主动的追求和经济地

---

① [美] 马若孟. 中国农民经济 [M]. 史建云译,南京：江苏人民出版社, 1999 (1)：85.

位的改善。而地主虽然仍然保有土地的所有权，却不得不将自己对土地的使用权出售给佃农。但是，一旦获得机会，地主也可能购入佃权。佃权的频繁交易导致了佃权的独立，"佃户之出银买耕，犹夫田主之出银买田"。[①] 因此，土地租佃行为的本质常常是资金融通关系，而非剥削关系。

四、土地租佃市场与地权资本化

（一）租佃市场的贴现功能

土地租佃关系背后潜藏的关系是地主对佃农品行及能力等信息的发现和信任，而不仅仅是对其实物资本的依赖。由于地主与佃农之间的信息交换，地主可能通过土地租佃行为给予人品优良及能力出众的佃农以背书，帮助其进入其他市场关系之中。在传统中国社会，一位能够租入足够良好土地的佃农，较之租不到土地的雇农，其社会地位其实要高得多。[②] 这就给底层农民的上升提供了起码的空间和更多的机会。

对于这个问题，如果从另一角度来分析，可以说明中国传统土地租佃市场具有非常重要的未来收益贴现功能，这种贴现的对象是佃农的人力资本。在中国传统农业社会，农民的能力和品行具有很强的生产性质，"良田不如良佃"的谚语也是地主们当中广为流传的。[③] 良佃一旦进入土地租佃市场，在市场条件下同时也就具有强烈的资本性质。如果农民的能力与品行足够突出的话，并不难通过土地租佃市场获得资本市场的认可。

因此，土地租佃制度能够帮助那些品行优良、能力出众然而无力购买土地的农民突破自身资本的约束。这些农民可能缺乏资本，即使土地价格下降，他们也仍然无力购买。但是如果他们在品行与能力方面比较突出的话，就可能租佃到土地，建立起自己独立的经济，发展生产。即使土地价格的上升，也无碍于他们经济条件和社会地位的改善。土地租佃市场提供了这样一个条件，即土地的有无和资本的充裕与否，不再是佃农经济发展的根本障碍。

---

① 乾隆：《江西宁都仁义横塘塍茶亭内碑记》，转引自《康雍乾时期城乡人民反抗斗争资料》，中华书局1979年，第83页。

② 详细分析可见龙登高，彭波. 近世中国佃农收益比较 [J]. 经济研究，2010（1）.

③ 张英. 笃素堂文集 [M]. 卷三：《恒产琐言》，上海源记书庄，1933：52.

（二）　土地租佃市场与地权虚拟化

中国传统社会的土地租佃市场是相当活跃的，地权交易也是相当灵活的，不同的参与者追求不同的地权。相当多拥有充足资本的土地追逐者则并不看重完整产权，或者说不看重使用权，而是只追逐土地的收益性。

"苏州周庄镇雪巷沈氏，顺治十六年（1659）由祖传田产 4.018 亩起步，逐年零星购买，到道光三年（1823）的 165 年间，共在吴江县购买田地达 596 次，总计购买田地 4671.639 亩，平均每次购置 7.8 亩，一次购买最多 144.674 亩，最少一次仅 0.1 亩。每次购买中既有'绝卖'，也有'活卖'、'典卖'的情形，很多田都只购买田底，而让卖者继续佃种，除非遇到特殊情况，才会将田面一起购入。"①

严格地说，上述雪巷沈氏并不是在购买土地，而只是购买一种收益权。雪巷沈氏购买的其实也不是土地的收益，而是人力资本的收益，而土地仅仅是收益权的抵押物而已。至于地租的收取，则是其资本的增值，也就是利息的一种表现形式。从另一角度来说，雪巷沈氏与其说是在买地收租，还不如说是在放债收息更为准确。前述地主林凤栖所收的地租，也具有相同性质。对拥有土地的小农来说，在资金紧张的时候，将自己土地的所有权转让，保持自己的使用权，从而保证了自己的核心资产及其得以发挥作用的空间，相对于在一次交易中就放弃土地的全部权利，是比较容易接受的。这也可以相当于某个现代企业以其资本为抵押发行了一笔债券，以此满足自己眼前的需要。当然，可能要定期支付利息，而地租就相当于债券的利息。相对于一般债券，地租的优势在于：这种定期支付的利息是不完全固定的，并且是常常可能获得减免的。地租的支付并非软约束，但也不是绝对的硬约束。对于土地的购入者而言，则不存在本金损失的风险。在这样的社会背景基础上形成的以土地为抵押的金融交易方式中，土地租佃关系的形成往往是其最终结果和表面形式。②

地权的频繁交易与分化的结果，导致了地权的虚拟化，即地权日益脱离其实物形态。比如说南方地区，部分土地租佃关系中，"地主只管收佃，凭耕转项，权由佃户，地主不得过问"。③ "赣南各县习惯……至借耕字内并不载明谷田担数，亦不记明四至……"④ "龙南县习惯……父兄之田，子弟惟知纳租，

① 吴滔. 清代江南市镇与农村关系的空间透视 [M]. 上海世纪出版社股份有限公司，上海古籍出版社出版，2010：215.
② 这其中有不同的具体运作形式，具体可见龙登高：《清代地权交易形式的多样化发展》。
③ 陈道. 江西新城田租税 [J]. 切问斋文钞（卷15）. 又载《皇朝经世文编》卷32。
④ 前南京国民政府司法行政部. 民事习惯调查报告录 [M]. 北京：中国政法大学出版社：564.

不问田之膏腴，由经历次更换，不识田之坐落……"① 传统上南方地区普遍存在这样一个习俗，也可以在一定程度上说明上述问题。这就是在土地买卖与分配的时候，并不测量田地的真实面积大小，而只计算田的产量。这也可以算是地权脱离其物质性质而逐渐虚拟化的一种突出表现。

五、结 论

以上种种，都揭示了土地作为农村金融运作的核心作用，说明土地租佃制度在本质上更多的是一种金融关系。土地租佃市场作为一个金融市场，通过土地权益的交易流转，促进了资金的流动，推动了地权关系的发展，并且常常越过了货币的媒介作用，直接引导资源配置。因此，土地租佃制度是中国传统社会非常重要的一种制度，对于社会的稳定和发展功不可没。

清华大学博士后 彭 波

---

① 前南京国民政府司法行政部. 民事习惯调查报告录 ［M］. 北京：中国政法大学出版社：591.

中国船舶工业 SWOT 分析及金融支持策略研究

船舶工业是一个国家工业水平的象征，直接关系国家的安全，并具有较强的产业拉动作用，是我国实体经济的重要组成部分。随着国家海洋经济战略的深入实施和航运业的快速发展，我国已成为世界造船大国，并将在"十二五"期间实现向造船强国的转变，[①] 其间金融必将发挥重要的推动作用，服务于船舶工业"十二五"发展目标的实现。

一、 中国发展船舶工业的必然性

船舶工业是为水上交通、海洋开发及国防建设提供技术装备的现代综合性产业，是军民结合的战略性产业，是先进装备制造业的重要组成部分。船舶工业是典型的综合加工装配工业，是"综合工业之冠"，在国民经济 116 个产业部门中，船舶工业与其中的 97 个产业有直接关系，关联面达 84%（见表1）。

表1　国民经济各部门产品在船舶工业中间投入中的构成

产业	构成比例（%）	产业	构成比例（%）
采矿业	1.16	机械、电器制造业	37.72
轻纺业	2.67	船舶制造业	7.26
电力及蒸汽、热水生产业	1.46	电子及仪表业	5.43
石油及化工业	4.84	其他工业产品	1.41
建材及非金属矿物制品业	2.31	商业	11.29
冶金及延压加工业	16.79	其他三产	7.63

资料来源：根据 1992 年投入产出表整理。

---

① 2012 年 3 月，工业和信息化部出台的《船舶工业"十二五"发展规划》。

　　船舶工业不仅可以通过与上下游产业的广泛联系对实体经济产生巨大的拉动作用，而且随着船舶工业的发展，还会产生扩散效应和社会效应，具体作用如图 1 所示。进一步发展壮大船舶工业，是提升我国综合国力的必然要求，对维护国家海洋权益、加快海洋开发、保障战略运输安全、促进实体经济持续增长、增加劳动力就业具有重要意义。

　　为促进船舶工业健康、持续、稳定发展，我国先后出台了《船舶工业中长期发展规划（2006~2015 年）》和《船舶工业调整和振兴规划》，船舶工业成为我国重点发展的战略性产业；2012 年 3 月，我国又出台了《船舶工业"十二五"发展规划》，提出做强做优船舶制造业，大力提升船舶配套业，快速壮大海洋工程装备制造业，切实提高产业核心竞争力，努力实现由造船大国向造船强国的转变。上述规划均明确提出要完善财税金融支持政策，加大财政金融支持力度，拓宽融资渠道，表明金融支持在船舶工业发展中发挥着不可或缺的作用。

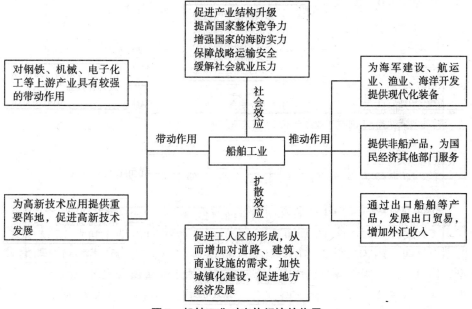

图 1　船舶工业对实体经济的作用

二、世界船舶工业的现状及发展趋势

（一）世界造船产能过剩，2020年前新船需求增幅不大

根据中国船舶工业协会统计，2011年全世界造船产能超过1.8亿载重吨，大大超出实际需求70%以上。当前航运市场运费震荡下滑、新船价格不断下降、新接订单量锐减，而船队运力规模快速攀升且大量船舶均是近10年成交的，船龄相对年轻，因此未来市场供给压力仍然较大。各国船舶工业协会分别对2009~2030年的世界新造船需求做出了预测，2020年前，全球新造船市场需求不会出现大的增幅（见表2）。

表2　2009~2030年新造船市场年均需求预测

单位：万载重吨

年份	中国	韩国	日本	欧洲
2009~2020	5640	5900	5400	5430
2020~2025	7250	6710	5350	6350
2025~2030	7140	8100	6140	7880

资料来源：根据各国船舶工业协会预测数据整理。

（二）市场需求结构发生变化，高附加值船型需求不减反增

在世界船舶运力和建造能力过剩、造船市场有效需求不足的背景下，船舶需求结构出现了明显变化，我国具有竞争优势的散货船、油船等需求量和价格急速下跌，而超大型集装箱船、液化天然气船（LNG）等高技术、高附加值船型，以及海洋工程装备在整个市场需求结构中所占比重显著提升。因此，虽然世界新船订单数量同比下降50%左右，但订单总金额仍达到900亿美元，同比仅下跌10%，[①]高附加值船舶的订单量没有减少，反而在增加。

（三）预付款比例大幅下降，船企流动资金日趋紧张

欧债危机爆发后，西方船东的资金状况急剧恶化，资金出现困难，一方面减少了订单数量，另一方面开始压缩预付款。目前，船东预付款的比例已经由

---

① 叶檀. 中国应该学习韩国模式［N］. 每日经济新闻，2012-2-28.

行业景气时的50%降至20%、10%，[①]"垫资"造船成为众多船企维持正常生产的做法之一。此外，船东接船意愿不强，要求延迟交船、更改船型、延期付款等现象日趋增多。在全球经济形势日益复杂多变、欧债危机不断深化、航运市场持续低迷、造船市场产能日益过剩等多方不利因素的作用下，短时期内船东和船企有效改善融资难局面的可能性不大，融资问题仍将是影响未来新造船市场的核心因素之一。

（四）规范标准不断推陈出新，绿色环保是大势所趋

随着公众对维护海洋安全、环保以及生命安全的日益重视，未来船舶设计制造向节能减排方向发展已是大势所趋。近年来，国际海事组织（IMO）等国际组织针对海运安全与环保推出了一系列新规范、新标准，对船舶技术标准的要求越来越严格，对绿色造船和绿色航运的推进需求越来越迫切。这些规范标准在国际谈判通过后，签署国家到达一定数目和比例后便生效，即开始强制实施，今后几年即将生效的海事新规则如表3所示。

表3　今后数年内生效的IMO海事新规则

标准名称	预计生效时间
新船能效设计指数	2013 年
香港国际安全与无害环境拆船公约	2012~2014 年
协调共同结构规范（HCSR）	2014 年
目标型新船建造标准（GBS）	2012 年
压载水公约（BWC）	2012~2013 年
柴油机 NOx 排放 Tier Ⅲ 标准	2016 年
原油船货油舱涂层性能标准	2012 年

三、中国船舶工业的 SWOT 分析

金融服务实体经济是我国经济发展的本质要求，[②]金融机构帮助我国实体经济重要组成部分的船舶工业转型升级是应有之义。为了帮助金融机构找准业务空间和着力点，下面对我国船舶工业自身的优劣势，以及所面临的外部环境进行全面的分析。

---

① 包志明. 中国港航船企上市公司——造船业殊荣不再［J］. 航运交易公报，2012（36）.
② 第四次全国金融工作会议提出的"五个坚持"原则中，"坚持金融服务实体经济的本质要求"被放在首要位置；在《金融业发展和改革"十二五"规划》中进一步强调。

（一）优势分析

1. 自主创新能力大幅提高

随着工业制造水平的提高和综合成本优势的显现，我国造船能力不断增强，造船业保持了快速发展势头（见图2），2008年三大指标全面超过日本，2010年全面超过韩国，成为世界第一造船大国。目前，我国已经突破一批重大关键技术，快速提升了自主创新能力，大型散货船、油船、集装箱船等主力船型逐步实现了标准化、品牌化，并且逐步具备了自主设计高新技术船舶的能力，海洋工程船舶领域的技术也有了明显突破。通过采用先进造船模式，船企的生产效率也有了大幅提高，形成了一批具有国际竞争力的船企，如上海外高桥船厂、大连船舶重工集团等。

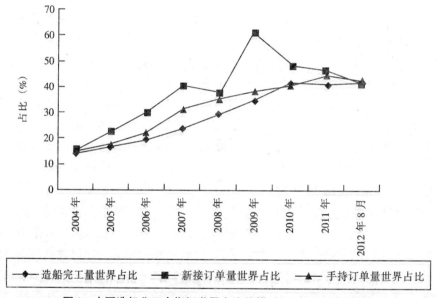

图2　中国造船业三大指标世界占比趋势（2004~2012年8月）
资料来源：英国克拉克松研究公司。

2. 劳动力成本优势

船舶工业是典型的劳动密集型产业，劳动力数量众多，[①]劳动成本较低是我国船舶工业国际竞争力的主要优势。据统计数据显示，2011年，我国人均

[①] 国家统计局发布的《2010年第六次全国人口普查主要数据公报（第1号）》数据显示，我国15~59岁人口为9.4亿人，占总人口的70.14%。

GDP 为 4382 美元，日本和韩国则分别为 42820 美元和 20591 美元，日韩的人均工资成本是我国的 5~10 倍。

3. 天然资源禀赋优势

我国大陆海岸线长达 1.8 万多公里，岛屿岸线长达 1.4 万多公里。我国海岸类型多样，其中大于 10 平方公里的海湾 160 多个，大中河口 10 多个，自然深水岸线 400 多公里，[①] 拥有很多建港造船的优良港湾。截至 2009 年底，我国已投产的 1 万吨以上的船坞（台）已有 754 座，其中 30 万吨级造船坞 29 座，10 万~25 万吨级船坞（台）23 座。[②]

4. 产业配套能力

造船业的发展对与船舶制造相关的产品配套要求很高，我国环渤海湾、长江三角洲和珠江三角洲三大船舶制造基地的建立加速船舶产业集群的形成，规模经济效应逐渐形成，大大降低了船舶制造成本，为我国承接船舶制造业国际转移创造了有利的条件。

（二）劣势分析

1. 无序发展，产业集中度低

2006~2010 年，我国 30 万吨产能的船企从 7 个增加到 33 个，10 万吨船坞船台从 17 个增加到 59 个。产业集中度随之大幅下降，2006 年前 10 大船厂产量占全国产量的比重为 68%，2011 年下降到 38%；[③] 而日本前 10 大船厂产量占比是 58%，韩国则高达 94%。日韩船企主要以大型企业为主，而我国则与之形成了鲜明对比（见图 3）。

2. 产能过剩，船舶附加值低

近年来的无序发展导致我国造船业结构不合理，产业集中度低，小、散、弱突出，出现结构性过剩的局面：在低端船舶制造领域，产能大量过剩，而在高技术含量船舶领域，产能又十分缺乏。在我国船企建造的船舶中，60%~70% 都是低附加值的散货船，而韩国散货船只占其船企总造船量的 20% 左右。[④] 在高技术、高附加值船舶和海洋工程装备的国际市场，我国产品的占有率不足 10% 和 5%。[⑤]

---

① 2012 年 4 月，国务院批准发布的《全国海洋功能区划（2011~2020 年）》。
② 刘全. 中国造船产业现状发展分析 [J]. 中国水运，2011 (8).
③ 据中国船舶科学研究中心名誉所长吴有生统计。
④ 卓志强. 近 10 年来订单最糟 中国造船业恐失"世界第一" [N]. 每日经济新闻，2012-7-26.
⑤ 2011 年 7 月，工业和信息化部发布的《中国产业发展和产业政策报告 2011》。

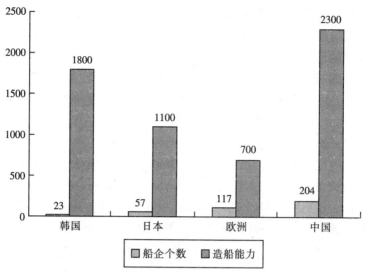

图 3　2011 年世界各国造船厂个数及造船能力（个、万修正总吨）

资料来源：根据 Danish Ship Finance 报告中有关数据整理。

3. 船舶配套业发展滞后，本土化率提高缓慢

近年来，我国船舶配套业虽然取得了巨大的进步，但总体发展水平仍与造船大国的地位不匹配，不能适应造船业发展的需要。目前，我国本土化船用设备在高技术、高附加值船舶和海洋工程装备上的使用比例较低，拥有自主技术和自主品牌的产品不多，且本土化率提高缓慢。因此，船用核心设备技术已成为我国船舶产业链的断层和船舶工业发展的一大"瓶颈"。

4. 生产效率低下，成本优势无法充分发挥

与劳动力成本日益上涨速度不相符的是，我国造船生产效率与效能的各项指标并没有同步发展，与世界先进水平有相当大的差距。目前，日韩船企已经降低到 10 工时/修正总吨[①] 的水平，而我国每修正总吨需要 40~50 工时，[②] 其造船效率为我国的 4~5 倍，而且其造船的自动化和机械化程度都远远高于我国。从劳动力和生产率两方面来看，我国造船产业的低成本优势并不高。

---

① 修正总吨是在船舶载重吨基础上考虑进船舶复杂度而算出的船舶度量单位，计算方法为：修正总吨 CGT=GT×C，其中 GT 为载重吨数，C 为修正系数。船型越复杂，技术含量越高，修正系数的值越大。

② 满颖. 高成本时代的中国造船 [J]. 中国船检，2011 (2).

(三) 机遇分析

1. 船企过多带来兼并重组机遇

我国造船业存在船企过多、过小、过散，资源分散，形不成整体优势和规模效应，严重影响国际竞争力。由于新船价格普遍下降，原材料涨价，劳动力成本上升，造船成本大幅增加，很多中小船企资金压力明显增大，经营状况出现困难，大量船企关闭是不可避免的，我国船企将从高峰时期的 3400 多家锐减到只剩下不足零头的 300 多家。① 为应对这场危机，要通过结构调整改变现状，对于低水平、规模小、竞争力不够强的企业或被淘汰，或被兼并，或被收购，这将为大型企业集团带来并购重组的机会。

2. 市场波动加剧带来转型升级机遇

国际船舶市场涨落频繁，变幻无常，发展非船产品不仅可以减少市场波动对造船业的影响，还能拓展造船业的产品领域。因此，我国造船业在向高端船型进发的同时，应大力发展非船产品，实现产业的转型升级。随着我国海洋战略的逐步清晰，海洋工程产业正在步入黄金发展期，而目前我国海洋工程装备制造业占世界市场份额不到 7%，距离 20% 的目标② 还有巨大的空间，可成为船舶工业新的经济增长点。此外，船舶配套是船舶工业中高技术、高附加值的主要载体，其价值在散货船、超大型油船、集装箱船这三大主力船型中平均占总船价的 45% 左右。③

3. 欧债危机带来船舶融资中心转移机遇

随着我国经济及对外贸易的高速增长，世界造船产业中心正加速向我国转移，随之而来的是船舶融资中心的转移，我国的船舶融资业务正迎来难得的机遇。超过 80% 的船舶融资债务来自欧洲银行，而这些银行中的绝大多数目前面临着欧元区的主权债务危机，它们为避开风险纷纷缩减船舶融资规模或撤资。从 2012~2014 年，船舶融资需求将达到 1400 亿美元，④ 巨大的资金缺口为亚洲金融机构带来了机遇。

4. 对外贸易快速发展带来造船内需增加

近 10 年来，我国对外贸易年均增长 21.7%，比同期全球贸易额年均约 10% 的增速高出 1 倍多，⑤ 随之而来的是海上运输量增大，国内船舶需求明显增

① 赵磊，谢超. 造船业危局 [J]. 中国经济周刊，2012 (35).
② 2012 年 3 月，工业和信息化部发布的《海洋工程装备制造业中长期发展规划》。
③ 中国工程院院士金东寒在 2012 年第 3 期《中国船检》刊载的访谈。
④ 陈伟，徐剑华. 船舶融资：欧洲银行惜别巅峰 [J]. 中国船检，2012 (2).
⑤ 杜海涛. 十年来我国外贸年均增 21.7% [N]. 人民日报，2012-9-18.

加。特别是我国年进口原油约 2.5 亿吨,[①] 其中 90%以上是通过海上运输的,而其中中国船队运输量不到 1/3,[②] 原油进口运输方式战略安全性极差。我国已经认识到"国油国运"、"国船国造"的重要性,将大力发展我国船舶工业来解决这一问题。

5.《船舶工业"十二五"发展规划》等给予政策支持

为应对全球金融危机,国家出台了《船舶工业调整和振兴规划》,船舶工业的振兴成为国家战略选择;《国务院关于印发工业转型升级规划(2011~2015年)的通知》(国发〔2011〕47 号)和《关于进一步加强企业兼并重组工作的通知》(工信部产业〔2012〕174 号),均把船舶列为重点行业;《国务院关于印发"十二五"国家战略性新兴产业发展规划的通知》(国发〔2012〕28 号)把海洋工程装备产业列为国家战略性新兴产业;《船舶工业"十二五"发展规划》明确提出了"十二五"期间我国将努力实现造船大国向造船强国的转变。这些规划和通知均提出了多项具体的支持政策和措施,为船舶工业的发展提供了政策保障。

(四) 威胁分析

1. 金融危机对我国船舶工业的影响不断深化

金融危机严重影响了国际贸易,航运业受到较大影响,对船舶工业形成了较大冲击。目前,全球经济复苏乏力,IMF 再次将 2012 年和 2013 年全球经济增速预期下调至 3.3%和 3.6%,而惠誉则下调至 2.1%和 2.6%。[③] 有专家预言至少还需要 10 年全球经济才能走出始于 2008 年的金融危机阴霾。[④] 因此,当前和今后一段时期,世界航运市场仍将持续低迷,船舶工业仍将继续面临航运运力过剩的困难格局。此外,金融动荡造成了船企融资环境的恶化,银行的经营状况不佳和惜贷使部分船企无法获得足够的资金维持生产,进而产生资金链断裂的风险。

2. 成本攀升增加船企运行成本

随着我国社会的不断进步和经济的持续增长,我国劳动力支出呈逐步上升的趋势,尤其金融危机之后劳动力成本上升速度愈发加快,我国劳动力成本优势难以维系,业内人士指出,我国造船上的劳动力成本优势和日韩相比还能维持 5~7 年。尽管在未来相当长的一段时期内,我国依然能够享受到劳动力成本

---

① 据中国海关总署公布数据显示,2011 年,中国全年原油进口总量为 2.5378 亿吨。
② 2012 年 3 月 18 日,国家能源局发展规划司副司长何勇健在"和谐能源"能源论坛上的发言。
③ 2012 年 10 月,IMF 发布的《世界经济展望》;2012 年 9 月,惠誉发布的《全球经济展望》。
④ 2012 年 10 月 3 日,国际货币基金组织(IMF)首席经济学家布兰查德的访谈。

低廉的优势，但这种优势正逐渐减弱。此外，钢材等原材料和设备价格波动加大，也给船企带来了经营压力。

3. 币种不一致带来较大汇率风险

船舶工业是典型的出口依存型产业，我国生产的船舶 80%以上都用于出口，[①] 出口一般都是由外汇直接结算，而成本支出多为人民币且船东付款是分期付款、期限较长，因此币种和期限上的错配带来了汇率风险。因为造船业的整体利润偏低，汇率的很小波动都有可能给造船业带来很大的风险。

4. 日韩船舶工业扩张加剧竞争

为了抢占有限的船舶市场，日韩发挥技术优势和对外扩张策略，与我国争夺市场，尤其是在绿色船舶技术和高附加值船舶方面加大研发力度。在 2011 年全球造船订单量减至 2010 年的 70%的情况下，韩国造船业凭借技术和产品结构优势等，新增订单量未减反增。而日本已将以节能环保为代表的绿色船舶技术作为研发重点，在加速绿色船舶研发的同时，还通过整合资源对抗中韩。在日韩船舶工业咄咄逼人的发展态势下，我国船舶工业面临着更为激烈的竞争。

5. 新规范带来严峻挑战

在"十二五"期间，一系列新规则、新标准即将实施，而这些相关技术集中在日韩手中，而且他们还把自己的研究成果转化为国际海事组织（IMO）、国际船级社协会（IACS）的新规则，以此抢占未来市场制高点，赢得话语权。我国关于国际海事规则规范的系统研究还较薄弱，在国际社会上的话语权也较弱，[②] 将面对更大难题和挑战。

综上所述，我国船舶工业的 SWOT 分析如表 4 所示。

表 4 中国船舶工业 SWOT 分析

优势 (Strength)	劣势 (Weekness)
1. 自主创新能力大幅提高	1. 无序发展，产业集中度低
2. 劳动力成本优势	2. 产能过剩，船舶附加值低
3. 天然资源禀赋优势	3. 船舶配套业发展滞后，本土化率提高缓慢
4. 产业配套能力	4. 生产效率低下，成本优势无法充分发挥
机遇 (Opportunity)	威胁 (Threat)
1. 船企过多带来兼并重组机遇	1. 金融危机对我国船舶工业的影响不断深化
2. 市场波动加剧带来转型升级机遇	2. 成本攀升增加船企运行成本
3. 欧债危机导致船舶融资中心转移	3. 币种不一致带来较大汇率风险
4. 对外贸易快速发展带来造船内需增加	4. 日韩船舶工业扩张加剧竞争
5. "十二五"规划等给予政策支持	5. 新规范带来严峻挑战

---

① 根据中国船舶工业协会统计数据，2012 年 1~8 月，出口船舶分别占全国造船完工量、新接订单量、手持订单量的 83.5%、75.9%和 83.1%。

② 中国船舶工业经济研究中心，国际海事规则动态跟踪及发展研究报告（2011 年度）。

四、金融机构支持船舶工业由大转强的策略

"十二五"时期，是我国船舶工业由大转强的关键时期，也是我国提高金融服务实体经济水平的关键时期。①金融支持船舶工业做强做优，巩固和提升国际地位，即金融服务实体经济的具体体现。金融机构可基于上述分析，着重从以下五个方面对船舶工业提供服务和支持。

（一）以"绿色信贷"为抓手，引导船企开发绿色环保新船型

国际海事新标准、新规范、新公约频繁出台，船舶安全、绿色、环保要求全面提高。《国务院关于促进企业技术改造的指导意见》（国发〔2012〕44号）把"促进绿色发展"作为企业技术改造的重点任务，中国船级社也出台了《绿色船舶规范》。金融机构应按照《绿色信贷指引》（银监发〔2012〕4号）要求，充分发挥金融机构的杠杆作用，加大对船企国际标准制定和技术研发等方面的支持力度。我国应支持船企加强基础共性技术和前瞻性技术研究，完善船舶科技创新体系，全面提升绿色高效造船、信息化造船能力和本土配套能力；帮助船企在保持原有市场优势的同时，建立现代造船新模式，着力优化船舶产品结构，大力发展符合国际造船新标准、新规范的节能环保型船舶，提高市场竞争力。

（二）以并购贷款为手段，支持优势船企做强做优

拥有具有国际竞争力的世界知名船企集团，是成为世界造船强国的重要前提之一。《国务院关于印发工业转型升级规划（2011~2015年）的通知》（国发〔2011〕47号）和《船舶工业"十二五"发展规划》均提出，到2015年，造船产业集中度要明显提升，造船企业前10强造船完工量占全国总量的70%以上，进入世界造船前十强企业达到5家以上。在2012年4月发布的《关于进一步加强企业兼并重组工作的通知》（工信部产业〔2012〕174）中，船舶被列为重点行业。金融机构应把握船舶工业发展趋势，依靠市场力量，以并购贷款、国际银团贷款、船舶基金等金融产品推进以大型骨干船企为龙头的跨地区、跨行业、跨所有制的兼并重组，以及开展境外并购，优化资源配置，淘汰落后产能，压缩过剩产能，提高产业集中度，促进产业结构优化升级，增强抵御国际市场风险能力，最终实现做强做优。

---

① 《金融业发展和改革"十二五"规划》在指导思想、主要目标，以及多章节中明确提出。

（三） 化危为机，支持船舶工业转型升级

由于全球经济低迷、欧债危机恶化、货币汇率不稳定等因素，欧美银行业船舶融资业务大幅萎缩，资金供给量远远难以满足需求，为我国金融机构进入世界船舶融资市场创造了机遇。在此背景下，我国金融机构可抓住国外船东争取信贷支持的机会，利用买方信贷等产品引导他们把新船和配套设备尽量放在国内来做，以实现与我国船舶工业的"双赢"，并加大对国内船东的支持力度，支持国轮国造。此外，虽然目前船舶运输市场不景气，但用于油气开采的海洋工程装备市场却很活跃，订单金额大有超过传统船舶之势，金融机构可以在高技术船舶和海洋工程装备等方面加大支持力度，帮助船企优化产品结构，提高产品技术含量，增强高附加值产品的建造能力，发展拥有核心竞争力的国际一流企业集团，实现"到 2015 年，海洋工程装备国际市场份额超过 20%，船舶工业销售收入达到 12000 亿元，出口总额超过 800 亿美元"。[①]

（四） 培养船舶融资专业人才，提供创新金融产品

由于船舶融资业务的专业化程度较高且融资需求结构和方式日趋复杂，企业更多需求"量身定制"的金融产品，需要一支业务过硬、熟悉市场和掌握行情的团队来操作，而目前国内很多金融机构都缺少这样的团队，应利用此次船舶融资中心向亚洲转移的机遇，在实践中培养一批专业化人才。金融机构应在完善发展传统的项目贷款、船舶抵押贷款和出口信贷等间接融资渠道的基础上，帮助造船企业开拓上市融资、发行债券和引入船舶基金等直接融资渠道，并创新金融产品和服务模式，降低船企汇率风险，支持其"走出去"等。从单一的融资服务提升到包括法律、保险、信息、评估等全流程和深层次的服务，以及帮助客户制定发展战略等，提供综合化、系统化的"一揽子"服务。

（五） 密切关注行业信贷风险，实施差别化信贷政策

一是密切关注国际经济形势和航运业的发展动向，以及国家和地方政府关于船舶工业政策调整的动向，实现信贷政策与船舶工业政策的有效契合，使二者形成合力，引导船舶工业健康有序发展，及时掌握船舶的市场供求、价格趋势等情况，合理设置行业授信风险额度预警指标，准确把握贷款质量及迁徙变化情况。二是实施差别化信贷政策，一户一策，在有效控制风险的前提下，支持有条件的、技术较先进的、市场有前景的船企实施转型升级，加快淘汰落后

---

①《船舶工业"十二五"发展规划》所提出的"十二五"期间船舶工业发展目标。

产能和推进企业联合重组，逐步调整船舶工业的信贷结构。三是帮助船企到国际市场上进行融资，规避由于汇率波动所带来的风险；积极开展国际银团贷款，充分发挥各家金融机构的比较优势，防范信贷集中度风险；引导社会资金进入船舶产业，形成金融资本与产业资本的良性互动，实现产业资金链上相关各方的合作、发展和共赢。

中国社会科学院金融研究所博士后流动站、国家开发银行　毛明来

参考文献：

[1] International Monetary Fund [J]. World Economic Outlook 2012 （10）.

[2] 蔡斌，郑士君. 船舶能效新标准给船舶行业带来的机遇与挑战 [J]. 科技视界，2012 （6）.

[3] 杨培举，李晓川. 船舶工业未来的主攻方向 [J]. 中国船检，2012 （3）.

[4] 中国船舶工业行业协会. 2012 年船舶工业经济形势的预测和建议，船舶标准化工程师，2012 （2）.

[5] 陈伟，徐剑华. 船舶融资：欧洲银行惜别巅峰 [J]. 中国船检，2012 （2）.

[6] 甘爱平. "十二五" 期间我国航运投融资政策的新导向 [J]. 中国水运，2011 （8）.

[7] 陆亦恺，尹若元，李军华. 2011 年造船业最新发展态势盘点与分析 [J]. 船舶物资与市场，2011 （5）.

[8] 梁晶，吕靖，李晶. 我国船舶制造业系统性融资需求研究 [J]. 改革与战略，2011 （5）.

[9] 杨慧力，刘琼，王小洁. 我国船舶制造业定价话语价权缺失的原因及对策——基于产业链整合的视角 [J]. 价格理论与实践，2011 （3）.

[10] 刘学航，邓剑波. 船舶制造业国际转移影响因素研究——韩国经验及对我国的启示 [J]. 商场现代化，2010 （3）.

[11] 刘郑国.《船舶工业调整和振兴规划》推动我国成为世界造船强国和海洋强国 [J]. 经济，2009 （11）.

[12] 刘勇. 产业振兴中的金融支持策略 [J]. 中国投资，2009 （8）.

[13] 吴锦元. 船舶工业对国民经济的作用与贡献 [J]. 船舶工业技术经济信息，2001 （1）.